会社の整理・清算・再生

手続のすべて　第2版

BDO税理士法人
弁護士法人ALG&Associates
BDO社会保険労務士法人　編
BDO司法書士法人

中央経済社

はじめに

　『会社の整理・清算・再生手続のすべて』が読者の皆様のおかげで第2版を出版することができました。初版は2019年3月26日ですので，約5年が経過したことになります。

　この間，日本社会はもちろん世界的にもさまざまなものが変わりました。とりわけコロナ禍の影響による，生活様式や働き方，人々の人生に対する考え方にいたるまで，この5年で大きく変わりました。本書の内容である，整理・清算・再生の手続の根拠となる法律も新たに制定されたものや改正されたものなど数多くあります。

　この5年間，経済活動の停滞が余儀なくされ，あらゆる会社が大きな影響を受けました。特に飲食店などを中心に中小企業の経営に多大なマイナスをもたらす結果となりました。コロナ禍においては緊急支援融資など，いわゆるコロナ融資の制度が充実したおかげで，多くの企業が破産の憂き目に遭うこともなく，なんとか経営を維持できた企業も多く見られました。そして，コロナ禍明けに伴い売上高の回復基調が見られる企業があるものの，コロナ融資の返済が始まった時から企業の倒産件数は徐々に増加しているのが見てとれます。

　また，中小企業の事業承継の課題も根本的な解決策が見いだせないまま，企業の廃業数は相変わらず増え続けています。著者の周りにも業績自体は良好であるにもかかわらず跡継ぎがいないため，やむなく廃業の道を取らざるを得ない企業は数多くあります。

　ただし，事業承継については少し明るい兆しも出てきています。親族以外の人への事業の承継に対する抵抗感が少なくなったためか，M＆Aの手法を利用して事業承継を実現するという動きが着実に増えています。「事業を終わらせ

ること＝廃業」という意識は少しずつ変わってきているといえます。

　会社にも人間と同じようにライフサイクルがあるといわれています。会社を起業してから初期のころの「スタートアップ」。このころの会社は，若々しいイメージがあり，活発に事業活動を行っています。半面，資金繰りなどの問題から，事業継続ができずにやめてしまう会社が多いのも事実です。

　次の段階である「アーリーステージ」。このステージに進んだ会社は，主に会社の仕組みづくりに取りかかることになります。生物で例えると「生き延びる」から「よく生きる」という目的のための活動が主になるのです。

　ここを無事乗り越えると「ミドルステージ」に進みます。このアーリーステージからミドルステージに進む間には，さまざまな発展パターンがあります。

　この時期，自社の事業による成長だけではなく，Ｍ＆Ａによる合併・分割などを利用した再編による成長を目指す会社も増えてきます。会社が順調に成長していくと，ミドルステージに至ることになります。

　この時点ではその会社の事業は成熟期に入ってきており，利益も確実に計上できる経営を実現しているところが多くなります。そして，この段階から会社は，株式公開に進む企業，後継者などの不在のため事業を売却する企業，逆に拡大のための買収などを行う企業とさまざまなかたちで展開していきます。また，この時期の会社は起業した第一世代の経営者から，次の世代の経営者へと事業承継の課題に直面することが多くなります。

　各ステージにおいて経営の課題は数多くあります。これらの課題を解決できず，業績が低迷している企業群も少なからず存在しています。それら業績が低迷している会社は，どこかで事業の継続ができなくなります。

　その時に，会社は事業の売却（事業譲渡）や会社自体の売却（株式譲渡），さらには清算・廃業をすることになります。このような会社のライフサイクルにおいて，整理・清算・再生は最終段階または既存の会社が生まれ変わる段階ということになります。

　これら最終段階では，法務，会計，労務，税務，登記など総合的な知識が求められるのです。しかも，これら最終段階の事案は実務的に取り扱う絶対数が少なく，いわゆるルーティン業務としてできるものではありません。取扱いが難しいとともに総合的な知識が求められる，特殊な分野だといえるでしょう。

　本書は改訂版として出版されるわけですが，初版とは少し趣を異にしています。それは，執筆陣です。初版時には法務，会計，税務，労務，登記などの各分野を個人の執筆者が担当しました。

　今回は，BDO税理士法人を筆頭とするBDO税理士法人グループと弁護士法人ALG&Associatesが共同で執筆を担当しました。各専門分野について各専門の法人が担当することで，さらに多くの専門家の目を通すことが可能となり，内容はより充実したものとなったと自負しています。

　もちろん，この5年の間に新たに制定された法律や改正された法律や各制度については網羅的に取り上げ，解説しています。本書が事業の承継や廃業をスムーズに行うための一助になれば幸いです。

　2024年12月

執筆者一同

第6章 株式交換等を利用した再生の手続

第7章 法的・私的整理を利用して会社を再建する手続

第8章 会社の解散・清算

第9章 会社の倒産

法令略語

本書で使用している法令略語は次のとおりです。

- 円滑化法………中小企業における経営の承継の円滑化に関する法律
- 企業結合基準…企業結合に関する会計基準
- 指針……………企業結合会計基準及び事業分離等会計基準に関する適用指針
- 連結会計基準…連結財務諸表に関する会計基準
- 事業分離基準…事業分離等に関する会計基準
- 会………………会社法
- 会規……………会社法施行規則
- 法法……………法人税法
- 措法……………租税特別措置法
- 民再……………民事再生法
- 民再規…………民事再生法施行規則
- 会更……………会社更生法
- 会更規…………会社更生法施行規則
- 特調……………特定債務等の調整の促進のための特定調停に関する法律
- 労基法…………労働基準法

参照条文の表記例

法法34①一………法人税法第34条第1項第1号
条………算用数字
項………丸数字
号………漢数字

会社を整理・清算・再生・承継させる判断はどうする？

会社を変えるためには，最初に経営者の判断が必要です。この経営者の判断がなければ，会社は現状のままだからです。序章では，経営者が会社を整理等する判断を行うにあたり留意しなければならない事項について，最近の状況も踏まえて解説していきます。

01 廃業数の増加と後継者不足という現状

中小企業白書のデータを見てみると，休廃業・解散の件数が増加しています。一方，ほとんどの経営者が自社の事業を承継してほしいと考えており，後継者不足という問題が浮かび上がっています。

企業の廃業が増加していることは，中小企業白書（2023年版）の休廃業・解散件数の推移でも確認できます。**図表序－1，図表序－2**をご覧ください。ここでいう休廃業とは債務超過の状態で事業を停止することをいい，解散とは事業を停止し法的な手続である清算手続に入った状態をいい，倒産としてカウントされることもありますが倒産に該当しないケースも含まれます。

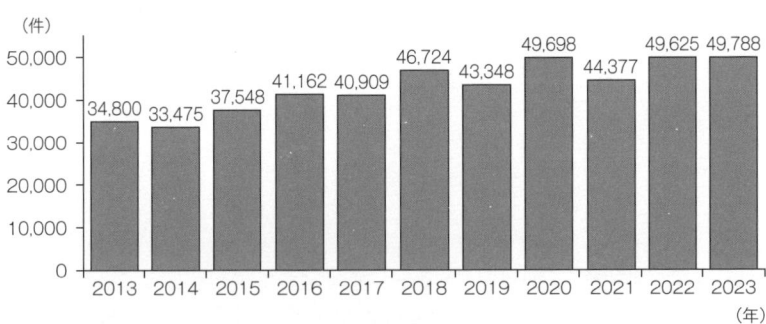

図表序－1 休廃業・解散件数の推移①東京商エリサーチ

(資料) (株) 東京商エリサーチ「2023年『休廃業・解散企業』動向調査」
(注) 1. 休廃業とは，特段の手続きを取らず，資産が負債を上回る資産超過状態で事業を停止すること。
2. 解散とは，事業を停止し，企業の法人格を消滅させるために必要な清算手続きに入った状態になること。基本的には，資産超過状態だが，解散後に債務超過状態であることが判明し，倒産として再集計されることもある。

(出所) 中小企業白書2023年版

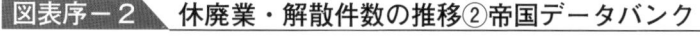

図表序－2　休廃業・解散件数の推移②帝国データバンク

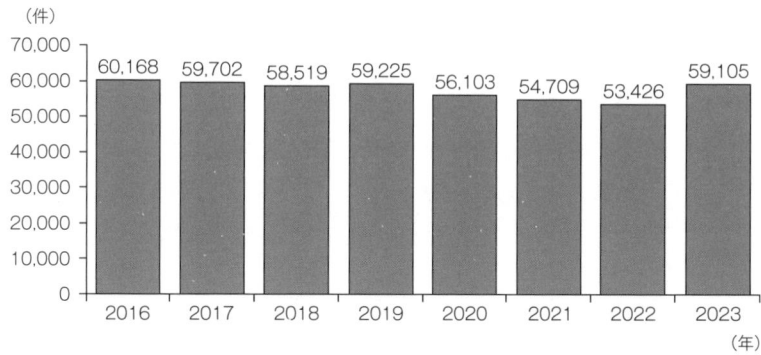

（資料）（株）帝国データバンク「全国企業『休廃業・解散』動向調査（2023年）」
（注）休廃業・解散とは，倒産（法的整理）によるものを除き，特段の手続きを取らずに企業活動が停止した状態の確認（休廃業），もしくは商業登記等で解散（ただし「みなし解散」を除く）を確認した企業の総称。
（出所）中小企業白書2023年版

　直近2023年の休廃業・解散の数値は，東京商工リサーチ社のデータで49,788件，帝国データバンク社のデータでは59,105件となっています。その傾向は2社のデータで多少の違いはあるものの，直近2023年の件数は過去の件数に比べると東京商工リサーチのデータでは微増，帝国データバンクのデータでは2020年から2022年までの減少傾向から一転して増加に転じています。

　この間の社会の動きですが，2020年にコロナ感染者が日本国内で発見されたのち，またたく間に感染が拡がり，政府は行動制限を含む措置を発動しました。さらに2022年には，新型コロナウイルス感染症特別貸付，いわゆるゼロゼロ融資（返済猶予，金利ゼロ）が開始されました。このような政府による資金繰り支援が功を奏した結果が，休廃業・解散件数の上振れを防いでいたと考えられます。

　しかし，この新型コロナウイルス感染症特別貸付は2023年5月には利払いが開始され，最長5年間という元金返済の据置についても確実にその期限が近づいています。

また，昨今の為替相場における円安の影響を受け，輸入品を中心とした原材料高は急激に進んでいます。加えて国を挙げての賃上げの動きと，どれをとっても企業活動の中のコスト高の状況が生まれているのです。このような状況下で，中小・零細企業を中心としてコロナ対策融資の返済が求められることを考えると，中小企業の経営状況はかなりの数で著しく悪化している，または将来的に悪化する可能性が高くなる状況です。

図表序－3 **中小企業における後継者不在率の推移（年代別）**

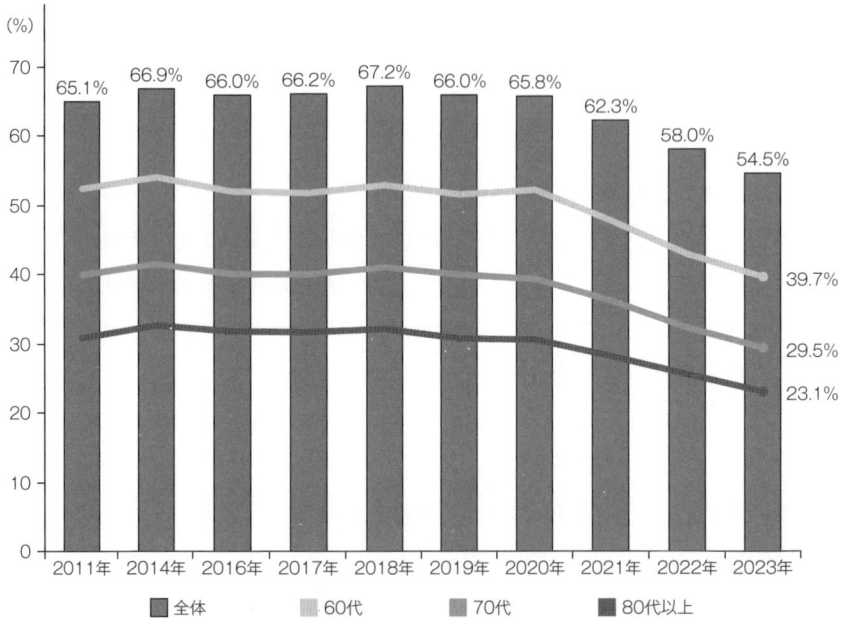

（資料）（株）帝国データバンク「企業概要ファイル」,「信用調査報告書」再編加工
（注）　1．ここでいう中小企業とは，中小企業基本法に定める「中小企業者」のことを指す。なお，企業規模は企業概要ファイルの情報に基づき分類している。
　　　　2．「全体」については，経営者年齢の情報がない企業も含んだ中小企業数に対する割合を示している。

（出所）中小企業白書2023年版

　一方，後継者の問題ですが，中小企業における後継者不足の推移（**図表序－3**）を見てみると，2018年の67.2％をピークに減少傾向にあることがわかります。コロナ禍での経営は多くの企業にとって厳しいものであったはずですが，後継者不在率については改善の傾向が出ています。具体的な理由は定かではありませんが，経営環境がよくなったわけではないため，後継者不足の根本的な解決がなされているわけではないことは明らかです。現に2023年においても54.5％の企業が後継者不足を認識しているのです。

　企業の廃業数の増加と後継者不足は日本の経済活動を考えるうえでも重要な要因であることには変わりはないのです。

02 会社の終わらせ方の類型

会社の終わらせ方としては，大きく分けて3つあります。合併など積極的な事業展開を目指すために終わらせる方法，倒産などの消極的な意味でやむを得ず終わらせる方法，その他の方法です。

　会社も人間と同様のライフサイクルがあります。**図表序-4**のように起業したばかりのスタートアップ企業群から，徐々に業績を拡大させアーリーステージ，さらに組織化などができミドルステージへと発展していくというシナリオです。

　しかし，発展する会社ばかりではなく，むしろ衰退する会社が圧倒的に多いのも事実です。そうした会社は整理・清算や廃業といったものから，最悪なものとしては破産して終わることもあります。

　会社の場合は生物の場合とは異なり終わり方がいろいろとあるのが特徴といえますし，終わったのかどうかも曖昧なケースもあります。

　例えば会社の合併のケースのうち新設合併という手続をとると，それまで存在していた会社は消滅しますが，その会社の事業を受け継いだ新たな会社が設立されることになります。この場合，会社自体はなくなっていますが事業は受け継がれているので，実質的な意味として「会社を終わらせる」ことには当てはまらないといえます。

　会社の終わらせ方を大きく分類すると，積極的（ポジティブ）な終わらせ方，ネガティブ（消極的）な終わらせ方，その他の終わらせ方の3つに分けることができます。

　また，事業承継は会社がなくなるわけではないので，終わらせるというカテゴリーには入ってこないものの，会社の株主や経営者が変わるということから，会社が大きく変わる一局面であるともいえます。一般的に事業承継の問題は，

図表序－4のミドルステージの会社が直面することが多いです。

図表序－4　企業の発展過程と終わりのイメージ図

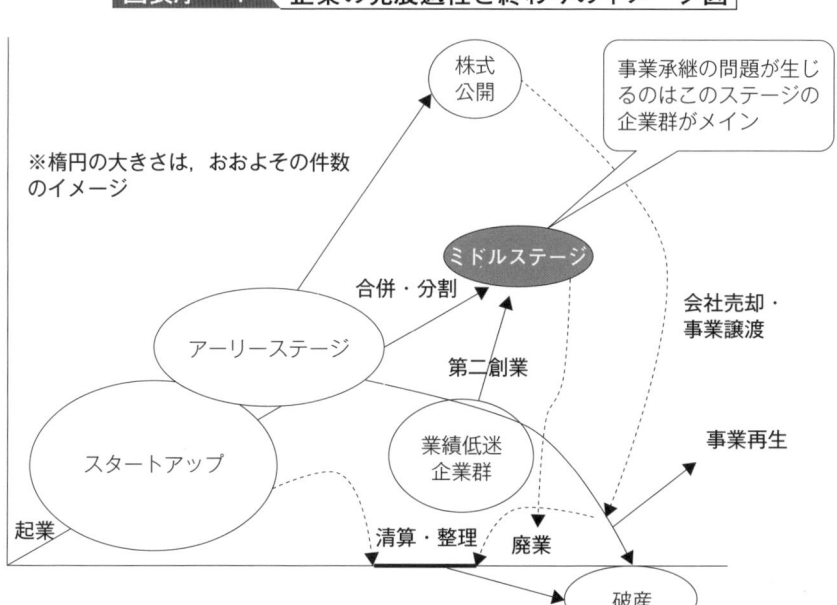

1　積極的（ポジティブ）な終わらせ方

　代表的な例は，狭義のM&Aといえるでしょう。

　もちろんM&Aの中にも消極的な意味合いのものもあります。一言でM&A といってもその意味するところは広範囲に及びますが，一般的には積極的なものを意味することが多いです。一般的なものでは会社合併や会社売却（株式譲渡）などがあります。

　これらポジティブな終わらせ方の特徴としては，それを実施することにより何らかの事業が拡大または継続することを目指すものです。

　また，民事再生はその手続自体では，事業拡大することは考えられませんが，今まで企業業績の足かせになっていた部分を切り捨て，事業継続を目指すとい

う意味では，ポジティブな事業の区切り方であるといえるでしょう。

・会社合併
・会社売却
・会社分割
・整　理
・民事再生

積極的な終わらせ方
（事業の拡大または継続を目指す）

2　消極的（ネガティブ）な終わらせ方

　消極的な会社の終わらせ方の代表例に，破産があります。

　破産は，破産法という法律により規定された会社の終わらせ方の1つです。破産は裁判所に申し立てることから手続が始まりますが，裁判所に申立てをしない方法の代表例としては任意整理という方法もあります。任意整理は私的整理ともいわれ，基本的には当事者間の調整が整えば成立することになります。

　破産も任意整理も会社を終わらせることについて，発展的な終わらせ方ではありません。

　これらの消極的な終わらせ方は，会社が持っている弁済できそうもない債務をどのように整理するのか，がポイントになります。

・破　産
・特別清算
・任意整理

消極的な終わらせ方
（弁済できない債務の調整がポイント）

3　その他の終わらせ方

　その他の終わらせ方としては，廃業・解散があります。

　廃業は個人事業者が事業をやめることを表し，解散は法人が事業をやめるときに取る手続をいいます。どちらも基本的には，その時点で債務金額を超える資産を保有している資産超過状態での事業停止を指します。

　廃業・解散をする理由はさまざまですが，現在，最も関心を集めているのが，後継者がいないために，事業を継続できる状態であるにもかかわらず，事業をやめてしまうケースです。また，人手不足による経営の継続ができずに廃業・解散を選択する例も増えています。

　つまり，事業自体は継続できる状況であるのに，会社を継ぐ経営者がいないため，いくつかの経営資源不足にやむをえず会社を終わらせてしまうというものです。

・廃業・解散
・会社売却（株式譲渡）
・株式売却（一部）

その他の終わらせ方
（後継者の不在に原因が
　あることが多い）

---

03 いつごろ判断するのか

会社の整理，清算，再生，承継などの手続をいつから始めるかは，それぞれの手続によって異なります。しかし，相手があるものは交渉のタイミングを見ながら，自社で決められるものは早めの対応をするのがよいでしょう。

会社の整理，清算，再生，承継など（以下，「整理等」といいます）を考えている経営者が，いつからそれらの実行を始めるかというのは非常に難しい問題です。

なお，各手続の法的効力の発生は，下記に挙げる日となります。整理等では，手続のほぼ最終段階にあたる日となっています。

廃業・解散……廃業・解散の日

破　　　産……破産手続申立ての日

整理清算……清算結了登記の日

民事再生……裁判所による再生計画の許可・決定

事業譲渡……事業譲渡契約のため株主総会の日

合　　　併……合併承認のための株主総会の日

分　　　割……分割承認のための株主総会の日

事業承継……代表権を後継者に与える日

株式交換・株式移転……株式交換・株式移転承認のための株主総会の日

それぞれの整理等については，異なる手続のプロセスがあります。手続が複雑なもの，そうでないものはケースによって異なりますが，どのケースもそれなりの準備期間は必要になります。

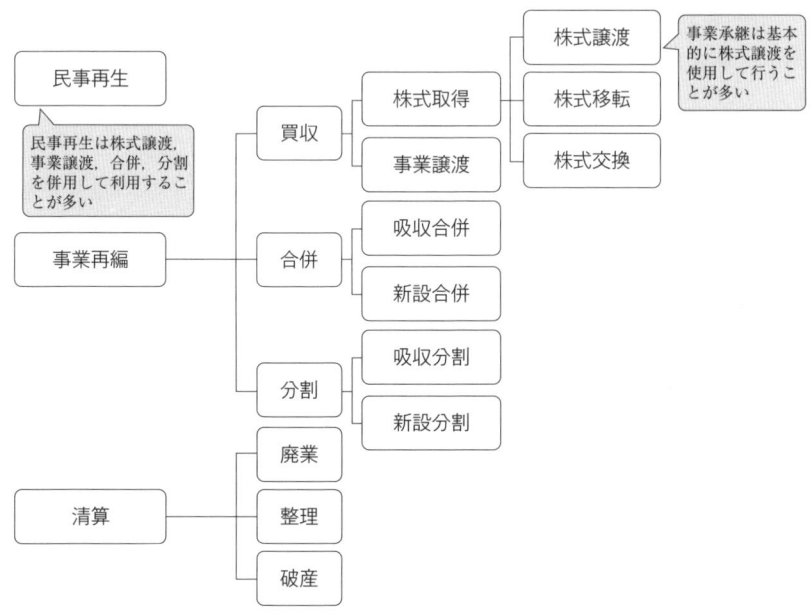

図表序－5　整理・清算・再生・事業承継の関係

また，最終段階の期日を厳密に守らなければならない場合と，だいたいの期日でよいものもあります。ここからは，それぞれの再編の時間的制約について見ていきます。

1　廃業・解散（詳細は第8章）

廃業・解散については，経営者の意思決定によってスタートの時点を決めることができます。

事業にかかわる経営資源（ヒト・モノ・カネ）が整理できた段階で，廃業・解散ができます。特に事業自体が債務超過状態でない場合については，取引先への影響も比較的少ないことから経営者自身のその後の生活設計さえ立っていれば，いつからでもスタートできるといえます。

債務が存在している場合は，その債務をどうするかを解決しなければなりません。通常であれば，それらの債務の清算をしてから，もしくは清算と同時に廃業・解散ということになります。この債務の整理が最大の課題となります。

2 破 産 (詳細は第8章，第9章)

破産は自分で申し立てる場合と外部の取引先から申し立てられる場合があります。

しかし，実務的には自分で申し立てるケースが大部分であるため，経営者が意思決定することで手続を開始します。

再生を目指す会社の再生計画が承認されず，最終的に破産手続に移行するケースもあります。自分である程度判断できるとはいえ，直接的に外部要因によって左右されるのが破産だといえるでしょう。

また，破産申立てを行うと，法人は解散することになりますが，ここでは上記1の廃業・解散とは区別して解説していきます。

いずれのケースでも，スタートはできるだけ早いほうが良いといえます。時期が遅くなればなるほど債務総額が大きくなる傾向があり，利害関係者への悪い影響が大きくなるからです。

3 整理清算 (詳細は第8章)

整理清算については，廃業・解散と同様，ある程度経営者サイドの意思決定により進めることが可能です。

整理の場合，廃業・解散とは若干異なり，債務者に対して一定の負担（債権放棄や債権の棚上げ）を求めることになります。

その負担が少しでも少なくなるようにするためは，財務内容が極端に悪化する前に実行に移すのが良いです。

4 民事再生 (詳細は第7章)

さまざまな再編手続がありますが，民事再生は一番タイミングが重要な手続

であるといえます。

　民事再生は，債権者の協力があって初めて可能となる手続であるため，その判断のタイミングが成功するかどうかの分岐点となるからです。

　整理と同様に財務内容が極端に悪化したり，主要な事業の採算性が悪くなる前に手続を進めなくてはなりません。民事再生については，その申し立てるタイミングが成功のためのポイントとなります。

5　事業譲渡・合併・分割（詳細は第3章，第5章）

　事業譲渡・合併・分割については，法的に手続が定められており，しかもその手続の最終段階で株主総会の承認決議が求められることから，スケジュールとしては固定化されています。

　また，他の再編の手続と異なり，事業譲渡・合併・分割の手続は，一部の場合を除き相手の会社との交渉の結果によって，その成功が左右されることになります。したがって最大のポイントは相手側との交渉であり，手続のスタートは交渉相手を探すところから始まります。

　手続をいつスタートさせるかの判断は自社主導で進められますが，事業譲渡・合併については，相手側との交渉があるため，そのタイミングは交渉が有利に進むと考えられる時点から始めるのが良いでしょう。

6　事業承継（詳細は第4章）

　事業承継について，いつ判断するのかというのは，非常に難しい問題です。極端にいえば，なるべく早めにということはいえそうです。本章の **01** で見た「中小企業における後継者不在率の推移（年代別）」のグラフ（18ページ**図表序－3**）では，70代以上の経営者について3割がまだ後継者が決まっていない状況ですが，一般的にいって経営者が70歳になっても後継者がいないというのは，動き出しが遅いといえます。

　会社の状況や経営者本人の状況などにもよりますが，事業承継に関しては後継者を一人前の経営者にするまで5～10年というデータもあるため，早めに決

定しておくのがよいといえます。

　これら手続を進めるためには，まず自社の会社の状況がどうなっているかの把握が大切になります。自社状況を把握することが第一歩となります。

7　株式交換・株式移転 （詳細は第6章）

　株式交換・株式移転は，どちらの手法も会社を子会社化したり，グループ化するためのものであるため，事業をこれから拡大させるための手法として利用されることが多いです。また，事業承継を実現するために利用されることもあります。

　これらの手法については，積極的な再編に利用されることが多いため，その意思決定の期日があるわけではありません。それら組織再編の必要性を経営者が感じ，実現したいと考えた時から具体的な行動が開始されます。最終的な法的手続としては，株主総会の決議ということになります。

04 誰に相談すればよいのか

中小企業の相談窓口はいろいろありますが，最も身近な相談相手に税理士等の存在があります。組織再編など複数の専門家の協力が必要な場合でも，税理士等には，各専門家との連携の窓口としての役割が期待できます。

　会社をどのような方向に導いていくかという経営上の選択を行うのは，経営者です。取締役会が機能しているような会社であっても，最終的には代表である経営者が経営上の判断をすることになります。

　経営者が経営上の判断をする際には，会社の内部要因や外部要因などを考慮し，時には外部の専門家といわれる人からアドバイスをもらいながら，その決定を行いますが，会社の再編は，特にそのリーダーシップが求められる場面です。

　少し古いデータですが，2017年版中小企業白書（32ページ**図表序－6**）にあるとおり，事業承継に関しての相談相手として最初に挙げられているのが，顧問の税理士・公認会計士（以下，「税理士等」といいます）です。その次に取引金融機関，商工会・商工会議所と続いています。

　中小企業の多くが税理士等と顧問契約を締結していることから，事業承継にかかわらずM&A全般についても税理士等に相談する機会が多いはずです。特に消極的（ネガティブ）な終わり方を選択する場合に，財務内容を熟知している税理士等は会社の相談相手としては最適です。反対にM&Aなどの積極的（ポジティブ）な終わり方を選択する場合は，その選択決定は会社の経営そのものであるため事前に相談するケースは少ないようです。ここでは，顧問の税理士等にM&Aや事業承継などの相談をする際のメリットとデメリットを見ていきます。

（メリット）

• 会社の数字の内容を理解しており，数字の面から会社の行き先に対して予想することができる。

• 会社を終わらせる場合の税務処理に関しては，それほど問題がない。

• 会社の経営者と接触する機会が多いため，他の専門家に比べて経営者の性格など内面的な部分をよく理解しているといえる。

（デメリット）

• M&Aを経験している税理士等とそうでない税理士等がいるため，経験してない税理士等の場合，助言が適切なものでない可能性もある。

• 顧問税理士等は会社に近い存在であるため，客観的な判断が鈍り，いたずらに事業を継続させ傷口を広げる可能性がある。

• 清算・合併などの処理は手間がかかるので，根本的な解決策を示さず場当たり的なアドバイスに終始する可能性がある。

　注意しなければならないのは，すべての税理士等がM&Aや事業承継に精通しているわけではないということです。

　したがって，顧問税理士等には，実務を行ってくれる専門家たちの相談の窓口としての役割を果たしてもらうというスタンスが望ましいでしょう。顧問税理士等は，日常的にその会社の財務・税務を見ており，経営者ともコミュニケーションがとれているので，最初の相談相手としては最適です。

　顧問税理士等に相談するにあたっては，次の手順で手続を進めていくとスムーズにいくと思われます。

①　会社の財務状況や会社が置かれている経営環境の客観的な把握

②　経営者が考える会社の将来像と現実とのギャップの把握

③　会社の将来に向けての戦略の立案

④　戦略実行に必要な専門家との打ち合わせ

⑤　戦略に基づいた戦術の実施

⑥　後処理

　この手続の流れについては，積極的な再編，消極的な再編さらに事業承継についても採用することができます。

　①②は現状分析と経営者の考える将来像の整理で，会社の状況をよく知っている顧問税理士等がサポーターとしては適任です。

　また，複数の専門家が関わるケースが多い清算，合併など組織再編についてはそれら専門家のチームワークも大切になってきます。税理士を入り口として，それら専門家のネットワークを使って処理していくことがスムーズな処理につながってくるのです。

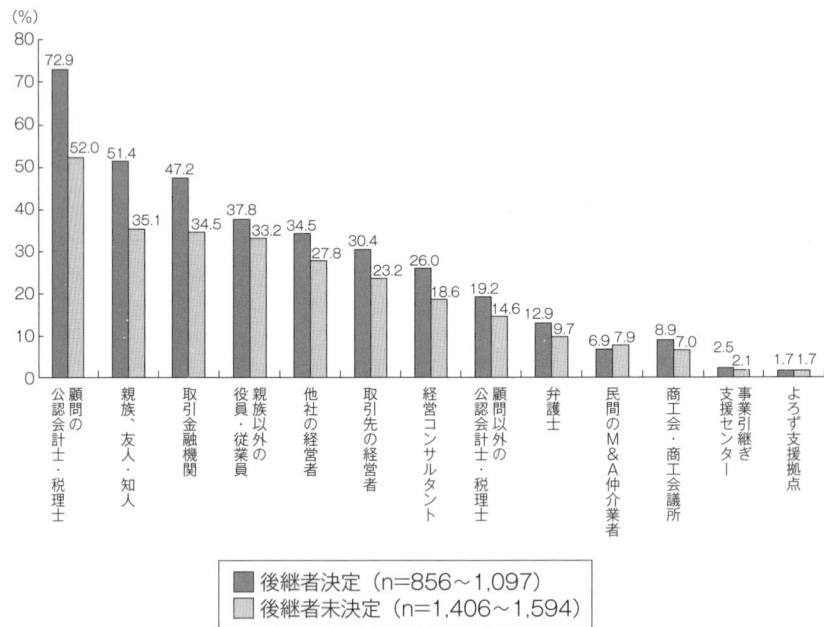

後継者決定（n=856～1,097）
後継者未決定（n=1,406～1,594）

（資料）中小企業庁委託「企業経営の継続に関するアンケート調査」（2016年11月，㈱東京商工リサーチ）
（注）1．複数回答のため，合計は必ずしも100%にはならない。
　　　2．ここでいう「経営コンサルタント」とは，中小企業診断士，司法書士，行政書士を含む。
　　　3．それぞれの項目について，「相談して参考になった」，「相談したが参考にならなかった」と
　　　　回答した者を集計している。
（出所）中小企業白書2017年版

　一方，手法としてのM&Aが会社のさまざまな場面で利用されることが多く
なったことから，最近では相談相手が多様化しています。特に注目すべき公的
な登録機関としては，中小企業庁への登録ができる「M&A支援機関」が挙げ
られます。登録の内容等については，次ページの「中小企業白書2024年版」に
あるとおりです。M&Aについての相談相手として新たな選択肢も加わりつつ
あります。

図表序－7　中小M&Aガイドラインの改訂のポイント

- 中小M&Aガイドライン（初版）策定から約３年が経過。この間、中小M&Aに関する行政・民間の取組にも一定の進展がみられ、中小M&Aは定着してきた。

- 他方で、特に仲介・FA(フィナンシャル・アドバイザー)に関して、**契約のわかりにくさ**や、**担当者による支援の質のばらつき**、**手数料体系のわかりにくさ（最低手数料の適用）**等の課題が見受けられるようになった。当該課題に対応するため、中小M&Aガイドライン（第２版）においては、特に**M&A専門業者向けの基本事項**※を拡充するとともに、中小企業向けの手引きとして**仲介者・FAへの依頼における留意点等を拡充**した。また、行政・民間における取組についても修正。
  ※M&A専門業者は、マッチング支援やM&Aの手続進行に関する総合的な支援（マッチング支援等）を専門に行う民間業者（主に仲介者・FA）。金融機関、士業等専門家やM&Aプラットフォーマー等がマッチング支援等を行う場合にも、業務の性質・内容が共通する限りにおいて、準拠した対応を想定。

「後継者不在の中小企業向けの手引き」等における改訂箇所	「支援機関向けの基本事項」における改訂箇所
①仲介者・FAの選定 ◆仲介業務・FA業務の特徴等の見直し ②仲介契約・FA契約の内容 ◆直接交渉の制限に関する条項等、説明すべき重要事項の追加 ③セカンド・オピニオン ◆類型の整理、セカンド・オピニオンの利点と留意点 ④マッチングにおける支援機関の活用 ◆依頼先の支援機関が単独/複数の場合の比較 ◆適切な候補先の紹介を受けられない場合の対応　等 ⑤仲介者・FAの手数料の整理 ◆最低手数料に関する事例の追加　等	①支援の質の確保・向上に向けた取組 ◆契約に基づく義務の履行・職業倫理の遵守の必要性の明記 ◆質の確保・向上のため個々の支援機関・業界に求められる取組 ②仲介契約・FA契約締結前の書面交付ての重要事項の説明 ◆書面に記載して説明すべき重要事項の項目の見直し ◆説明の相手方・説明者・説明後の十分な検討時間の確保　等 ③直接交渉の制限に関する条項の留意点
行政・民間における取組の推進	
①行政の取組 ◆M&A支援機関登録制度・情報提供受付窓口の開始 ◆事業承継・引継ぎ支援センターへの発展的改組　等	②民間の取組 ◆自主規制団体であるM&A仲介協会による苦情相談窓口の開始 ◆表明保証保険　等

（資料）中小企業庁「中小M＆Aガイドライン改訂（第２版）に関する概要資料」
（出所）中小企業白書2024年版

~中小企業白書2024より~

　中小企業庁では，初版を策定した後，2021年４月に「中小M&A推進計画」を策定し，同年８月には同計画に基づき，「M&A支援機関登録制度」（以下，「登録制度」という。）を創設した。登録制度への登録を希望するM&A支援機関に対して，中小M&Aガイドラインの遵守宣言を求めることや，事業承継・引継ぎ補助金（専門家活用型）において，登録制度に登録されたM&A支援機関を活用することを要件とすること等により，中小M&Aガイドラインに記載された行動指針の普及・定着を図ってきた。

　また登録制度のホームページでは，同制度に登録された仲介業務又はFA業務を行う支援機関のデータベースを提供している。登録支援機関の種類（専門業者，金融機関等の別），M＆A支援業務の開始時期，専従者

や所在地等を確認・検索することができ，中小企業が仲介者・FAを選定する際の情報手段として有用である。

　なお，登録されたFAや仲介業者が提供するM&A支援サービスを巡り，仲介とFAの違いや手数料等について十分な説明を受けなかった，といったトラブルが発生している。こうした実態も鑑み，中小企業者からの情報を受け付ける「情報提供受付窓口」も併せて設置している。登録制度においては，情報提供受付窓口に不適切な対応に係る情報が寄せられており，中小M&Aガイドラインへの違反が認められた場合等は，「M&A支援機関登録制度の取消し等に関する要領」に基づき，登録の取消しを可能としている。

05 事業承継のすすめ

会社を終わらせるという選択肢とは別の，事業承継も重要な選択肢です。事業承継には資産承継と経営承継の2つの面があり，どちらも解決しなければならない課題ですが，経営承継については後継者の資質の問題もあり難しいとされています。

事業承継は，会社の整理・清算・再編を考えるうえで欠かせない選択肢の1つです。

会社の状況が悪い場合は，整理，清算，廃業といった後ろ向きの手続により，会社自体を整理してしまうことが最終的な目的となる一方で，会社の財務状況が良好で事業自体の将来性もある程度見通せるような状況で現経営者の年齢が高いなどの理由があれば，合併，分割，事業譲渡などを考える前段階で，事業承継を考えることになります。

経営者個人を現経営者から承継させることを一般的には，事業承継といいますが，後継者となるべき個人が見つけられなかった場合，会社ごと承継させる株式売却，合併，事業譲渡なども広い意味で事業承継といえます。ただし，ここでは個人が後継者となる事業承継について説明していきます。

事業承継については，中小企業庁から「事業承継ガイドライン」が示されており，事業承継の類型についても定義されています。その中で最もなじみが深いものが，現経営者の親族が承継する「親族内承継」といわれるものです。

また，親族以外が承継する「親族外承継」をする主体の属性によって「従業員承継」と「社外への引継ぎ（M&A）」として定義をしています。この類型によると，株式譲渡や事業譲渡などのM&Aの手法も事業承継をするために用いられる手法として会社を積極的に終わらせる1つの形態として考えているようです。

なお，中小企業白書において昨今の事業承継の傾向としては，親族内承継よりもM&Aを含めた親族外承継が増加しつつあることが示されています。

図表序－8 　**事業承継の類型**

類　　　型	概　　　　　　　　要
親族内承継	・現経営者の子をはじめとした親族に承継させる方法である。 ・一般的に他の方法と比べて，内外の関係者から心情的に受け入れられやすいこと，後継者の早期決定により長期の準備期間の確保が可能であること，相続等により財産や株式を後継者に移転できるため所有と経営の一体的な承継が期待できるといったメリットがある。
従業員承継	・「親族以外」の役員・従業員に承継させる方法である（以下「従業員承継」という。）。 ・経営者としての能力のある人材を見極めて承継させることができること，社内で長期間働いてきた従業員であれば経営方針等の一貫性を保ちやすいといったメリットがある。
社外への引継ぎ （M&A）	・株式譲渡や事業譲渡等により社外の第三者に引き継がせる方法（以下「M&A」という。）である。 ・親族や社内に適任者がいない場合でも，広く候補者を外部に求めることができ，また，現経営者は会社売却の利益を得ることができる等のメリットがある。さらに，M&Aが企業改革の好機となり，更なる成長の推進力となることもある。

（出所）中小企業白書2023年版

　ところで，事業承継を実施するうえでは株式の問題が大きくクローズアップされます。しかし，問題はそれだけではありません。
　次ページの**図表序－9**にあるとおり事業承継を考えるときには，株式などの「資産承継」の課題のほかに，経営者としての資質を育てる「経営承継」の課題があります。
　まず，資産承継には，株式や事業資産などの引継ぎについての課題があります。中でも最も大きな課題が，株式の引継ぎで，親族内承継であれば，相続税や贈与税などの税負担をいかに低く抑えるかが課題となります。親族外承継の株式の引継ぎでは，贈与の方法をとれば贈与税の税負担軽減が，売却の方法を

とれば所得税の税負担の軽減が課題となります。

　また，後継者側の課題として税負担はもちろん，株式を買い取る場合の買い取り資金の確保の問題も解決しなければなりません。

　このように，資産承継はつきつめればお金の問題なので，極端な話としてお金があれば解決は可能です。しかし，経営承継となると後継者の資質の問題もあり，簡単に解決できる問題ではありません。

　経営承継は，後継者を経営者として育成するというもののほかに，経営理念の引継ぎや経営に必要な人脈の引継ぎ，ノウハウなど目に見えない「知的財産」とも呼ばれるものの引継ぎも含まれています。

図表序－９　事業承継の構成要素」

【事業承継の構成要素】

人（経営）の承継	資産の承継
・経営権	・株式 ・事業用資産 　（設備・不動産等） ・資金 　（運転資金・借入等） 　〔資産の引継ぎ〕

〔経営の引継ぎ〕

知的資産の承継

・経営理念 ・経営者の信用 ・知的財産権（特許等）	・従業員の技術や技能 ・取引先との人脈 ・許認可　等	・ノウハウ ・顧客情報

（出所）中小企業白書2017年版

第1章

整理・清算・再生・承継の基本知識

❖

会社を整理・清算・再生・承継するには，さまざまな専門的知識が必要になります。本章では，それら整理等をするにあたって共通する課題と，基本的な概念について見ていきます。また，事業承継に関しては，その基本的な進め方と最新の事業承継税制の概要について見ていきます。

01 負債をどうするかで 方法が変わる

会社の将来に大きく影響してくるのが負債の存在です。会社を整理・清算する場合，負債の存在が一番の問題となります。特に業績が悪化した会社の場合，それら負債をどうするかで会社の終わらせ方の方向性が変わります。

　将来，会社をどのようにしていくかを考えるときに，大きな問題の1つに負債の存在があります。

　前向きな事業展開ができるような状況であれば，その存在はそれほど大きな問題にはなりませんが，会社の状態が悪い場合，負債をどう処理するのかという問題は最初に解決しなければならない課題となります。

　日本中のほとんどの会社が何らかの負債を持っているはずですし，負債を持っていること自体は問題とはなりません。問題となるのは，その負債の金額や総資産，売上高や利益に対する割合です。会社の規模に比べて，大きすぎる負債を抱えていることこそが問題なのです。

　負債をどうするのかという問題を解決するには，まず損益計算書と貸借対照表の状況をチェックし，その状況によって対応が変わってきます。

　例えば損益計算書上で欠損を生じている状況だけでは，将来を悲観することはありません。単年度での赤字決算は，どの会社でも起こりうることです。

　しかし，それが2期，3期と連続する，または断続的に赤字を生じるようであれば，貸借対照表に影響が出てきます。見過ごせないのは，損益計算書から貸借対照表という会社の財政状態の問題に移行することです。貸借対照表に影響が出てきたら（または近い将来に影響が生じると予想されるとしたら），何らかの対策を考えなければなりません。

　数期にわたって，赤字決算が続くとその会社の貸借対照表の純資産の部はか

なり毀損することになります。具体的には純資産の部の合計（自己資本）がマイナスの債務超過の状態に陥ることになります。

　この債務超過状態を脱するためには，方法は2つしかありません。

　　①　**利益率を向上させ，獲得したキャッシュにより債務返済を進める。**

　　②　**会社外部から資本金を入れる（増資を行う）。**

　①を実行するためには，かなりの労力と時間を要します。そもそも，利益率が悪いために会社業績の悪化を招いたことが債務超過の原因ですので，その利益率を向上させるのは相当難しいといわざるをえません。

　また，利益率を改善できる解決策があるとしても，その実現には時間がかかることが予想されるため，①での問題解決の実現可能性は低いといわざるをえないでしょう。

　それに対して，②の増資の実施は比較的容易だといえます。増資による債務超過状態の解消は，当該会社に資金提供をしてくれる人がいれば可能だからです。

　ただし，増資を受けるためには，当該会社が増資に値する価値のある会社である必要があります。将来性が見込めない会社に資金提供するような人はいません。

　現実的には，増資によって短期的に債務超過状態から脱することを実現し，それと並行して長期的課題の①の利益率の向上を目指す会社の改革を進めるという方策が採られます。

　しかし，これらの解決策がない場合，あるいは解決策があるとしても制約条件が多いため実行に移せないような場合，経営者は会社を法律によって整理するのか，法律によらないで整理をするかの判断を迫られることになります。

　そして，会社を整理するにあたって最大の問題となるのも，負債の存在です。負債をどう整理するかで，その手続も変わってくるからです。反対に，負債があるために整理ができない，というケースもあります。

　例えば，多額の借入金を抱えていて事業活動も好転しないだろうと予想される場合，一刻も早く事業をやめるのが一番良い解決策ですが，現実的には，借

入金という負債があるために終わらせることができないケースは数多くあります。こうしたケースに備えて，会社を計画的に終わらせようとする場合には，あらかじめ負債の整理をつけておく必要があるのです。

　また，負債の存在はスムーズな事業承継の阻害要因にもなります。親族に会社を引き継がせたいと思っていても，多額の借入金があるため事業承継ができないと考える経営者は数多くいます。たとえ親族外への承継やM&Aによる再編を目指したとしても，多すぎる負債は，事業承継の足かせとなるのです。

　会社の跡継ぎがいなくて事業をこの先続けていく必要がないということで廃業をする場合の手続においても，最終的には負債の処理を行わなければなりません。このような場合についても，あらかじめ負債を整理することで容易に会社を終わらせることができるのです。実務的には負債がない会社を終わらせることは，比較的簡単なのです。

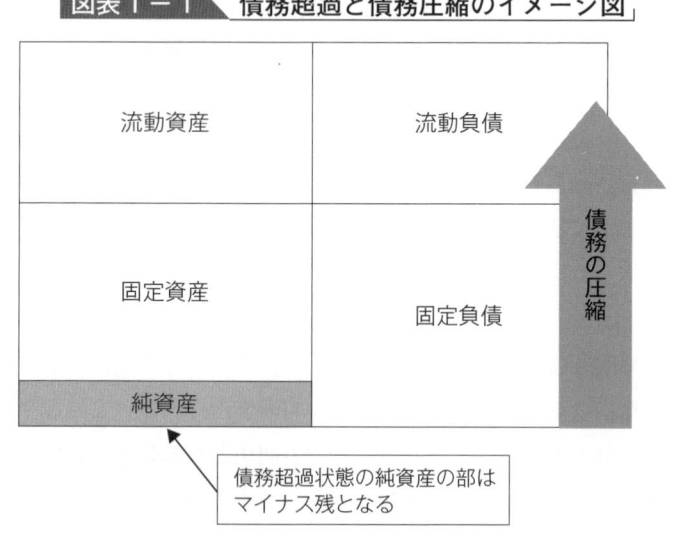

図表1−1　債務超過と債務圧縮のイメージ図

02 法的整理と私的整理

裁判所が関与する再建型の法的整理には，民事再生と会社更生があります。一方で，債権者との合意に基づき債務整理を行う手続が私的整理です。法的整理はすべての債権者を対象として公表されますが，私的整理の場合には例えば，金融機関だけを対象とし，公表せずに行うことも可能です。

1　法的整理

　会社経営が困難になった際に行われる再建型の法的整理としては，民事再生と会社更生があります。

　民事再生は，原則DIP型（Debtor in Possession）であり，既存の経営陣がそのまま残って再建を迅速に進める手続です。既存の経営陣が残ることで経営の継続性があるため，手続の時間的な短縮が可能となります。例えば，東京地裁の標準スケジュールによると，約5か月といった期間で再生計画の認可決定が予定されています。

　会社が法的整理をするかどうかを検討する場合，既存の経営陣がそのまま残って会社再建を図ったほうがよいと判断される事案では，まずは民事再生を検討することになります。

　会社経営の継続が困難になると，時間の経過とともに会社事業の毀損が進むため，迅速な対応が再生のための条件となります。特に，中小企業が継続を目指しつつ法的整理を検討する場合，民事再生を検討することが多くなるのもそうした理由からです。

　一方，会社更生は，原則として管理型であり（DIP型も一定の要件の下に認められています），既存の経営陣は残らず，管財人の下で会社再建が進められ

る手続です。手続は民事再生よりも複雑で時間的にも長くかかり，約1年といった期間で更生計画の認可決定が予定されています。

　会社更生のメリットとしては，民事再生と異なり，担保権を手続内に取り込めることが挙げられます。手続内に担保権を取り込むことで，債権者による手続外での担保権の実行を止めることができ，たとえ担保権が設定されていても，事業継続に必要な財産を維持することができます。

　会社更生では，管財人や管財人代理が会社に常駐して意思決定を行い，会社再建を主導していくことになります。民事再生でも，監督委員が選任されますが，その役割はあくまで監督であって，既存の経営者が主導して会社再建が進められます。会社更生の場合，監督委員に比して，管財人の活動負担は大きくなるため，管財人の活動費用や報酬等に充てられる予納金の額は民事再生に比して高額となります。

　予納金の額といった観点からも，会社更生は大企業向きの法的整理といえるでしょう。ただし，民事再生では先述のとおり担保権の実行を止めることができないという理由から，中堅企業であっても，会社の重要な資産に担保権が設定されている場合，会社更生を検討することもあります。つまり，担保権がどのような資産に設定されているかが，民事再生と会社更生，どちらの手続で進めるかの判断のポイントの1つとなるのです。

　民事再生や会社更生といった法的整理は裁判所に申立てを行い，すべての債権者を対象にして画一的に行われることになります。

　また，このような法的整理は官報で公告されますし，多数の債権者を対象としていることから事実上公表されることになります。

　そのため，民事再生や会社更生といった法的整理は，程度の差はありますが，会社への信用失墜を避けられない面があります。取引先や顧客離れを引き起こすリスクが否定できないことから，会社再建を図る手続でありながら，事業価値の毀損を招くおそれがあります。

2　私的整理

　このような信用失墜に伴う事業価値の毀損を避けるべく，水面下での再建を目指す方法として挙げられるのが，会社と債権者との間で合意に基づき債務整理を進める再建型の私的整理です。

　再建型の私的整理では，事業活動に伴うすべての債権者ではなく，貸付けをしている金融機関のみを対象とすることが一般的です。また，官報で公告されるものでもなく，上場会社等でない限り，公表も不要です。

　再建型の私的整理の場合，債務整理を行う交渉先が金融機関に限られますし，私的整理に関する情報が漏洩しなければ，取引先や顧客に知られることなく進めることができます。

　このように，再建型の私的整理は，取引先，顧客等との関係が悪化することを回避しやすく「倒産」といった風評被害も避けることができるため，法的整理に比べ，会社の事業価値が毀損されにくい手続といえます。実務上の対応としては，まずは私的整理を検討し，それが難しい場合には再建型の法的整理の検討をしたほうがよいでしょう。

　ただし，再建型の私的整理は，あくまで対象者すべての合意に基づくものであるため，民事再生や会社更生のように多数決原理を働かせることができません。

　つまり，対象の債権者となるすべての金融機関の同意が必要となるのです。とりわけ，メインバンクの協力が必要不可欠となるため，再建型の私的整理を進めるためには，メインバンクの協力を得ることが重要です。

　このように再建型の私的整理も対象債権者すべての同意を得なければならないという点で難点があり，金融機関が1社でも反対すると再建型の私的整理は困難となります。その場合，多数決原理で反対する金融機関も拘束できる民事再生や会社更生といった法的整理を検討することになります。

03 債権, 債務の問題と整理の方法

組織再編が行われる際には，債権・債務の正確な把握が必要となります。会計基準の違いなどもありますが，特に簿外にある債権・債務については，再編前に財務諸表に反映させておいたほうがよいです。

会社の再編を行う際には，さまざまな問題が発生します（これはどの再編手続においても同様です）。その中で重要な問題の1つとして挙げられるのが，債権・債務の整理です。

債権・債務の状況を把握するうえで最も重要な財務諸表といえるのは貸借対照表です。貸借対照表には，決算日時点での資産・負債の状況が一覧で表示されています。基本的には，すべての債権・債務については，貸借対照表で確認することができます。その会社の現在の財産状況を把握するためには欠かせないものなのです。

しかし，これら債権・債務については，財務処理の方法により金額が異なることがあります。これは，会計基準の違いにより認識が変わることがその原因です。

特に中小企業などでよく見られるケースとしては，財務諸表自体が法人税法などによる税法基準により作成されており，一般に公正妥当と認められる会計基準で作成した場合と異なる財務諸表になっているということがあります。

中小企業においては，通常の決算書は外部報告というよりも，税務申告のための資料という性格が色濃くなっているため，財務諸表は基本的に税法基準で作成されているのがほとんどです。これに対して企業会計原則に代表されるような会計基準では，主に会社の利害関係者に報告することを目的としているため，その計上基準が大きく異なっています。

　これら税法基準と会計基準の違いで，債権・債務の金額に大きく影響を与える例としては，売掛金などの債権の認識についての違いがあります。売掛金が発生する認識自体についての違いはほとんどありませんが，それが正常債権かどうかの判断については，両者はかなりの違いがあります。

　税法基準ではさまざまな貸倒れの判定基準が規定されていますが，基本的にはその回収が法的な手続などによって不可能となることが確実になった時点でなければ貸倒れを認めず，売掛債権として貸借対照表上に残ることになります。

　これに対して，会計基準では回収可能性を会社が客観的な視点から判断し，それに基づいて貸倒れを認識することになります。会計基準で貸倒れを認識すると貸借対照表上から売掛債権がなくなることになり，会社の資産の金額が変わることになるのです。

　つまり，税法基準では債権が残っているのに会計基準では債権はなくなってしまうという結果になります。この場合，税法基準で作成していた財務諸表では，会社の価値は実態以上に大きくなっているのです。

　買収など再編手続に入ると，税法基準の決算書から会計基準の決算書への組替えが求められることが多くあります。組み替えた結果，自社の価値が予想していた以下の金額でしかないということもよくあることです。債権・債務については，そうした会計基準の組替えがあるということを覚えておくと，より正確な判断が可能となります。

　会社を閉じる清算の場面では，すべての資産・負債を処分，処理しますので，買収のときと同様に決算書の数字が変わります。ただし，清算の場合，実際の処分，処理が行われるため，決算書の組替えは原則的には行われません。

　なお，再編時，最も問題になるのは貸借対照表には表示されていない資産と負債の存在です。いわゆる簿外資産，簿外債務が存在していると，貸借対照表に表示されている情報だけでは再編の処理を進めることができなくなります。

　特に，買収・合併などのケースでは，簿外債務が交渉を阻害する最も大きな

存在となる可能性があるので，事前の整理が必要になります。簿外債務が存在することで，企業価値が大幅に低く見積もられる可能性もあります。

　簿外債務については，粉飾決算の可能性が考えられるため，どこかの時点で修正することが求められますが，そのままにしておくと再編時にはそれら簿外債権・簿外債務を認識した"修正貸借対照表"が作成されることになります。

　また，税法と会計の基準の違いにより，債権・債務の金額が異なることはよくあるケースですが，そもそも存在していない債権・債務を意図的に計上している粉飾などをしているケースは要注意です。

　再編の交渉を進めるうえで，これらの架空債権・債務についてはあらかじめ明らかにしておかなければなりません。例えば，合併や分割など，会社の債権・債務をそのまま引き継ぐような再編行為の場合は，その架空の債権・債務が，引き継いだ法人の財務諸表にも影響を及ぼす可能性があるため，事前にそれらの情報を開示する必要があります。

04 従業員の労務関係の処理

労務関係の処理の基本的な方向性は，M&Aを行う場合，再建手続を行う場合，会社を解散・倒産させる場合で異なります。

会社を経営していくためには，「ヒト・モノ・カネ」の3つの経営資源が必要です。この3つの経営資源の筆頭に掲げられる「ヒト」の関係（労務関係）を上手に処理していくことが，整理・清算・再生を円滑に進めていくうえで重要になります。

労務関係を円滑に処理する際の基本的な方向性が再編手続によって大きく異なることから，以下では，M&A，再建手続，解散・清算に場合分けをして説明します。

1　M&Aにおける労務の留意点

M&Aを行った場合には，通常，会社の事業がそのまま合併や分割等により他の会社に承継されます。従業員の賃金等の労務関係も変更されることなくそのまま承継されるのが基本です。

そのため，M&Aの手法の中でも吸収合併や吸収分割のように会社間で事業が移転する手法を採用した場合には，吸収された会社の従業員の労務関係と，吸収する会社の従業員の労務関係が移転先の会社で併存することになり，そのままでは労務関係の事務処理負担が増加するといった問題が生じます。

また，異なる労務関係が併存することから，同じ職務を行う従業員の賃金が異なるといった事態が生じ，従業員の士気等に悪影響を及ぼすこともあります。このようにM&Aによって複数の労働条件が併存することになる場合には，M&Aの前後で労働条件の統一を上手に行うことが重要な課題となります（詳細は第5章 **09** 参照）。

さらに，M&Aの手法の中でも会社分割を採用した場合，労働条件の統一以外にも，労働契約の承継にあたっては，労働者保護の見地から法律により特別な手続が定められていますので，法の規定に従った対策が必要になります（詳細は第5章 **15** 参照）。

他方，M&Aの手法として株式交換や株式移転等のように事業が会社間で移転しない手法を採用した場合には，法的にはM&Aの各当事会社の既存の労務関係は何ら影響を受けず，1つの会社内に複数の労務関係が併存することもありませんので，労働条件の統一等を必ずしなければならないというわけではないこととなります。

ただし，ビジネス上は，株式交換や株式移転後に，グループ経営の観点から親子会社や兄弟会社で労働条件の統一を行うこともよく行われています。その場合には，会社ごとに労働条件の変更の手続を行うことになります。

以上のように，M&Aを行う場合には，労働条件の統一や労働者保護手続に留意することが必要です。

2　再建手続を行う場合の労務の留意点

再建手続を行う場合には，再建に向けて会社が事業を継続する必要性があることから，基本的には，従業員との労務関係もそのまま継続することになります。

ただ，企業によっては再建の過程で余剰人員の整理が必要になる場合もあります。人員整理を行う場合には労働法や民事再生法，会社更生法等に定められた労働者保護の手続を遵守することが必要とされています。

例えば，整理解雇を行う際には一定の厳格な要件を満たす必要が生じます。また，再建手続中の従業員の給料を優先的に弁済するといった配慮が必要になります。

再建手続を行う場合には労働者保護を定めた各種の法律の定めに留意しつつ，労務関係を調整していくことが必要なのです。

3　解散・倒産における労務の留意点

　会社を解散・倒産させる場合には，解散・倒産手続を行うために一定数の従業員を確保しておく必要はあるものの，最終的には会社自体が消滅します。

　このため，会社の消滅に伴い，会社として届け出ていた各種の社会保険の廃止届を出すことが必要となります。

　また，会社の消滅に伴い，遅かれ早かれ全従業員が退職することになることから，従業員の退職に伴う社会保険等の手続を行うことも必要になります。

　特に，雇用保険の手続は，従業員が転職先をすぐに見つけられない場合に離職後の従業員が失業給付を受けるうえで大切な手続です。また，退職の際には，従業員が退職後も社会保険に加入できるよう必要な手続についても説明しておくことが必要となります。

　以上のように会社を解散・倒産させる場合には，手続遂行のために従業員を一定程度残しつつも，最終的には会社の消滅や従業員全員の退職を前提とした労務手続をとることになります。

　会社が組織再編を行う主な目的には，業績が良い会社が行う「発展型」と業績が悪い会社が行う「整理型」，会社を次の代に引き継がせる「承継」があります。どれも法的な制約を受けることになり，その選択は自社の状況を見ながら行います。

　「会社の再編をする」といってもそのやり方はさまざまです。その目的を明確にすることが第1です。そのために一般的には，自社の現状を分析し，その方向性を検討します。

　方向性の大きな分類としては，「発展型」と「整理型」，そして「承継」があります。

　「発展型」は，会社が現在より発展するために組織再編を利用するというものです。典型的な例としては，買収により他社を支配下に置き，事業規模の拡大を目指すものがあります。買収のほか，合併，株式交換，株式移転などの手法を利用して，自社の発展に寄与するための再編行為を行います。主に業績が良い会社が選択する再編行為といえます。

　これに対して「整理型」は，業績が悪い会社が選択する方法です。業績が悪い状態から抜け出すために，事業を整理，売却，最悪の場合は会社自体を清算してしまう方法です。

　「整理型」はさらに「再建型」と「清算型」に分類されます。「整理型」のうち「再建型」とは文字どおり，傾きかけていた会社を何らかの方法で立ち直らせるための方法をいいます。再建型の特徴としては，それまで経営の足かせになっていた負の部分の切離しがメインの手続になるということです。典型的な

例としては，会社が抱えている債務の全部カットや一部カット，弁済の一定期間猶予などです。

業績不振に陥った会社が再建をしようとするとき，最初に行うことは資金繰りの安定化で，そのためには収入と支出のバランス確保が必要です。

業績不振の会社は，利益が出ていないことはもちろん，資金繰りに窮しているケースがほとんどです。

つまり，"収入＜支出"の状態です。

この状態を改善するためには，収入を増やすか，支出を減らすしかありません。収入を増やすということは，最終的には多くの売上を上げ，しかもその回収の期間を短くするということです。

しかし，業績不振となった会社に，売上高の急激な増加は望むべくもありません。再建ということを前提に考えると，いかにして支出を減らすかが最大のポイントとなるのです。

法的な手続に入る前段階では，現在行っている業務に関する支出減を考えていきます。例えば経費削減やそのためのリストラ，さらには支払サイトの延長などです。

しかし，そういった支出削減策を講じてもなお"収入＜支出"の状態から抜けられない場合には，法的整理を含めた過去の業務に関する支出の削減を考えます。

すなわち債務整理を進めることになります。現在進行形の支出については，その条件等を変更することが必要になります。この実現は，取引相手との契約条件見直しの合意があれば可能となります。

これに対して，過去の業務に関する支出（債務全般をいいます）の削減は，すでにその債務が確定しているため法的な手続を含めた，特別な手続が必要になります。

これら手続を通して，「"収入＞支出"が近い将来実現可能性がある」と判断された場合に「再建型」を選択することになるのです。

また，これが可能かどうかの判断は，当事者である会社および経営者はもち

ろん外部の関係者がそのように判断することが必要になってきます。

　つまり客観的に見て再建が可能であると確信できる状況でなければならないのです。そのうえで，外部取引先との交渉も可能となります。再建型では再建計画の実現可能性があることが，最も重要だといえるでしょう。

　次に「整理型」のうちの「清算型」ですが，こちらは会社を終わらせる手続をいいます。会社の業績が悪化し，会社の行く末を考えるときに通常の判断としては「再建型」をまず考え，それが難しいと思われる場合に「清算型」を検討するというのが一般的です。

　また，最初から「清算型」を選択する例としては，「承継」を考えていたものの後継者などがいない等の理由により，事業を継続する必要がない場合があります。

　「清算型」では，会社は消滅することを前提に手続が進みますが，このときに，問題となるのが「再建型」から「清算型」に移行する場合の時間的要素です。当初「再建型」を目指していたが，それが不可能だと判断され「清算型」に移行するまでに時間がかかりすぎるというパターンが問題になります。

　清算の手続に入るのが遅れてしまうと，会社が持っている資産が時間の経過とともに毀損し，結果的に清算もできないままになる危険性があるからです。再建・清算を目指す会社の意思決定が遅れると，その会社の財務や経営自体は時間の経過に伴い傷つくことになるのです。

　一番大切なことは，再建型を指向する場合には，一切の希望的観測を排除し，客観的予測を徹底することです。そして清算型を選択する際にも，なるべく速やかな意思決定が必要とされます。

　「発展型」，「整理型」と異なる類型が「承継」です。いわゆる事業承継のパターンもさまざまです。

　最も一般的なものは親族に会社の経営を承継するということですが，その場合，会社の基本的な仕組みの変更を伴います。

　「株式の引継ぎ」と「経営の引継ぎ」です。どちらの手続も法的な要件が一

部伴うことになります。株式の引継ぎに関しては，引き継ぐ人が親族であれば，相続や贈与の手法がとられますが，そのときに大きな問題となるのが税金です。その他，引き継ぐ親族と引き継がない親族との間で，資産承継における不公平について争いが起こってしまうケースもあるため，株式以外の資産の引継ぎについても同時に検討することが肝要です。

　これに対して経営の引継ぎは，株主総会で役員を変更すればよいので，手続的には比較的簡単に行うことができます。

　単純な「承継」のほか，特殊なケースとして「再建型」を前提に「承継」したり，「承継」を前提にしていたものの「清算型」に移行する，といったケースもあります。

06 事業承継の基本的な手法

事業承継にはさまざまなやり方がありますが，基本的な手順は会社内部での承継と会社外部に対する承継の２つがあります。それぞれの手順を確実に踏んでいくことで，スムーズな承継が可能となります。

事業承継といっても，そのやり方はさまざまです。

事業承継という言葉の定義を「後継者に経営を委ねる」ということで考えると，事業承継は最終的には経営者の交代で完了するといえるでしょう。ただ，目的は経営者の交代であっても，そこに至るまでの過程がケースによって違います。

事業承継をその会社内で完結する場合と，事業譲渡や合併などいわゆるM&Aの手法を利用して行う場合では，その過程が異なるのです。

図表１－２は，事業承継の基本的な手順を示したものです。

１～３は内部による承継と外部の承継で共通項目です。会社内部での承継とは，親族への承継が一般的ですが，最近では親族外への承継が増えてきています。

４以降は会社内部承継(a)と会社外部承継(b)では異なる手順になります。

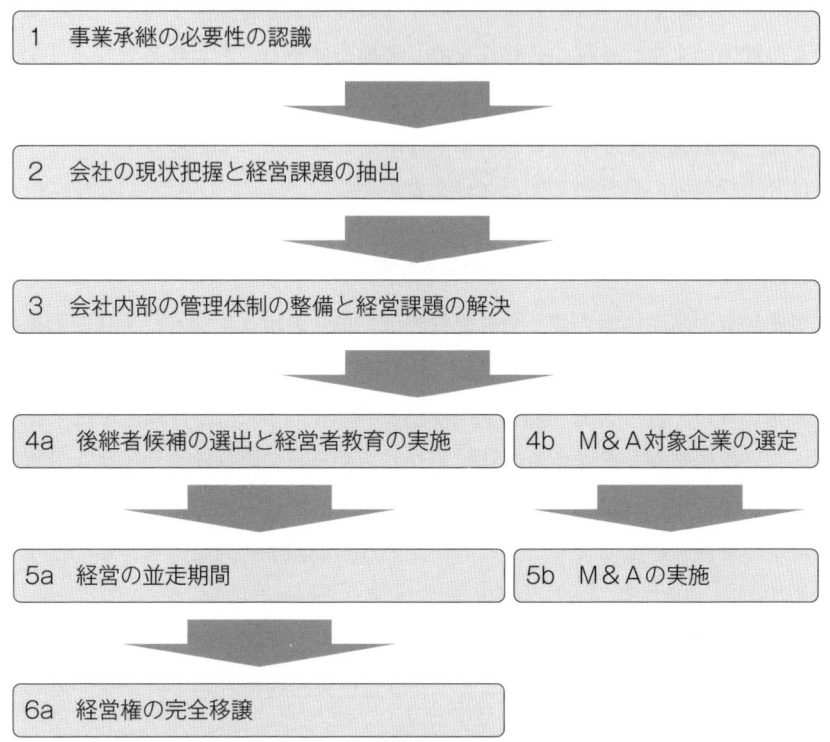

図表1−2　事業承継の基本的な手順

1　事業承継の必要性の認識

2　会社の現状把握と経営課題の抽出

3　会社内部の管理体制の整備と経営課題の解決

4a　後継者候補の選出と経営者教育の実施　4b　M&A対象企業の選定

5a　経営の並走期間　5b　M&Aの実施

6a　経営権の完全移譲

次に各項目について説明していきます。

1　事業承継の必要性の認識

　最初の基本的な手順は，「事業承継が必要である」と現経営者が認識することです。

　実は，この部分が最も重要です。現経営者が事業承継について，必要だと強く感じない限り事業承継のプロセスは始まりません。しかも，ただ認識するだけではなく，“強く”認識することが必要です。

　現経営者は，現在まで会社を経営してきたという自負があり，将来もできる

自信を持っています。過去からの実績もあり，将来についても自信のある経営者が日常業務の中で承継が必要だと思う場面はあまりありません。例えば病気などの理由により，承継の必要性を感じる場面はあるかもしれません。しかし，病気にかかってから承継について動き出しても遅すぎる可能性が高いです。

　また，顧問税理士等から言われてもなかなか動き出せないのも事実でしょう。やはり，経営者の自覚が必要だといえます。

2　会社の現状把握と経営課題の抽出

　事業承継の場面に限らず，会社経営者は，自社の現状把握と経営課題の把握は，常に行っていなければなりません。

　現状把握はSWOT分析（自社の「強み」「弱み」「機会」「脅威」を洗い出して，将来の戦略などを考える手法）や商品・サービスのライフサイクル分析などを用いて行うことが多いですが，事業承継を前提に考えると，現在の会社の状況から後継者をどのようにするのかという内部環境の問題分析が中心となります。

　会社の状況によって，後継者を社内から育てていくのか，それとも社外から招へいするのか，またはM&Aによって事業譲渡や同業者等と合併をするのかを決めていかなくてはなりません。

　また，それと同時に現在の従業員の年齢構成から後継者に引き継ぐまで何年かかるかを想定し，そのときの構成がどうなるかも検討課題として出てくるでしょう。

　なお，会社の外部環境として，後継者に引き継ぐタイミングで，自社の商品・サービスが市場でどのようなポジションにあるかを想定し，それによって今現在の事業の柱をどこにシフトさせるかを考える必要があります。

3　会社の管理体制の整備と経営課題の解決

　上記2の現状把握と経営課題が抽出されると，次に，内部的には管理体制の整備を，外部的には経営課題の解決をしていきます。

　後継者にこの部分を任せるという選択肢もありますが，会社を承継していくには現経営者が引き継ぎやすい環境を整えてから後継者に任せるという流れが望ましいです。また，次のステップである後継者の選定またはM&A企業の選定をするのと同時期に行っておくと引継ぎがスムーズにいきます。

4a　後継者の選出と経営者教育の実施

　後継者の選出は3の社内体制がある程度整備され，将来の経営課題に対する解決策も講じたうえで，行います。

　経営者教育は後継者の選出と同時またはそれ以前から実施することになります。経営者教育は，セミナーや書籍などを使う座学の部分もありますが，その多くは現場でのOJTがメインとなります。

4b　M&A対象企業の選定

　M&Aといっても，会社外部への事業承継を目的としたものは限られてきます。よく使われる手法としては，同業他社と合併するというものです。

　いきなり合併するケースもありますが，多いのはいったん先代経営者の持株を買収し子会社化した後，しばらくその会社の経営を実際に見たうえで合併するというケースです。また，事業譲渡するケースもあります。

　どのパターンを選択するかを決める前に，どの企業に現在の事業を継続してもらうか，企業の選定を行います。昨今では，M&Aを専門に手がける会社も増えており，条件次第で比較的手軽に候補となる企業を見つけることができます。

　選定にあたっては，承継してもらう企業に何を望むのかの優先順位をつけておくことが必要です。M&Aは交渉事なので，買収金額やM&A後の従業員の処遇，顧客との関係性など，いくつもの条件を詰めていかなければなりません。そして，必ずしも自分が望む条件すべてに合致するとは限らないため，優先順位をつけて対象企業の選定にあたる必要があります。

5a　経営の並走期間

社内承継の場合，先代経営者と後継経営者の実質的な経営のバトンタッチの時期が大切になります。そして，それまでの期間，先代経営者と後継経営者が並走して経営にあたる期間があります。

この期間は後継経営者に引継ぎ，経営のOJTを続けている期間ともいえますが，段階的に権限を与えていく期間でもあります。また，事業承継は慎重に行うことが求められますが，慎重すぎて引継ぎ期間が長くかかるのも問題があります。経営のバトンタッチは計画的に進めることが必要です。

5b　M&Aの実施

M&Aを利用した社外承継の場合，M&Aの実施でその手続が終了することとなります。そして，M&A後，先代経営者が経営に関与しなくなった時点で事業承継は終了することになります。

6a　経営権の完全移譲

社内承継の場合，5aの並走期間を経て，後継経営者に対して経営権の完全移譲をした時点で事業承継が完了します。

ただし，親族内承継の場合，この時点に至っても持株は贈与税，所得税などの税負担の問題があるため，先代経営者が大株主であることが多いです。

そのような場合，最終的には先代経営者の相続のときまで法的には完全移譲とはいいがたい状態が続きます。ただし，そういった自社株式の課税の問題を解決するための有力な手段となりうるものとして，第1章 **07** で取り挙げる事業承継税制の特例措置が設けられました。

図表1－3　就任経緯別推移

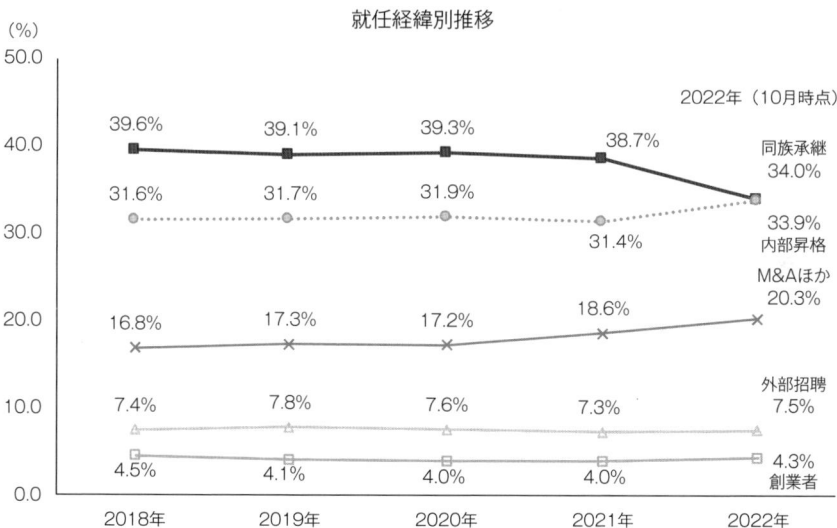

就任経緯別推移

(注) 1. ～2020年の数値は，過去調査時の最新データ。
　　 2. 「M&Aほか」は，買収・出向・分社化の合計値。

(出所) 株式会社帝国データバンク全国企業「後継者不在率」動向調査 (2022)

07 事業承継と廃業の選択

経営者が引退を考える際には，現在行っている事業を存続させるか廃業するかを選択することになります。それぞれのメリット・デメリットを押さえたうえで適切な選択をしましょう。

1 承継してもらえる事業か否か

当然のことですが，事業の承継は承継する人がいなければ成立しません。つまり，事業を承継するか廃業にするかを判断する前に，そもそも事業を承継してもらえるかどうかという視点が必要になります。

図表１−４ 消極的後継者が事業を継ぐことに前向きでない理由

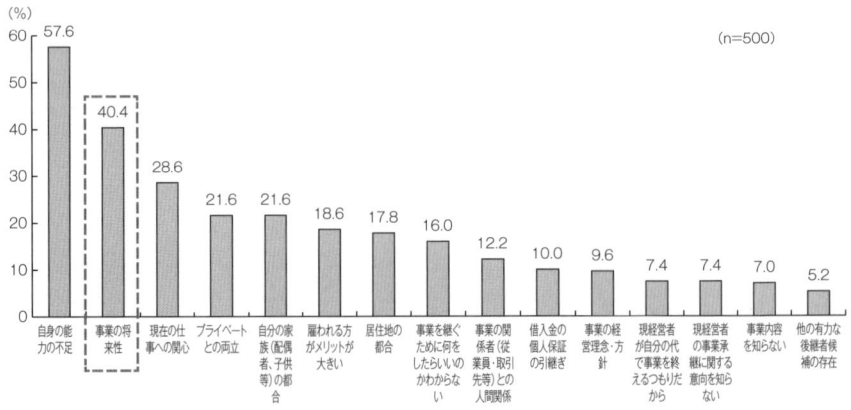

(注) 1．複数回答のため，合計は必ずしも100％にはならない。
　　　 2．「その他」の項目は表示していない。

(出所) 三菱UFJリサーチ＆コンサルティング㈱「中小企業・小規模事業者における経営者の参入に関する調査」(2018年12月)

図表1－4にあるとおり，承継をしたくない理由はさまざまですが，事業を承継してもらえる状態を作るためには事業の将来性を説明できることが重要になってきます。承継先が誰であろうと将来性のない事業を引き継ごうとする人は通常いません。

では，事業の将来性を説明するためにはどのような準備が必要なのでしょうか？

最低限必要なことは，正確な会計情報を月次レベルで把握できている状況があること，そしてヒト・モノ・カネ・情報という資源をどのように活用していくのかが具体的に示された事業計画が策定されていることです。

当然ですが，事業計画については絵に描いた餅では意味がありません。客観的に実行可能性が高いと判断されるものでなければなりません。特に事業の業績が下降傾向である場合には早めに承継の準備をしなければ，将来性のある事業計画を立てられなくなる可能性も出てくるでしょう。

できれば事業内容が良い状況であるタイミングで，承継を考えたほうが承継する側としても承継しやすいということになります。事業の現況を見つつ，承継のタイミングについても考慮することが重要なのです。

2　廃業のメリット・デメリット

「廃業」という言葉と「破産」や「民事再生」という言葉は，一般的には混同されがちですが，廃業（解散）は，破産や民事再生とは別のものです。また，廃業は債務超過状態でなければ比較的問題なく選択できるものです。

廃業することのメリットは何でしょうか？

最大のメリットは承継に関する負担がないことです。承継をするためにはさまざまな準備があり，承継をした後も後継者の育成に関わる必要があるケースも多いため，同じ「経営者引退」というゴールであるにもかかわらずそこまでにかかる時間や金銭的なものも含めた負担は全く異なるものとなります。

一方で廃業のデメリットを以下に列挙します。

- 個人的に借金が残る可能性がある
- 従業員や取引先など事業関係者へ迷惑をかける可能性がある
- 手元に残る財産が少ないまたはないこともある

　最後の「手元に残る財産が少ないまたはないこともある」という項目について補足します。廃業（解散）した場合にはすべての債務を完済した後に残った財産（＝残余財産）が株主へ分配されます。廃業を行う段階でさまざまなコストがかかるということと，廃業を前提に資産の売却をすると本来の価値よりも低い金額でしか売却ができないことがあるのです。結果として，残余財産が残りにくいということになります。

　自社の資産が本来の価値よりも低い金額でしか売却できないということになる理由は，その資産はその事業で使われているからこそ価値を発揮するものだからです。つまり，事業を承継した時と比較すると安くしか売れない可能性があるということです。

3　事業承継のメリット・デメリット

　事業承継のメリット・デメリットについても整理していきます。メリットについては下記の項目が挙げられます。

- 事業（会社）を残すことができる
- 従業員の雇用を守れる
- 取引先へ迷惑がかからない，または，最小限で抑えられる
- オーナー経営者が引退時に受け取れる資金が廃業の場合よりも高額となる

　一方，事業承継をした場合のデメリットは廃業の場合のメリットの逆で，時間的・肉体的・精神的負担が大きいという点です。

4　選択のポイント

①　事業承継をする際の負担を見積もる

　上述のとおり，事業承継には大きな負担が伴うことが多いです。ただし，その負担がどれくらいのものであるかは，事業の置かれている状況（内部・外部）・承継先などさまざまな要因によって変わります。事業承継の流れを理解し，場合によっては専門家の力を借りてどれくらいの負担がかかりそうなのかをできる限り具体的に把握しましょう。

②　自分が望む結果を明確にする

　経営者を引退することが人生の中で大きな決断であるのと同じく，その後の人生をどのように歩んでいくのかを決めることも，大変難しい問題であると思います。

　経営者である自分の姿そのものが，自分の人生と考えている方も少なくはないはずです。永遠に会社経営をできればよいですが，残念ながらいつか終わりの瞬間は来るのです。

　事業的な視点から見ると，引退時にいくらの資金を得たいのかという経済的な理由も大切ですが，自分がこれまで築き上げてきた事業が今後どうなっていってほしいのか。従業員や取引先に対して求めたいことや望んでいることは何か。これらを明確にしたうえで選択しなければ適切な選択はできないでしょう。

③　理想と現実の擦り合わせ

　事業承継と廃業のそれぞれにおけるメリット・デメリットを理解したうえで，現実（①）と理想（②）を照らし合わせ，自身が進むべき方向を見極めれば後悔のない選択につながると考えます。

08 事業承継のためのM&A

優れた事業は次世代の優秀な経営者へバトンタッチすることでさらなる事業価値の向上が期待できます。これが実現できれば社会的な価値としても大きく、また、引退する経営者にとってもメリットが大きいものになります。

M&Aに関する具体的な内容については第2章で詳しく述べることにしますが、ここでは第三者への事業承継の場合に一般的に行われることが多い株式譲渡を想定して話を進めます。

1 後継者不足による休廃業

図表1−5 「休廃業・解散」件数 推移 「資産超過型」「黒字」休廃業割合 推移」

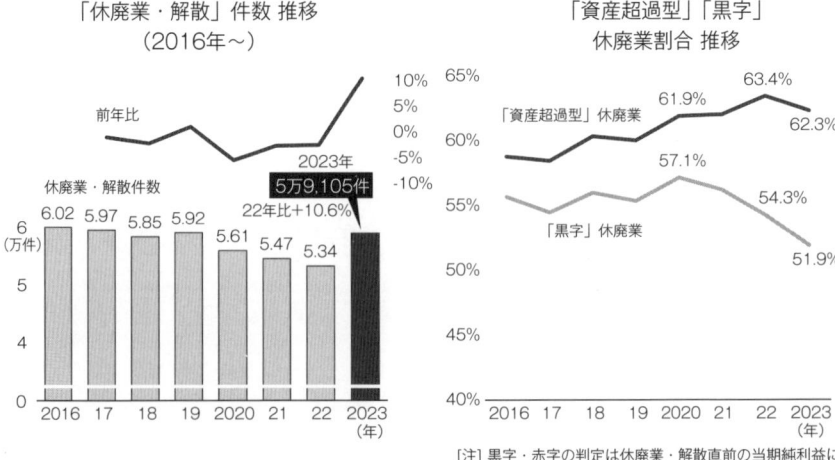

「休廃業・解散」件数 推移
（2016年〜）

前年比

休廃業・解散件数

2023年
5万9,105件
22年比+10.6%

6.02 5.97 5.85 5.92 5.61 5.47 5.34

6（万件）
5
4
0

2016 17 18 19 2020 21 22 2023（年）

「資産超過型」「黒字」
休廃業割合 推移

「資産超過型」休廃業　63.4%
61.9%
62.3%

57.1%
「黒字」休廃業　54.3%
51.9%

65%
60%
55%
50%
45%
40%

2016 17 18 19 2020 21 22 2023（年）

[注] 黒字・赤字の判定は休廃業・解散直前の当期純利益に基づく

■ 帝国データバンクが調査・保有する企業データベースのほか，各種法人データベースを基に集計
■「休廃業・解散企業」とは，倒産（法的整理）を除き，特段の手続きを取らずに企業活動が停止した状態の
　確認（休廃業），もしくは商業登記等で解散（但し「みなし解散」を除く）を確認した企業の総称
■ 調査時点での休廃業・解散状態を確認したもので，将来的な企業活動の再開を否定するものではない。
　また，休廃業・解散後に法的整理へ移行した場合は，倒産件数として再集計する場合もある
[注] X年の休廃業・解散率＝X年の休廃業・解散件数/（X-1）年12月時点企業数

（出所）株式会社帝国データバンク「全国企業「休廃業・解散」動向調査（2023）」（2024年1月）

　図表1-5にあるとおり，コロナ禍の中，2022年までは雇用調整助成金等の給付による支援策があったことから休廃業の件数は抑えられていましたが，2023年には支援策の縮小に物価高も影響し，休廃業が急増しています。

　また，注目したいのは，「資産超過型」の休廃業の割合が高いことです。「資産超過型」というのは休廃業時における資産が負債を上回っている状況での休廃業を指します。つまり『まだ事業は存続できる財務的な体力があるにもかかわらず』事業を承継してくれる先もなく，今後の将来性を考えると休廃業したほうが良いと判断したケースの割合が多いということになります。

2 優秀な次世代経営者へ事業承継するメリット

図表1－6　事業承継実施企業の承継後の売上高成長率（同業種平均値との差分）

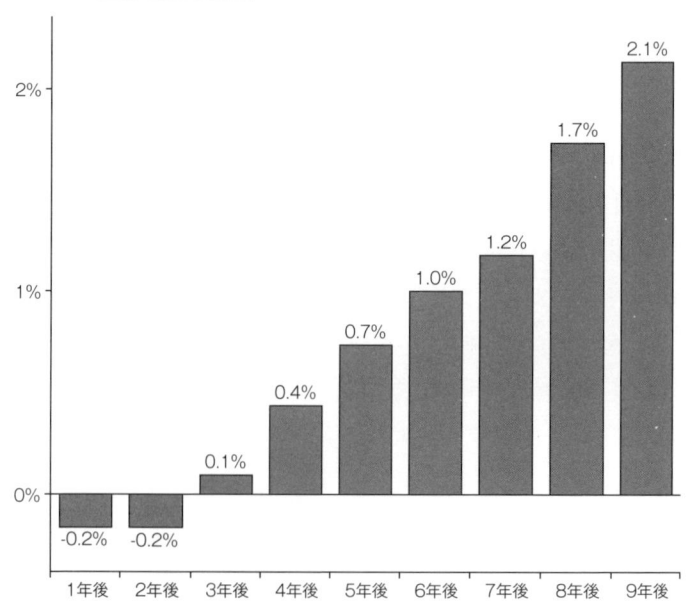

（資料）（株）帝国データバンク「企業概要ファイル」再編加工
（注）1．2008年～2012年に経営者交代を1回行っており，経営者交代からその後9年間の売上高の数値が観測できる企業を分析対象としている。
　　　2．成長率の数値は，マクロ経済の影響を取り除くため，経営者交代を行った企業の成長率の平均値と同分類産業の成長率の平均値との差分である。
　　　3．売上高成長率が95パーセンタイル以上または5パーセンタイル以下の観測値は外れ値として除外している。
（出所）中小企業白書2023年版

　図表1－6は，事業承継後の企業の売上成長率が他の平均的企業よりも高いことを示しています。必ずしも上述のような「資産超過型」企業でなければならないわけではありませんが，財務的に余力がある場合や事業に将来性がある

場合において，若く優秀な承継者がいれば事業を活性化させてくれる可能性は高いといえます。

　つまり現経営者では事業価値向上が難しい場合であっても次世代の優秀な経営者であれば可能であることがありうるということです。現経営者の立場からすると少し複雑な気持ちになるかとは思いますが，このような形で事業価値の向上が見込める事業承継型M&Aを実現できれば，会社を売却する際の株式の価額を増加することも可能になり，従業員の雇用や取引先へのサービス等を継続できることで引退する経営者にとっても良い形で事業の引継ぎができることになります。

　また，将来性のある事業の継続および将来性のある次世代経営者にビジネスチャンスを与えるという2点は社会的意義も大きいものです。最近ではM&Aは数多くの企業で行われていますが，それでも未だにM&Aはよくわからないから選択肢に入れていないという経営者の方も多いようです。

　必ずしもM&Aが良いというわけではありませんが，どういったメリットがあるのかを知ったうえで選択する経営者が増えることで「もったいない」休廃業が減っていくと思われます。

09 事業承継税制の概要

> 新たな事業承継税制は，従来のそれに比べ適用要件が大幅に緩和されました。ただし，その適用に関しては期間が限定されており，早めの対応がポイントとなります。

　平成30年4月1日より従来の事業承継税制に加え，「中小企業における経営の承継の円滑化に関する法律」（以下，「円滑化法」といいます）に基づく認定を受けている非上場会社の株式等を贈与または相続等により取得した場合の，特例措置が設けられました。

　事業承継税制とは，先代経営者から後継経営者に会社の承継をする場合に，その持株について贈与税・相続税の納税猶予を行う制度です。

　事業承継には，経営の承継と資産の承継がありますが，資産の承継のうち税の問題の解決策として用意されているのが事業承継税制です。

　今回の特例措置において，その相続税の猶予金額が大幅に拡大されています。ただし，**図表1−7**にもあるとおり，この特例措置はその期間が限定されています。適用期限としては2027年までの10年間ということになっています。

　また，この特例措置を受けるためには，「特例承継計画」を策定し，認定経営支援機関（税理士，商工会，商工会議所等）の所見を記載のうえ，2026年3月31日までに都道府県知事に提出，その確認を受ける必要があります。なお，この期限については，特例措置が設けられた当初は2024年3月31日までとなっていましたが，令和6年度税制改正により延長となっています。特例措置の適用を検討したい場合には，本書（改訂版）が発行された時点でほとんど時間的余裕がないものと思いますので，早急に対応が必要になります。また，その後の改正についても注意しておく必要はあるでしょう。

　猶予された税額は，贈与税では贈与者である先代経営者や受贈者である後継

者が死亡した場合などについては免除されることになります。また，相続の場合は相続人である後継者が死亡した場合などに免除されることになります。

　さらに猶予された税額は，この制度の適用を受けた株式等について一部または全部を譲渡等した場合や後継者が代表権を有しなくなった場合については，その猶予された税額の一部または全部の贈与税・相続税を納付しなければなりません。

　この事業承継税制の内容は**図表１－７**のとおりとなっています。

図表１－７　事業承継税制の概要

	項　目	一般の事業承継税制	特例事業承継税制
1	対象株式	発行済議決権株式総数の2/3	全株式
2	相続時の猶予対象評価額	80%	100%
3	雇用確保要件	5年平均80%維持	一定の手続により実質撤廃
4	事業継続が困難な場合の免除	なし	あり
5	贈与を行う者	改正後　複数株主 改正前　先代経営者	複数株主
6	後継者	後継経営者１人	後継経営者３名まで （10％以上の持株要件）
7	相続時精算課税	推定相続人等後継者	推定相続人等以外も適用可
8	特例承継計画書の提出期間	不要	平成30年（2018年）４月１日から令和8年（2026年）３月31日まで
9	先代経営者からの贈与期間	なし	平成30年（2018年）１月１日から令和9年（2027年）12月31日まで

1 対象株式

平成30年4月1日からの特例措置に関しては，従来の一般制度に比べ大幅に要件等が緩和された内容となっていますが，その最大のポイントは，対象株式が全株式となったことです。

2 相続時の猶予対象評価額

従来の一般制度では猶予割合が80％でしたが，特例ではその猶予割合が100％に拡大されました。

なお，従来の制度では対象株式自体が3分の2までであったため，相続時の80％の猶予割合と併せて最大でも53.33％（＝$\frac{2}{3}×\frac{80}{100}$）までしか猶予を受けることができませんでした。

3 雇用確保要件

従来の一般制度では，雇用確保要件が，本制度の適用を阻害する要件として税理士をはじめとする専門家から指摘がありました。

すなわち，この納税猶予制度の適用を受けた場合，従業員の雇用数を5年間平均で贈与時・相続時の8割確保しなければなりませんでした。経営は何が起こるかわからないものですから，雇用を確保しようとする意思があっても外部環境によっては，それを維持できないこともありえます。

今回の特例措置では，もし雇用確保が8割を下回ることになったとしても下回ることとなった報告書を各都道府県知事に対して提出すればよいとされ，事実上，雇用確保要件は撤廃されたのと同様と考えられています。

4 事業継続が困難な場合の免除

上記3のとおり，経営は何が起こるかわかりません。後継者がどれほど経営努力をしたとしても外部環境などによっては業績が悪化し，事業継続ができないケースも出てきます。

　今回の特例措置では，①2年以上の赤字，②2年以上の売上減，③有利子負債≧売上高6か月，④類似業種の株価が前年の株価を下回る場合，⑤心身の故障等により後継者が経営を継続できない場合には，その時点での株価を再計算し，猶予時との差額分に対応する税額については免除をするなどの緩和措置が設けられています。

5　贈与を行う者

　従来の一般制度では，改正前までは贈与を行う者は先代経営者に限られていましたが，今回の改正で一般制度，特例制度ともに複数株主からの贈与が可能となっています。

　中小企業の場合，先代経営者だけが株主であるわけではなく先代経営者の配偶者や同族関係者，さらには友人などの第三者が株主であるケースが多いため，それらの人が保有している株式も納税猶予の対象とされました。

6　後継者

　一般制度では，後継者1名に対象が限られていますが，特例制度では代表者である後継者3名までをその対象としました。5の贈与を行う者の改正と同様に中小企業の実態に即した制度となっています。

7　相続時精算課税制度

　相続時精算課税制度は，贈与時については原則2,500万円までの贈与で贈与税が課されず，それを超過した金額に対しては20％の税率により贈与税を課し，相続時にその贈与した金額について相続財産として計算する制度です。

　この制度は60歳以上の父母または祖父母から，18歳以上の子または孫への贈与が対象となっていますが，特例制度では直系卑属だけではなく，60歳以上の贈与者から，18歳以上の後継者への贈与も対象としています。

　これにより，親族外への承継についても相続時精算課税制度を利用できるようになりました。

また，そもそも税額が猶予されるのにもかかわらず，相続時精算課税制度の適用ができるようにしているのは，この猶予制度を利用した後に猶予が取り消されるような状況になったときの緩和措置として相続時精算課税制度を利用できるように制度設計がなされているためです。

8　特例承継計画書の提出期間

　一般制度ではこの特例承継計画書の提出は要しないこととなっていますが，本特例制度においては2018年4月1日から2026年3月31日までに提出することが必要となります。

9　先代経営者からの贈与期間

　一般制度では特に期限は設けられていませんが，本特例制度においては2018年1月1日から2027年12月31日までと期限が決められています。この期限については税制改正で延長されていません。特例承継計画書の提出期間延長の改正とは区別して認識するように注意が必要です。

　このように本特例制度は使い勝手は従来に比べ相当良くなったことから，事業承継税制の利用は増加しています。一方で，本特例制度は2027年12月31日までの贈与しか適用できないため，今後は従前のハードルが高い一般制度で検討しなければならず，事業承継税制の適用件数は大幅に減少するものと見込まれます。

第2章

M&Aの基礎知識

会社を整理・清算・再生・承継するための手法の1つとしてM&Aの活用が考えられます。一口にM&Aといっても，その形態はさまざまですが，本章では代表的なM&Aの手法の概要とそのメリット・デメリットを解説します。さらに中小企業で活用する場合の留意点についても見ていきます。

01 M&Aの基本と目的

M&Aの手法はさまざまあります。それぞれに長所・短所があることから，M&Aを実施する際にはまず目的を確定するとともに，目的に合ったM&A手法を選択することが重要です。

1 M&Aの意義

　M&A（Merger & Acquistion）は，法的には合併，会社分割，株式交換，株式移転，事業譲渡，株式の譲渡，株式の発行等の手段を通じて行われます。

　それぞれのM&Aの手段には一長一短があります。そのため，M&Aを実施するにあたっては，M&Aの目的を実現するために最も適したM&Aの手法を選択することが重要になります。

　また場合によっては，複数のM&A手法を組み合わせて目的を実現していくこともあります。

　そのため，M&Aを行うにあたっては，まず，M&Aの目的を明確にしたうえで，M&Aの各手法が持つ長所と短所を正確に把握し，目的に最も適したM&Aの手法を採用することが重要になります。

2 M&Aの目的と具体例

　M&Aが行われる目的は大別して，グループ内の企業全体の経営効率を向上させることを目的とする場合と，グループ外への事業の売却やグループ外からの事業の取得等のグループ外との取引を目的とする場合があります。

　前者の経営効率向上を目的としてグループ内でM&Aを行う場合としては，

　例えば，業績の悪い事業部を会社分割によって分社化して分社先でコスト削減を図ったり，逆に業績の悪い子会社を親会社と吸収合併して構造改革を行うといった場合があります。

　また，グループ会社の中でシナジー効果を高めることを目的として，株式交換などを通じて複数の会社を1つに統合するといったM&Aが行われる場合もあります。

　他方，後者のグループ外との事業の売買を目的とする場合にも，さまざまな目的でM&Aが行われています。

　まず，事業をグループ外から取得する場合には，選択と集中の戦略から自社の既存事業とシナジー効果を持つような外部の事業を取得して自社事業の一層の成長を図ったり，新規事業に進出するために外部の事業を購入するといった目的でM&Aが行われることがあります。これらは，いずれも外部の事業を取得することを通じて，自社の事業の成長を図ることを目的としている点で共通しています。

　これに対し，事業をグループ外に売却する場合には，以下のような目的でM&Aが行われています。

　例えば，①自社の不採算事業を売却して経営資源を本業に集中するという選択と集中の戦略を実現するために，会社分割等のM&Aの手法を採用する場合があります。②また，創業者が事業を第三者に売却して事業承継することを目的としてM&Aが行われる場合もあります。③さらに，創業者が創業者利益を獲得するために外部の第三者に会社を売却するといった形でM&Aが行われる場合もあります。

　このうち，①選択と集中の観点から行われる自社の不採算事業の売却は，経営状態の悪化していない企業で行われることもよくありますが，民事再生や任意整理といった再生手続の一環として行われることも少なくありません。

　②事業承継を目的とするM&Aは近年，注目されるようになってきました。特に，後継者のいない企業では会社を廃業してしまうよりもM&A等で売却を

したほうが事業自体を存続することができ，また，従業員の雇用を守ることもできるため，近年，広く行われるようになってきています。

　③創業者利益を確保する手段としては，従来，企業を成長させたうえで東証マザーズ等の証券市場へ株式を上場すること（IPO）を通じて創業者利益を獲得するという手法がよく取られてきました。この手法では，投資ファンドが対象企業の株式を取得して短期間で業績を改善させたうえで，上場によって投資回収を目指すというのが典型的なパターンでした。

　ただ，最近ではIPOによらずにM&Aにより事業を売却するといった手法で創業者利益を確保する事例も多く見られるようになってきました。

　これは，IPOの手続が煩雑で費用がかかることや，IPOを実施するための要件を満たすことが容易ではないことから，これらの制限がかからないM&Aが好んで活用されるようになっているためです。

　このようなM&Aを用いた創業者利益の確保を行う場合に，投資ファンド以外の会社が買い手として現れることも近年ではよく見られるようになってきています。

02　M&Aの現状と実態

　M&Aの件数は近年，大幅に増加しています。最近では中小企業でも
M&Aが広く利用されるようになってきています。

　M&Aは，大別して，日本企業同士のM&Aと，日本企業と外国企業との間
のM&Aに分類されます。本節では主に，中小企業のM&Aでよく見られる日
本企業同士のM&A取引の推移を分析します。

1　M&A件数の推移

　日本企業同士のM&Aの件数は，1996年頃から急激に増加し，2006年にピー
クを迎えた後，2008年のリーマンショックの前後から2011年にかけて大きく減
少しました。

　しかし，2012年から再び増加に転じ，2019年に初めて3,000件に到達して以降，
コロナ禍の影響を受けた2020年を除いて毎年3,000件を超える水準で推移して
おり，日本企業同士でM&Aが積極的に行われていることがわかります。

2　M&A金額の推移

　他方，日本企業同士のM&Aの金額については，年ごとに大きな変動が見ら
れます。これは，その年に大型のM&Aがあったか否かによって金額が大きく
変動するためです。

　例えば，1999年から2005年にかけては日本企業同士のM&A案件が今までで
最も大きい金額となりました。これは，当時，経済が好況期にあったことに加
えて，株式交換および株式移転制度の導入や（1999年），会計基準の変更（連
結会計の導入による透明化，1999年），会社分割制度の導入（2001年）によっ
て大企業が当事者となる大型M&Aが行われたためです^{（注1）}。

このように，1999年から2005年にかけては，大企業が当事者となる超大型M&A案件によって日本企業同士のM&A案件の金額は巨額なものに達し，M&Aが大企業の再編の手法としても広く用いられてきました。

　ところが，近年の日本企業同士のM&Aでは，1999年から2005年にかけて見られたような，超大型のM&Aはかなり少なくなり，M&Aの件数は過去最高を更新する勢いで急回復してきたものの取引金額自体は伸び悩んでいたことから，近年のM&Aは，大企業が当事者となる大型M&A案件ではなく，中小企業を当事者とする中小規模のM&Aや後継者問題に端を発する事業承継を目的とした小規模のM&Aが中心を占めるようになっていました。

　ただ，2023年に大型のM＆Aが実施され，取引総額も大きく伸びたことから，今後は多様な規模でのM＆Aが増えていくことに期待が持たれます[注2]。

（注1）株式会社日本総合研究所『平成25年度　製造基盤技術実態調査　我が国ものづくり産業における事業再編のあり方に関する調査報告』（2014年）6頁，7頁。
（注2）大和総研「日本企業によるM＆Aの動向（2023年版）」https://www.dir.co.jp/report/consulting/ma_valuation/20240531_024426.pdf

03 M&Aの類型とその特徴

M&Aの手法には合併，会社分割，株式交換，株式移転等があります。
各手法の特徴を理解して単独で，または組み合わせて利用することが重要
になります。

1　M&Aの際に取りうる手段

M&Aには法的観点から大別して以下の手法があります。

① 合　併（第2章 **04**，第5章 **01**～**10**）

② 会社分割（第2章 **05**，第5章 **11**～**16**）

③ 株式交換（第2章 **06**，第4章 **07**，第6章 **01**～**03**）

④ 株式移転（第2章 **07**，第4章 **08**，第6章 **04**～**06**）

⑤ 株式譲渡（第4章 **01**～**04**）

⑥ 募集株式の発行（第4章 **05**）

⑦ 事業譲渡（第3章 **01**～**06**）

　上記の手法は，単独でM&Aに用いられる場合もありますし，複数の手法を
組み合わせてM&Aに用いられる場合もあります。例えば，単純に会社分割の
一種である吸収分割を使うことで，会社の一事業部門を直接売却することも可
能です。

　また，新設分割という手続を利用して新設会社に事業部門の一部を移転させ
たうえで，株式譲渡により当該会社を売却するという手法が取られることがあ
ります。

　このようにM&Aを実行する際には，いくつかの手法を単独で，または組み
合わせて実行することができますが，以下に説明する各M&A手法の長所・短

所から，実務においてはいくつかの選択肢に限られてくるのが通常です。

2　M&Aの手段の特徴

前記①～⑦のM&A手法の詳細については，次節以降で詳細に説明しますが，大きな特徴としては以下の点が挙げられます。

まず，①合併は，合併対象会社のすべての権利義務を包括承継するという点に特徴があります。このように原則としてすべて承継することから，合併にあたり個別の同意等が不要となり，手続が簡略化されるという長所があります。その反面，労働条件等もすべて残らず承継するため，合併後に労働条件の統一が必要となるといった点が短所となります。

これに対し，②会社分割は，権利義務をそのまま移転する包括承継である点では合併と共通しますが，分割契約（または分割計画）により権利義務の一部のみを移転できる点で①合併と異なります。

③株式交換，④株式移転は，100％の株式を保有するグループ会社関係を創設する場合によく用いられる手法です。

また，上記①～④に共通した特徴として，M&Aの当事会社がいずれも日本国内で設立された会社同士の利用に限られるという特徴があります。逆にいうと，当事者の一方が，外国で設立された会社（以下，「外国会社」といいます）の場合には利用ができないという制約がかかります^(注3)。他方で，⑤～⑦は，外国会社とのM&Aでも利用できるという特色があります。

⑤株式譲渡は，他のM&A手法とは異なり，相手方の意思に反しても行うことができる場合があり，例えば，いわゆるTOB（株式公開買付）等の敵対的買収の場面でも用いることができるという特色があります。ただし，中小の会

社については，株式の譲渡制限が定款で定められているのが通常で，この場合には，対象会社の意思に反して買収を行うことができなくなります。

　⑥募集株式の発行は，M&Aに限らず，資本増強等を目的とした増資の場合等にも用いられる手法です。募集株式の発行は他の手段と比べて手続が簡便であり，また，株主有限責任の原則によって対象会社が負っている債務等から買収会社が保護されるという長所があります。

　⑦事業譲渡は，包括承継ではないことから個別の権利移転が必要で，案件によっては手続が煩雑になるという短所があります。

　なお，上記の手法のいずれについても，独占禁止法の規制や金融商品取引法の規制がかかる場合があります。中小会社のM&Aにおいて独占禁止法上の問題や金融商品取引法上の問題が生じることは稀であることから，ここではこれ以上の検討は省略しています。

3　会計上の分類

　M&Aを行う場合には，企業会計上の取扱いを把握することも重要です。ただ，会計におけるM&Aの分類は，上記のような法的な分類とは異なり，経済的実態を考慮して，「取得」，「共通支配下の取引」，および「共同支配企業の形成」の3つに分類したうえで行われます。

　「取得」とは，ある企業が他の企業または企業を構成する事業に対する支配を獲得することをいい（企業結合に関する会計基準9項。以下，企業結合に関する会計基準を「企業結合基準」といいます），主として企業集団外とのM&Aに適用され，共通支配下の取引および共同支配企業の形成以外の企業結合が「取得」とされることになります（企業結合基準17項）。「取得」には時価を基礎とした評価方式が採用され，後二者には簿価を基礎とした評価方式が採用されています。

「共通支配下の取引」とは，結合当事企業（または事業）のすべてが，企業結合の前後で同一の株主により最終的に支配され，かつ，その支配が一時的ではない場合の企業結合をいい（企業結合基準16項），主として企業集団内のM&Aに適用されます。

　「共同支配企業の形成」は，複数の独立した企業が契約等に基づき，共同支配企業を形成する企業結合をいい，共同新設分割による新会社の設立や，同一事業を専業とする子会社同士の合併等の際に見られます（企業結合基準71項）。
　「共同支配企業の形成」に該当するためには，独立企業要件，契約要件，対価要件，その他の支配要件のすべてを満たすことが必要です（企業結合基準37項，企業結合会計基準及び事業分離等会計基準に関する適用指針177項〜181項。以下，同指針を「指針」といいます）。

（注3）ただし，いわゆる三角合併のようなごく例外的な場合には，外国の会社が当事者となる場合にも実施することが可能です。

04 会社の合併とは

> 合併により，消滅会社のすべての権利義務が存続会社に包括承継されます。個別の同意がなくてもすべての権利義務が承継される点が合併の特徴です。

1 合併の意義

　合併とは，2以上の会社が契約により，合併の当事会社の一部（吸収合併）または全部（新設合併）が消滅し，消滅する会社のすべての権利義務が残存する会社に包括承継される行為をいいます。

　ただし，実務上は，新設合併の際の登録免許税等の設立費用がかさむことや，新設合併では合併当事会社の許認可権等を承継することができないことから，新設合併が選択されることは極めて稀で，吸収合併が選択されることが通常です。そのため，以下では，吸収合併を前提として説明します。なお，吸収合併で消滅する会社を消滅会社，存続する会社を存続会社と呼びます。

2 合併対価の柔軟化

　吸収合併については，現在の会社法の下では，いわゆる合併対価の柔軟化により，合併により存続する会社の株式以外の財産，具体的には金銭その他の財産を交付することもできます（会749①二）。ただし，税務上は別途の考慮が必要で，その点は後述します（第5章 **06** 参照）。

　なお，合併に際し，各株主から株式を買い取る必要がありますが，一部の株主が買取りに反対し，全株式を取得できない場合があり，このことが合併のネックとなっていました。こうした事態の解決のため，平成26年の会社法改正により，強制的に残った少数株主から残余株式を取得するスクイーズアウト制

度（特別支配株主の株式等売渡請求制度）が設けられました（会179①株式等売渡請求，182の4）。

3 合併の効果—包括承継—

　吸収合併がされると，消滅会社のすべての権利義務が法律上当然に包括承継されます。そのため，消滅会社の資産を個別に移転する必要はありません。

　また，消滅会社の債務も債権者の同意なく承継会社に移転されます。個別の権利移転をする場合には，資産・負債の選別のために膨大な事務作業が必要になりますが，吸収合併にはこのような個別の移転行為がなくても，すべての権利義務が承継できることから，手続が簡略化されるというメリットがあります。

　ただし，逆にいえば，消滅会社の債務（特に，事故等で発生した巨額の不法行為債務や，土壌汚染の原状復帰に要する費用等の債務）を除外することができず，すべて残らず承継せざるをえないということにもなります。

　そのため，このような債務が存在する場合には，吸収合併の特徴であるすべての権利義務の包括承継という点が返ってデメリットとなってしまう場合もありますので，この点については慎重な検討が必要です。

　また，包括承継の結果，従業員の個別の同意がなくても，全従業員の地位が労働条件も含めてすべて当然に承継されることになり，存続会社は特定の従業員の承継を拒むことはできません。

　そのため，存続会社が従業員を選別することを望んだり，従業員全員を承継することが経営上困難である場合には，吸収合併を採用することが困難となります（理論上は，吸収合併をした後に余剰人員を整理解雇したり，労働条件の変更を行う等の手法をとることも考えられますが，労働法上困難な問題に直面する場合もあります）。

4 合併の会計処理

　合併の際には，取得，共通支配下の取引，および共同支配企業の形成のいずれに当たるかにより，以下のような会計処理を行うことが必要です。

　取得に当たる場合には，取得企業を決定した後に，取得原価の算定と配分を行います。

　まず，取得企業を決定するには連結財務諸表に関する会計基準（以下，「連結会計基準」といいます）の考え方（議決権その他の事情を考慮した支配の有無）を用いてどの当事企業が取得企業となるかを決定します（企業結合基準18項）。

　連結会計基準の考え方を用いても取得企業が明確に決まらない場合には，対価の種類や，議決権比率，企業の規模等を考慮して取得企業を判定します（企業結合基準19項～21項）。

　通常は，現金や株式を交付した企業が取得企業となりますが，場合によっては，株式を交付した企業が取得企業ではなく，被取得企業とされることもあります（逆取得，企業結合基準20項）。

　次に，取得原価の算定は，原則として，取得の対価となる財の企業結合日時点における時価で算定します（企業結合基準23項）。取得原価の配分方法としては，取得原価を，被取得企業から受け入れた資産および負債のうち，識別可能なもの（識別可能資産および負債）の時価を基礎として配分します（企業結合基準28項）。

　取得原価が，受け入れた資産および引き受けた負債に配分された純額を上回る場合には，その超過額をのれんとして資産に計上して20年以内の期間で，定額法その他の方法で規則的に償却します（企業結合基準32項）。他方，下回る場合には，負ののれんとして特別利益とすることができます（企業結合基準33項）。

　次に，共通支配下の取引に当たる場合には，個別財務諸表では，原則として移転直前に付されていた適正な帳簿価格により資産および負債を計上します（企業結合基準41項）。資産および負債の差額は，純資産として処理します（企業結合基準42項）。

　一方，連結財務諸表では，共通支配下の取引は内部取引としてすべて消去します（企業結合基準44項）。

　最後に，共同支配企業の形成に当たる場合には，共同支配企業は，移転直前

に付されていた適正な帳簿価格により資産および負債を計上します（企業結合基準38項）。

　スクイーズアウトの会計処理については，一体取引と別取引の2種類が考えられます。

　一体取引の場合，スクイーズアウトによって取得されたすべての少数株主の株式を一括して取得します。取得したすべての株式の合算した取得原価を算出し，これを財務諸表に反映します。具体的には，株式資本の増加とその対応する支払負債（取得原価支払い）が記録されます。差額はのれんとして認識されます。

　別取引の場合，各少数株主から個別に株式を取得し，それぞれの取得原価を個別に算出します。子会社株式の追加取得と同様の会計処理となるため，追加取得部分にはのれんは計上されず，純資産のマイナスとして処理されます。

05 会社の分割とは

会社分割は，会社の事業の全部または一部を他の会社に包括承継させる制度です。会社分割は，分割対象を選択できるメリットがあることから広く利用されています。

1　会社分割の意義

会社分割とは，会社の事業の全部または一部を他の会社に包括的に承継させる制度です。会社分割は，他の会社（承継会社）に承継させる吸収分割と，分割により設立する会社（設立会社）に承継させる新設分割に分類されます。

新設分割は，さらに，分割会社が単独で新設会社を設立する単独新設分割と，複数の分割会社が共同して新設会社を設立する共同新設分割に分類されます。

また，分割対価が分割会社の株主に交付される分割（分割型分割）とそれ以外の分割（分社型分割）に分類されることもあります（事業分離等に関する会計基準（以下，「事業分離基準」といいます）9項(3)）。この分類は，特に，分割の会計処理を行ううえで重要な分類となります。

2　会社分割の特徴

会社分割は，合併とは異なり，不動産や株式といった特定の資産を選別して承継させることができます。このように柔軟な組織再編が可能なことから，実務上，広く用いられています。

例えば，グループ内で親会社の事業を子会社に移転したり，逆に，子会社の事業を親会社に移管するために用いられることもあります。また，グループ内の兄弟会社間での組織再編を行うために用いられる場合もあります。

他方，グループ外の企業との間のM&Aの一環としても会社分割はよく用い

られています。

　例えば，単純に事業の一部を他社に譲渡する場合のほか，他社と業務提携を行う手法の１つとして他社と共同新設分割を行い合弁企業を設立することも行われています。

　このように柔軟に組織再編を行うことができるという特徴から，会社分割はグループ会社の内外を問わず，上場企業から中小会社に至るまで広く用いられています。

　また，企業が機動的な事業再編を行いやすくするために適格スピンオフ税制が創設されています。従来，企業が事業を切り出して独立させる際には，法人や株主に対する譲渡損益や配当課税が大きな障害となっていました。この税制は，これらの課税を繰り延べることで，企業の事業再編を促進することを目的としています。

　分離元企業に一部持分を残すパーシャルスピンオフ（株式分配に限ります）についても，一定の要件を満たせば再編時の譲渡損益課税を繰り延べ，株主のみなし配当に対する課税を対象外とする特例措置が適用期限付きで令和５年度税制改正において創設されました。

　なお，令和６年度税制改正で「完全子法人の主要な事業における事業活動が新事業活動であること」との要件が追加されており，要件の判断基準の明確化が想定されます。現時点で期限付きとなっておりますので，今後の改正の動きにはご注意ください。

3　簡易分割と略式分割

　会社分割のうち，分割会社または承継会社の株主に軽微な影響しか及ぼさないものは，株主総会の承認決議なしに分割を行うことができます（簡易分割）。

　また，吸収分割の一方の当事会社が他方の特別支配会社（会468①）である場合には，従属会社である当事会社における株主総会の決議を省略することができます（略式分割）。

　子会社や兄弟会社がある場合には簡易分割や略式分割を利用できる場合も多

く，その場合に手続を簡略化して機動的にM&Aを行うことができるのも会社分割制度のメリットです。

4　会社分割の会計処理

会社分割でも，取得，共通支配下の取引，および共同支配企業の形成のいずれに当たるかにより，会計処理が異なります。それぞれの基本的な会計処理は，合併の場合と類似しています。

ただし，会社分割では，合併のように一方当事者が消滅することはなく，分離元の企業が残存することから，分離元企業の会計処理も事業分離基準により定められています。

まず，取得に該当する場合には，取得企業の決定と，取得原価の算定・分配を行います。これらの処理は，分離先企業（吸収分割承継会社等）については基本的には合併の場合と同様です（指針35項）。

他方，分離先企業における企業結合が取得とされた場合には，分離元企業の会計処理もパーチェス法[注4]とすることが整合的ではありますが，必ずしも常に移転損益を認識するわけではありません（事業分離基準72項）。

具体的には，移転した事業に関する投資が清算されたと見る場合には，受け取った対価の時価と，移転した事業にかかる株主資本相当額との差額を移転損益として認識するとともに，改めて当該受取対価の時価で投資を行ったものとします。

他方，投資がそのまま継続している場合には，受け取った資産の取得原価は，移転した事業に係る株主資本相当額で算定します（事業分離基準10項）。投資が清算されたか，継続しているかについては，対価の種類（株式のみか，現金等の財産のみか，その両方か）等で判定します（事業分離基準75項）。具体的な判定方法は事業分離基準14項〜26項で詳細な場合に分けて規定されています。

単独新設分割や企業グループ内の吸収分割等，共通支配下の取引に当たる場合の会計処理についても，基本的に合併と同様です。

具体的な会計処理は，分割の当事者（親会社から子会社，子会社から親会社，

子会社同士），分割の対価（株式のみか，株式と現金等の財産か），分割の形態（会社分割か，分割型の会社分割か，新設分割か）等により場合を分けて詳細な会計処理が定められています（指針214項～222項，226項～235項，254-2項～255項，260項～264項）。

吸収分割や共同新設分割で共同支配企業の形成と判定された場合の会計処理も基本的には合併と同様で，具体的な会計処理が定められています（指針192項～199項）。

新たに創設された適格スピンオフ税制では，特定の事業を新設分割型分割により切り出す場合，100％子会社をスピンオフさせる場合，そして吸収分割に依る場合（平成30年度税制改正）の会計処理が想定されます。

新設分割型分割による会計処理では，会社分割と現物配当の2つの取引として扱われ，これに基づいて元親会社は「企業結合会計基準及び事業分離等会計基準に関する適用指針」の263項に従って会計処理をすることになります。移転事業に関連する株主資本相当額をもとに，子会社株式の取得原価を記録し（したがって，移転損益は認識しません），現物配当についてはこの取得原価に基づき株主資本を変動させる処理が行われると考えられます。

変動させる株主資本の具体的な額は，一般的に取締役会などの会社の意思決定機関で定められます。

100％子会社のスピンオフのケースでは，会計処理において，保有する子会社株式を株式数に応じて比例的に配当（按分型の配当）する場合，配当の効力発生日における配当財産の適正な帳簿価額をもとに，その他資本剰余金またはその他利益剰余金（繰越利益剰余金）を減額すると定められています（「自己株式及び準備金の額の減少等に関する会計基準の適用指針」10項ただし書(2)）。この処理により，損益は認識されません。

減額するその他資本剰余金またはその他利益剰余金（繰越利益剰余金）については，取締役会などの会社の意思決定機関で定められた結果に従います（同適用指針10項なお書）。

もし，その他利益剰余金を減額する旨を定めて剰余金の配当を行った場合，

子会社株式の帳簿価額を減額し，その他利益剰余金を記録します。

　また，税務上ではこの場合，利益積立金額が減少することになり，会計と税務の処理が一致するようになっています。

　吸収分割の場合，分割元企業から移転する資産・負債を帳簿価額で引継法人に移転し，移転する資産・負債の差額に相当する純資産分は，分割元企業の「資本金」から減額します。移転による譲渡損益は認識しません。

　分割先企業では分割元企業から移転された資産・負債を帳簿価額で引き継ぎ，受け取った純資産分は「資本金」や「資本準備金」での計上が想定されます。

　パーシャルスピンオフ税制における処理は，適格スピンオフ税制が適用される場合，元親会社では移転する資産・負債を帳簿価額で子会社に移転します。また，子会社の株式が元親会社の株主に交付されます（法法2十二の十一ニ，2十二の十五の三，法令4の3⑨一）。

　この際，元親会社の資本勘定の減少が記録されます。株式の交付に関しては，子会社の株式を元親会社株主に無償で交付するため，元親会社の「その他資本剰余金」または「利益剰余金」が減少します。

　子会社側では，元親会社から移転された資産・負債を帳簿価額で受け入れると同時に，資本が形成されます。

5　実務上の注意点

　このようにM&Aの際に広く使われている会社分割ですが，実務上の注意点として，法律上の手続や会計処理を正確に行うことはもちろん，会社分割では従業員の承継について特に重厚な手続が法律により定められています（労働契約承継手続）。

　そのため，M&Aの手法を選ぶ際に労働契約承継の手続を特に考慮に入れるとともに，同手続を確実に履行することが必要となります。同手続の詳細は，後述します（第5章15）。

　また，会社分割は柔軟な運用が可能なことから，特にグループ内の会社分割の場合には，分割の対象となる財産を厳密に確定しないで行う場合も散見され

ます。

　しかし，グループ外の会社と会社分割を行う場合には，分割対象財産を厳密に確定しておかないと，分割後に損害賠償債務や土壌汚染等の問題が発生したときなどにトラブルになる場合もあります。そのため，会社分割においても分割対象財産を厳密に確定しておくことが望ましいです。

（注4）パーチェス法とはM&Aで取得する資産および負債の取得価額を原則として，
　　M&Aの対価として交付する現金および株式の時価とする方法です。

06 株式交換とは

株式交換は，完全親子会社関係を創設するために用いられる手法です。

1　株式交換の意義

株式交換は，株式会社がその発行済株式の全部を，他の株式会社または合同会社に取得させることです（会２三十一）。株式交換によって完全親子会社関係を創設することが可能となります。

株式交換の実例としては，平成11年から12年にかけて行われたソニーによる株式交換が挙げられます。この株式交換では，ソニー・ミュージックエンタテイメント，ソニーケミカル，ソニー・プレシジョン・テクノロジーというソニーの子会社３社が株式交換によってソニーの完全子会社になりました。

株式交換のメリットには，買収資金を新たに調達する必要がないこと，合併のように１つの会社に統合しなくてもよいこと，個別財産の移転といった煩雑な手続が不要なこと，労働契約の承継等の手続をしなくて済むことが挙げられます。

2　株式交換の会計処理

株式交換の会計処理も，基本的な流れは合併の場合と類似しています。ただし，株式交換は，会計上では通常，取得か共通支配下の取引に該当することから，以下では，取得に当たる場合と，共通支配下の取引に当たる場合を説明します。

取得に当たる場合の基本的な会計処理の流れは，合併の場合と同様です。株式交換の場合の留意点として，株式交換完全親会社の個別財務諸表上では，株式交換完全親会社が取得する株式交換完全子会社の取得原価は，取得の対価に

付随費用を加算して算定します（指針110項）。

　株式交換完全親会社が新株を発行する場合には，払込資本（資本金または資本剰余金）の増加として会計処理をします（指針111項）。

　他方，株式交換完全親会社の連結財務諸表上では，連結会計基準に従い，株式交換完全親会社の投資と，株式交換完全子会社の資本を相殺消去します（指針116項）。

　なお，逆取得となる場合（すなわち，株式交換完全子会社が取得企業となる場合）には，被取得企業となる株式交換完全親会社の個別財務諸表上では，完全子会社株式の取得原価は，完全子会社株式（取得企業）の適正な帳簿価額による株主資本の額に基づいて算定します（企業結合基準36項，指針118項）。

　新株の発行は払込資本（資本金または資本剰余金）の増加として処理をします（指針117－2項）。

　他方，株式交換完全親会社の連結財務諸表上では，取得企業である株式交換完全子会社は，被取得企業である株式交換完全親会社を被取得企業としてパーチェス法を適用することになります（詳細については，指針119項を参照してください）。

　次に，親会社が子会社を株式交換完全子会社とするような共通支配下の取引に当たる場合には以下のような処理を行います。

　まず，親会社の個別財務諸表上では，株式交換完全子会社株式の取得原価を，企業結合基準に基づいて，取得の対価に付随費用を加算して算定します。

　株式交換により増加する株式交換完全親会社の資本は，払込資本（資本金または資本剰余金）として処理します（指針236項）。

　他方，連結財務諸表上は，子会社株式の追加取得として投資と資本の相殺消去を行います（指針237項）。

3　簡易株式交換と略式株式交換

株式交換にも，完全子会社となる会社が小規模等の場合に完全親会社となる会社の株主総会決議を省略できる簡易株式交換や（会796③），特別支配関係のある会社間について子会社の株主総会の承認決議を省略できる略式交換があります（会784①，796①）。

これらの要件を満たせば簡易な手続で株式交換を実施することができます。

4　株式交換の実務

以上のように，株式交換には大きなメリットがありますが，中小会社のM&Aではあまり使われることはないようです。

それは，中小会社のM&Aの際に，完全親子会社関係を創設することが必要になることがあまりないためです。

ただ，制度自体は中小会社でも利用することができますので，完全親子会社関係を創設する場合には，株式交換は有力な手法として検討対象に含めることが望ましいです。

07 株式移転とは

株式移転は，既存の複数の会社が新たに完全親会社を設立するために用いられる手法です。

1 株式移転の意義

株式移転とは，1または2以上の株式会社が，その発行済株式総数の全部を他の株式会社に取得させることをいいます（会2三十二）。株式移転により完全親会社となる株式会社が設立されることになります。

株式移転の著名な実例は，みずほホールディングスの設立です。平成11年から平成12年にかけて行われた株式移転により，日本興業銀行，富士銀行および第一勧業銀行が共同で持株会社（みずほホールディングス）を新設し，その傘下に入ることになりました。

株式移転のメリットには，円滑に持株会社を創設できること，合併のような会社間の多大な調整コストを払わずに経営統合することができること，会社分割等と組み合わせることで，柔軟なグループ内の組織再編が可能となることが挙げられます。

2 株式移転の会計処理

株式移転の会計処理も，基本的な流れは合併の場合と類似しています。

ただし，株式移転は，会計上では通常，取得か共通支配下の取引に該当することから，以下では，取得に当たる場合と，共通支配下の取引に当たる場合を説明します。

まず，取得に当たる場合として，株式移転による共同持株会社の設立の形式をとる企業結合が取得と判断された場合には，いずれかの株式移転完全子会社

を取得企業として取り扱います（指針120項）。この場合，株式移転設立完全親会社の個別財務諸表における子会社株式の取得原価の会計処理は，取得企業とされた子会社株式を適正な帳簿価額による株主資本の額に基づいて算定します（指針121項）。

　他方，被取得企業とされた子会社株式の取得原価は，取得の対価に付随費用を加算して算定します（指針121項）。株式移転設立完全親会社の増加資本は，払込資本（資本金または資本剰余金）とします（指針122項）。株式移転設立完全親会社の連結財務諸表上の会計処理としては，取得企業と被取得企業に分けて，それぞれ，投資と資本の相殺消去を行います（指針124項）。

　次に，共通支配下の取引は，親会社と子会社が株式移転設立完全親会社を設立する場合と，単独で株式移転設立完全親会社を設立する場合に分かれます。

　前者の場合には，まず，株式移転設立完全親会社の個別財務諸表上では，旧親会社の株式と，旧子会社の株式とに分けたうえで，取得原価を算定します（詳細は，指針239項を参照してください）。株式移転設立完全親会社の増加すべき株主資本は，払込資本（資本金または資本剰余金）とします（指針239項）。

　他方，連結財務諸表上は，旧親会社と旧子会社を分けたうえで投資と資本の相殺消去等を行います（詳細は指針240項を参照してください）。

　後者の場合には，株式移転設立完全親会社の個別財務諸表上の会計処理は，前者の場合の旧親会社の会計処理に準じて処理を行います（指針258項）。他方，連結財務諸表上は，前者の場合と同様に処理をします（指針259項）。

3　株式移転の実務

　以上のように，株式移転もメリットの多い制度ですが，中小会社のM&Aではあまり使われることはないようです。それは，中小会社のM&Aの際に，経営統合が必要になることがあまりないためです。

　ただ，制度自体は中小会社でも利用することができますので，中小会社でも持株会社関係を創設する場合には，株式移転は有力な手法として検討対象に含めることが望ましいです。

08 M&Aのメリットとデメリット

> M&Aには，いくつかのメリットとデメリットがあります。経営者は，事前にそれらを踏まえたうえで，M&Aを実施することが大切です。

　M&Aという言葉も一般的に認知され，会社経営の戦略としても日常的に行われるものの1つとなりました。M&Aは，企業価値の増加を目指すうえで有効な手段の1つですが，実際に行われている現場を見てみると必ずしも成功例ばかりではありません。

　また，最近では事業承継の1つの解決策としてM&Aを用いるケースも多く，今後も，事業承継を目的としたM&Aは増加していくものと考えられます。ここでは，M&Aのメリットとデメリットを考えていきます。

1　M&Aのメリット

①　時間の節約

　時間の節約は，M&Aを実行する最大のメリットといえるでしょう。会社経営にはさまざまな制約がありますが，成長をするまでの時間というものが最大の制約となることも多いかと思います。

　資金面では，ベンチャー企業に代表されるように事業モデルが魅力的であれば，ある程度の金額は市場から調達することは可能です。しかし，自社の市場を独自に開拓するためには，ある程度の時間が必要になります。

　この時間を圧倒的に節約することができるというのが，M&Aの最大のメリットなのです。具体的な手法としては，事業譲渡により事業そのものを買収するケースが最もイメージしやすいと思います。事業譲渡のケースでは，商品・サービス，顧客などを一瞬で手に入れることができます。買収する側の会社としては，時間を買うという感覚でM&Aを利用することになります。

②　スケールメリットの追求

　企業がその事業規模を拡大させるためには，前述の時間を含めさまざまな制約があります。短期間で規模を大きくすると，会社の内部組織がそれに対応できずに現場に混乱がもたらされるというのは，よく見られる光景です。

　M&Aはそうした事業規模を急激に拡大する際の問題を緩和する効果があります。理由は，M&Aによって獲得した市場（顧客）は，M&Aを実施する前に吸収されまたは買収される企業が開拓したもので，その市場がその会社にとって新市場ではないからです。

　つまり，新市場ではなく従来からある市場（顧客）に対する販売やサービスの提供であり，スムーズな事業が可能となるのです。

　もちろん，引き継いだ会社が，買収した事業についてもある程度認知していなければ，スムーズな引継ぎができないということもあります。その点から考えると，類似業種によるM&Aでなければ規模の拡大を活かした事業展開は難しいともいえるでしょう。

③　事業間の相乗効果

　類似業種や関連性がある業種同士のM&Aでは，事業間の相乗効果が期待されます。

　計画の段階で，この相乗効果を期待してM&Aを実施することも多いですが，実際には期待しているほど効果が出ないケースが多いのも事実です。この相乗効果については，組織的な問題などから時間がかかるケースが多いです。

④　後継者不在問題の解決

　事業承継のためにM&Aをすることも考えられます。その一番の目的は，後継者不足問題の解決です。

　類似業種を営んでいる企業で，一方の企業の後継者が不在の場合，合併などによって後継者がいる企業にその事業の継続を託すことができるのです。

2　M&Aのデメリット

①　一時的に多額の資金が必要になる

　M&Aを実施する場合，株式交換などの一部の例外を除き，多額の資金負担が生じます。

　事業譲渡であれば，譲渡の実施前に事業価値の算定から譲渡契約について法的問題がないかどうかのリーガルチェック，さらには譲渡代金の支払いとその会計，税務処理のアドバイスフィーなどさまざまな経費がかかることになります。

　M&Aはそれら負担すべき経費を上回るメリットを享受することができることを前提に進められるものですが，事前にどれだけの経費負担があるかはしっかりと把握しておくべきです。

②　企業文化の違いによる現場の混乱

　M&Aの中でも特に合併を選択した場合に起こるデメリットとして，企業文化の違いによる現場の混乱が挙げられます。

　会社は，それぞれ企業理念など，その企業独特の価値観を持っています。企業理念に基づいて，事業活動の方針なども決められているため，社員の行動様式が会社によって異なるのです。

　しかし，これら会社が持っている企業理念などの価値観の違いが，合併のような会社が1つになるM&Aを実施したときには，現場に混乱をもたらす要因の1つになります。

　企業文化の違いを一朝一夕に解消することはできません。企業文化の違いを乗り越えるには，ある程度の時間が必要になります。解消方法の1つとして，段階的なM&Aを行うことが考えられます。

　具体的には，いきなり合併をするのではなく，いったん株式移転などで持株会社を使った事業統合を進め，ある程度価値観の共有がなされた段階で合併するという方法などです。

　いずれにしても，このデメリットの解消にはある程度時間をかけなければ解決することができないといわれています。

③　従業員のモチベーションの低下

　従業員のモチベーションの低下が起こるのは，主に吸収合併された被合併会社や買収された会社の従業員についてです。このデメリットも財務内容など計数化できる問題とは違い，経営陣が気づくのが遅れることが多いところです。

　M&Aを実施する際に従業員の意向，特に吸収や買収される側の従業員の処遇について，事前に考慮しておく必要があります。

　合併や買収は，法的には適正な手続を踏んでいればできるものですが，経営資源の重要な部分であるヒトの問題をしっかりと考えておかないと，M&A自体が失敗に終わる可能性も高くなるのです。

　M&Aには，この他さまざまな利点，欠点が存在します。いずれにしろ，大切なことはM&Aについては，その目的を明確にしたうえで実施するということです。

　経営者がどうしてM&Aをするのか，その後どのような会社にしたいのか，このあたりを明確に説明できなければ，M&Aを実施しても欠点ばかりが目立ってしまい，最終的には失敗になりかねません。

09 中小企業におけるM&Aの活用方法

最近，中小企業が行うM&Aの件数は確実に増加しています。中小企業が行うM&Aはヒト，モノ，カネの経営資源不足を補う効果があります。

M&Aは，主に大企業が使う手法として考えられてきました。

しかし，後継者不足や慢性的な人手不足などにも対応できるという理由から，中小企業でもM&Aを活用する会社が増えてきました。

図表2－1は国内におけるM&A件数の推移を表したものです。ここ数年で件数が急増していることがわかります。

また，合併や事業譲渡，株式譲渡など，いわゆる本格的なM&Aとまではいかない，商品サービスなどの共同開発や共同配送，勉強会や交流会，従業員の育成などの企業間連携も実際に実施している，または今後実施したいと考えている会社も増えてきています。

一般的に中小企業は，経営資源が大企業のそれに比べて劣っているといわれており，その中でも「ヒト，モノ，カネ」については，圧倒的に不足しています。M&Aの手法は，その経営資源不足を補うという意味でも利用できるのです。

中小企業がM&Aを利用する理由はさまざまですが，主に次のようなものがあります。

1　ヒト不足の解消

中小企業が抱える根本的な問題として，人材の不足があります。中小企業の場合，2つの意味でヒトが足りません。

すなわち，経営者と従業員です。最近の人手不足の影響で，中小企業が人材を確保することは従来に比べ困難になってきています。大企業が優秀な人材を

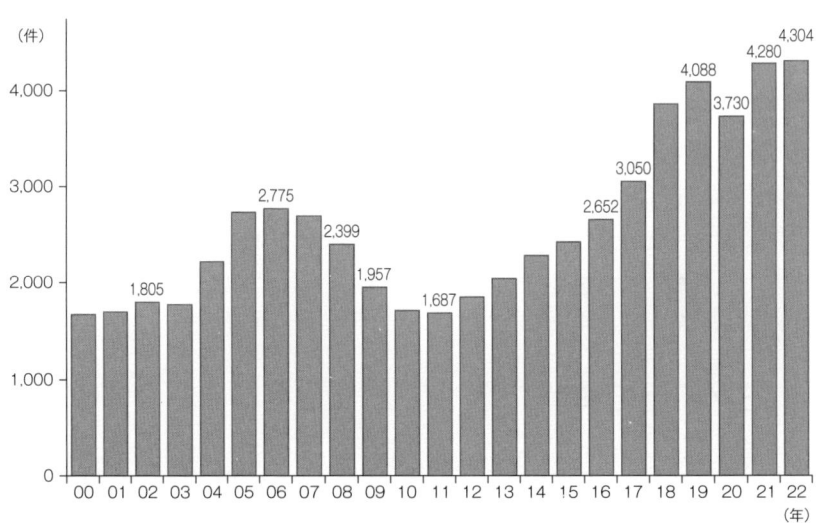

図表２－１　M&A件数の推移

(資料)(株)レコフデータ調べ

(出所)中小企業白書(2023)(URL：https://www.chusho.meti.go.jp/pamflet/hakusyo/2023/PDF/
chusho/04Hakusyo_part2_chap2_web.pdf)

奪い合っている間，中小企業にはヒトが質・量ともに不足しています。

　従業員の人材不足を解消するうえでも，M&Aは有効に使えます。買収や合
併という手法を使えば，対象会社の従業員をM&Aを実施した日から自社の従
業員とすることができるからです。

　また，もう１つのヒト不足である経営者の不足は，具体的には後継者の不足
です。現経営者の親族から抜てきするという従来の事業承継の形は，現在では
あまり多くないのも事実です。

　後継者と目されていた親族の能力不足により承継を断念するというケースも
よくあります。

　もとより，うまくいくケースが少ないといわれる事業承継について，後継者
が優れた親族であることは確率的には小さいのが現実です。

　親族以外の選択肢としては，社内からの人材を抜てきするということが考え

られます。

　しかし，もともと人材が不足しがちな中小企業で，現経営者と同様のマネジメント力を持つ人間はなかなかいません。

　そのため，M&Aを利用して後継者不足に対応することになります。親族の後継者は選ぶことが難しいですが，M&Aによる後継者選びは，現経営者の意向を汲んだ人材（会社）を選ぶことができるという利点があります。

　このような場合の具体的なM&Aの方法としては，買収による会社の一括譲渡の方法，事業のみの譲渡をする事業譲渡の方法，さらには，合併などの方法があります。

2　モノ不足の解消

　モノ不足の解消としては，規模の拡大を目的としたM&Aが考えられます。

　とりわけ中小企業で業績拡大を目的としたM&Aでは，自社と同業の会社との合併や事業譲受，買収といった方法をとることが多いです。これらのM&Aの手法では単純に事業規模を拡大させることができるからです。

　合併を実施した場合，財務面から見ると，貸借対照表の金額は2社分が1社に集約されるため，数字上の規模を確実に大きくすることができます。

　中小企業の場合，自社の事業とかけ離れた業種の企業とのM&Aはリスクの面から避けられることが多いため，同業もしくはその周辺業種のM&Aが多くなっています。大企業の場合も同様ですが，周辺業種とのM&Aでは市場開拓の時間の節約も可能になります。

3　カネ不足の解消

　中小企業では，カネは慢性的に不足しています。これは基本的には，もっぱら金融機関からの間接金融に依存していることが理由として考えられます。大企業のように市場から資金を調達することができず，その調達方法が限られているのです。

　M&Aは，このカネ不足の解消にも使うことができます。

　例えば，資金の潤沢な会社に合併されることによってカネ不足を解消したり，自社が持っている事業を他社に事業譲渡することによって資金を調達したり，資本提携によって出資を受け入れたりすることができ，そのパターンも多様です。

　大切なことは，会社の事業自体が魅力的であること，将来的にキャッシュを生むであろう事業であること，資金投入によって事業環境が好転する見込みであることです。

　いずれの場合もその会社が抱えている，一番の経営課題が資金不足という点のみであって，その他の要因については将来性が見込まれるような状況でなければなりません。

　このように，中小企業がM&Aをする理由は，ヒト・モノ・カネの不足から行われることが多いのです。

10 簡易組織再編の内容

資産額20%以下の小規模な組織再編については，簡易組織再編として，株主総会決議は不要となり，取締役会による承認決議で行うことができます。ただし，一定の場合には制限があるので注意が必要です。

1 株主総会決議が不要

　株式会社における合併や会社分割，株式交換，株式移転，株式交付といった組織再編は，原則として株主総会の特別決議が必要とされています（会309②十二）。

　普通決議も特別決議も，行使できる議決権の過半数を有する株主が出席しなければならないことに変わりはありません。

　しかし，普通決議は，出席した株主の議決権の過半数の賛成で足りる一方で，特別決議では，出席した株主の議決権の3分の2以上の賛成が必要とされています。

　株式会社における組織再編は，会社組織自体に大きな変更を生じさせるもので，会社にとって重要事項を決議する場面であることから，普通決議よりも要件が厳しい特別決議が要求されているのです。

　すなわち，株式会社における組織再編は，株主の利害に大きな影響を及ぼす事項であるため，株主の意思をより尊重すべき場面なのです。

　しかし，組織再編の規模によっては，実質的に会社組織に大きな影響を及ぼさないものもあります。そのような会社組織に大きな影響を及ぼさない組織再編についてまで，常に株主総会の特別決議を要求したのでは，会社経営の機動性を阻害することになりかねませんし，株主に大きな影響を与えない組織再編であれば，むしろ，経営判断の迅速性を重視し，株主総会ではなく取締役や取

締役会にその判断を委ねるべきです。

　そこで，会社法では資産額の20％以下の小規模な組織再編については，株主総会決議自体を不要とし，取締役会決議（取締役会非設置会社であれば，取締役の過半数の一致。以下，同じ）による承認があれば足りるとしています。

　このように株主総会決議を不要とし，取締役会決議で足りるとされる小規模な組織再編が，簡易組織再編といわれるものです。

2　簡易組織再編の内容

　簡易組織再編では，株主総会決議を不要とする要件を，資産額の20％以下としていますが，この資産額といった基準も，他社の組織を受け入れる側なのか，自社の組織を分割して渡す側なのかによって，純資産額を基準とするのか，総資産額を基準とするのかが異なることになります。

　すなわち，この違いは，吸収型の組織再編における受入れ側なのか，分割型の組織再編における組織を分割して渡す側なのかによって生じることになります。

①　吸収型の組織再編における受入れ側

　吸収型の組織再編において，他社の組織を受け入れる側の会社では，その受入れの対価として交付する額（株数×1株当たりの純資産額等）が，受入れを行う会社の純資産額の20％以下であることが，簡易組織再編の要件となります（会796②）。

　すなわち，他社の組織を受け入れる対価として交付する額が，自社の純資産額の20％以下であれば，小規模な組織再編として，株主総会決議を不要とし，取締役会決議による承認で足りるということになります。

　このような吸収型の簡易組織再編としては，他社を吸収するといった吸収合併における吸収合併存続会社，他社を分割して吸収する場合の吸収分割承継会社，他社の株式全部を株式交換する株式交換完全親会社，他者の株式の一部を譲り受ける株式交付親会社における手続が挙げられます。

注意が必要なのは，このような吸収型の簡易組織再編の要件を充足することによって，株主総会決議が不要とされているのは，あくまで他社の組織を受け入れる側の会社の手続であって，その組織を渡す側の会社の株主総会決議まで不要になるということではありません。

　例えば，他社を吸収合併し存続する会社の株主にとってみれば，その対価が自社の純資産額の20％以下であれば，小規模の合併といえるでしょう。

　一方で，吸収される会社の株主にとってみれば，吸収合併によって会社が消滅することになってしまう以上，その株主にとってみると，その吸収合併は大きな影響があり，株主総会決議を不要とする理由にはなりません。

　なお，組織再編そのものではありませんが，他社の事業の全部を譲り受ける場合も簡易な手続が用意されています。

　そもそも，他社の事業の全部を譲り受ける場合も，原則として，株主総会の特別決議が必要とされています。

　ただし，対価の額がその事業を譲り受ける会社の純資産額の20％以下であれば，株主総会決議による契約の承認は不要となり（会468②），取締役会の承認決議があれば足りるということになります。

②　分割型の組織再編における渡す側

　分割型の組織再編において，自社の組織を分割して渡す側の会社では，分割して渡す資産額が，分割会社の総資産額の20％以下であることが，簡易組織再編の要件となります（会784②，805）。

　すなわち，自社の組織を分割して渡す側の会社では，その分割して渡す資産額が，自社の総資産額の20％以下であれば，小規模な組織再編として，株主総会決議を不要とし，取締役会決議による承認で足りるということになります。

　このような分割型の簡易組織再編としては，吸収分割（自社の組織を分割して他社に吸収させる形式で行う会社分割のこと）や新設分割（自社の組織を分割して新しく会社を設立する形式で行う会社分割のこと）における自社組織を分割する側となる分割会社の手続を挙げることができます。

　注意が必要なのは，このような分割型の簡易組織再編の要件を充足することによって，株主総会決議が不要とされているのは，あくまで自社の組織を分割して渡す側である分割会社の手続であって，分割会社から資産を承継することになる会社の株主総会決議まで不要となるというものではありません。

　分割する会社にとってみれば，分割する資産額が総資産額の20％以下の小規模な会社分割であっても，その資産を承継する側の会社の規模によっては，大規模な資産の承継になる場合もあるからです。

　一方，先ほどの吸収型の簡易組織再編の場合と組み合わせると，組織を分割して渡す側も，それを受け入れる側も，いずれも簡易組織再編ができる場合があります。

　例えば，吸収分割で自社の組織を分割して渡す側の会社において，その分割して渡す資産額が，自社の総資産額の20％以下であれば，この分割会社は簡易組織再編が可能となります。

　この分割した組織を承継することになる吸収分割承継会社において，その対価として交付する額が，その承継会社の純資産額の20％以下であれば，この承継会社においても簡易組織再編が可能ということになるのです。

　なお，組織再編そのものではありませんが，事業の重要な一部を譲渡する場合においても，簡易な手続が用意されています。

　そもそも，事業の重要な一部を譲渡する場合も，原則として株主総会の特別決議が必要とされています。

　ただし，その譲り渡す資産額がその会社の総資産額の20％以下であれば，株主総会による契約の承認は不要となり（会467①二カッコ書），取締役会の承認決議があれば足りるということになります。

3　簡易組織再編の制限

　吸収型の組織再編については，支払う対価が純資産額の20％以下という基準を満たしていたとしても，次の2つの場合は簡易組織再編によることはできません（この場合，組織を受け入れる側の会社では，原則どおり，株主総会によ

る特別決議が必要となるため注意が必要です（会796②ただし書））。

①　非公開会社における制限

　吸収型の組織再編において，組織を受け入れる側の会社が，株式の譲渡を制限している非公開会社であって，その受入れの対価として譲渡制限株式を発行・交付する場合，簡易組織再編によることはできません。

　この場合，原則どおり，株主総会の特別決議が必要となります（会796②ただし書，①ただし書）。

　株式の譲渡を制限している非公開会社では，一般的に，株主の個性やその持株比率が重視され，誰が株主として会社経営に参画してくるのかについては，株主にとって重大な関心事項と考えられています。

　そのため，たとえ小規模な組織再編であったとしても，その受入れの対価として譲渡制限株式を発行・交付する場合には，新たな株主の参画を招くことになるため，既存の株主の意思を尊重すべく，原則どおり，株主総会の特別決議が必要ということになります。

②　差損が生じる場合

　吸収型の組織再編において，組織を受け入れる側の会社において差損が生じる場合，簡易組織再編によることはできません。

　この場合も，原則どおり，株主総会の特別決議が必要となります（会796②ただし書，795②各号）。

　典型例としては，債務超過会社を吸収合併する場合や，債務超過事業を吸収分割によって承継する場合が挙げられます。

　このような吸収合併等では，他の組織が過去に計上した損失を，吸収合併後の存続会社等が引き受けることになるため，受入れ側の会社において株主総会による決議が必要ということになります。

11 略式組織再編の内容

　子会社の総株主の議決権の90％以上を保有している親会社（特別支配会社）における組織再編については，略式組織再編として，議決権を支配されている子会社での株主総会決議は不要となり，取締役会による承認決議で足ります。ただし，株式交付については，略式組織再編は用意されていません。

1　株主総会決議が不要

　簡易組織再編において説明したように，株式会社における合併や会社分割，株式交換，株式移転，株式交付といった組織再編は，原則として株主総会の特別決議が必要とされています（会309②十二）。

　その趣旨は，会社の組織自体に変更を加える組織再編は，株主にも大きな影響を与えるため，その意思を尊重する点にあります。

　それでは，次のようなケースではどのように考えるべきでしょうか。

> 　親会社Ａ社が，子会社Ｂ社の株式のほとんどを保有している状況で，親会社Ａ社が子会社Ｂ社を吸収合併する意向を有している場合，子会社Ｂ社において株主総会の特別決議は必要か。

　このような場合，子会社Ｂ社において株主総会を開催したとしても，子会社Ｂ社の株式のほとんどを親会社Ａ社が保有しているのであれば，親会社Ａ社の意向に沿って賛成の決議になるはずであって，子会社Ｂ社の株主総会をあえて開催する意味がありません。

　そこで，会社法は，組織再編を行う会社間の議決権の保有状況から，株主総

会を開催しなくても，その決議の結果が明らかな場合，議決権を支配されている側の会社の株主総会決議を不要としました（会784①，796①）。

これが，略式組織再編といわれるもので，株主総会の特別決議は不要となり，取締役会決議による承認で行うことができます。

具体的には，子会社の総株主の議決権の90％以上を保有している親会社（特別支配会社）における組織再編については，議決権を支配されている側である子会社での株主総会決議は不要となり，取締役会による承認決議で足ります。

2　略式組織再編の内容および制限

略式組織再編は，吸収合併，吸収分割および株式交換といった吸収型再編において認められています（会784①，796①）。なお，株式交付については，略式組織再編は用意されていません。

A社・B社間における吸収合併，吸収分割，株式交換において，一方が他方の総株主の議決権の90％以上を保有している状況であれば，親会社である特別支配会社に議決権を支配されている子会社の株主総会決議は不要となり，取締役会決議による承認で足りるということになります。

注意が必要なのは，略式組織再編の要件を充足することで，株主総会の特別決議が不要となるのは，総株主の議決権の90％以上を支配されている子会社の側であるということです。議決権を90％以上支配している親会社である特別支配会社においては，略式組織再編の要件を充足したとしても，株主総会の特別決議が必要となります。

なお，特別支配関係といった略式組織再編の要件を満たしていたとしても，吸収合併や株式交換に伴い譲渡制限株式が交付されるケース等においては，略式組織再編は認められていません（会784①ただし書，796①ただし書）。

最後に，組織再編そのものではありませんが，事業譲渡の場合も一方が他方の総株主の議決権の90％以上を保有している状況であれば，特別支配会社（親会社）に支配されている子会社の株主総会決議は不要となり，取締役会決議による承認で行うことができます（会468①）。

12 無対価による組織再編

吸収合併や吸収分割，株式交換といった組織再編については，対価を交付しないことも許容されています。なお，株式交付については，対価を交付しないことは認められていません。

　会社法上，吸収合併や吸収分割，株式交換といった組織再編については，対価を交付しないことも許容されています。

　これが無対価による組織再編といわれるものです。吸収合併を例にすると，大きく分けて2つの無対価合併を挙げることができます。

　第1の類型は，親会社A社が100％の株式を所有する完全子会社B社を吸収合併する場合です。この場合，親会社が唯一の株主として所有していた完全子会社を，親会社の組織の中に吸収するだけなので，対価を発生させる必要がありません。

　株主が異なる会社を吸収合併するのであれば，その株主に対して対価を支払う必要が生じますが，自社が唯一の株主として所有する完全子会社を吸収合併といった組織再編によって取り込むだけにすぎないので，対価を発生させる必要がないということになります。

　第2の類型は，親会社が100％の株式を所有する完全子会社同士が吸収合併する場合です。具体的には，A社の100％株主もB社の100％株主も同じX社であるところ，A社・B社間で吸収合併が行われる場合です。

　この場合，株主が同じX社であるため，その対価を交付する必要もなく，無対価であっても株主であるX社に不利益が及ぶことはありません。そのため，この場合も無対価による吸収合併が認められています。

　その他，会社法上，無対価による吸収分割や株式交換も認められています。なお，株式交付については，対価を交付しないことは認められていません。

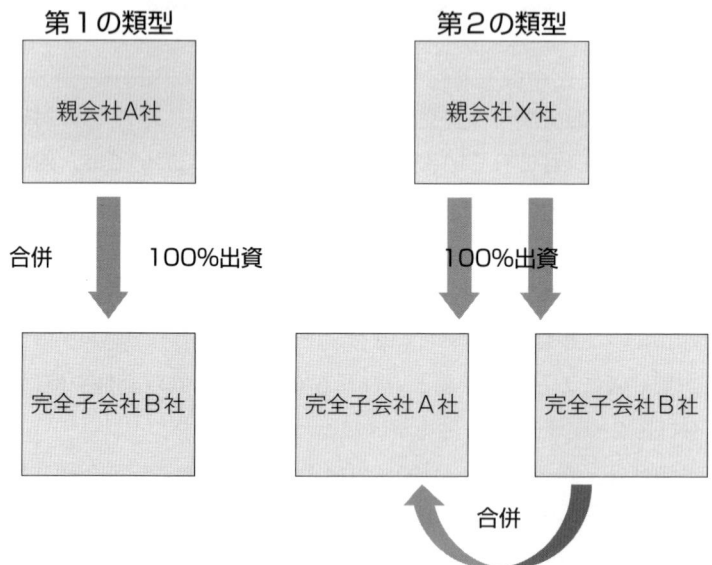

第1の類型

親会社A社

合併　　100%出資

完全子会社B社

第2の類型

親会社X社

100%出資

完全子会社A社　　完全子会社B社

合併

13 組織再編税制の概略

> 合併，分割，株式交換，株式移転，事業譲渡などの組織再編行為については，組織再編税制により課税上の取扱いが規定されています。特に税制適格組織再編の場合には，特例的な取扱いがあります。

　M&Aに関わる諸問題のなかで，税に関する問題はM&Aの実施自体を左右するケースもある大きなものです。一般的にM&Aでは，その取引金額が大きくなる可能性があり，課税の有無や税額の多寡によってM&Aを実施するかどうかも含めて，M&Aの方向性も変わってくることがあるからです。

　ここではM&Aにかかる税の問題のうち，いわゆる組織再編税制といわれているものについて説明していきます。

　なお，組織再編税制は，組織再編全般（具体的には，合併，会社分割，株式交換，株式移転，現物出資，現物分配，株式分配）についての税法上の取扱いを規定したものです。

1　組織再編税制の主体と課税

　組織再編には三者の登場人物が出てきます。組織再編によって現金や株式などを支払う側の会社と，それを受け取る側の会社，そしてそれら会社の株主が登場します。

　その再編行為により呼び方は変わりますが，例えば合併であれば相手の会社を合併する「合併法人」，相手の会社に合併される「被合併法人」，さらにその2つの会社の株主が登場人物となります。

　組織再編の課税の問題は，組織再編行為が行われると，これらの主体それぞれに，次のような課税処理上の論点が生じる可能性があることです。

- その支払った結果，獲得した資産をどのように計上するのか
- 受け取った側の会社は，それが課税対象となるのかどうか
- 株主は，その行為が行われた結果，自分が取得した資本金を超える経済的な利益が発生したかどうか

2　税制適格組織再編

　ところで，組織再編税制はその類型を大きく2つに分けて考えます。すなわち，税制適格と税制非適格です。この適格か非適格かで，課税の内容が変わってくるのです。

　組織再編の会計上での取扱いは，原則としてパーチェス法（94ページ（注4）参照）を採用しているため，資産・負債については時価での移転として処理がされます。税法においても原則はあくまで非適格であり，時価での移転として処理します。

　M&Aにより組織再編が行われた場合，資産や負債が先述の登場人物の間で移転しますが，そもそも税制上の資産・負債の移転は，「その時の価額」と規定されていることが原則なので，税制非適格の再編行為が行われた場合には時価と簿価の差額について課税額を計算することになります。

　しかし，組織再編にはさまざまなパターンがあります。再編する企業同士に資本関係があるような企業グループ内での再編行為であったり，競合企業同士が事業を編成し共同事業を行うための組織再編である場合には，当該資産・負債の支配関係が変わらず，その所有が継続しているとみなされ，組織再編があったとしても会社が保有していた資産・負債については，帳簿価額によって移転するものとして取り扱われることが認められ，課税を繰り延べる処理（＝税制適格）が可能となります。

　税制適格か非適格かの判定は，**図表2－3**にあるとおりですが，要件が細かく規定されていることがわかります。

　税制適格の要件は，100％資本関係がある完全支配関係の場合に，最も少な

くなっています。逆に，資本関係が50％超100％未満である支配関係がある場合には，満たさなければならない要件の数が増えます。

　組織再編前に資本関係がなくても，共同事業を行うための組織再編についても，税制適格として認められることはありますが，満たさなければならない要件はかなり多くなります。

　注意が必要なのは，再編行為によって，それぞれの要件の内容は若干異なりますが，すべての要件を満たさない限り適格組織再編とはならないことです。

図表2－3　税制適格組織再編の基本的な要件の内容

要　件	100％支配関係	50％超支配関係	共同事業
金銭等の支払いがない	○	○	○
100％の支配関係が継続	○	－	－
50％超の支配関係が継続	－	○	－
主要な資産・負債の引継ぎ	－	○	○
概ね80％の従業員の引継ぎ	－	○	○
移転事業の継続	－	○	○
移転事業の関連性	－	－	○
対価株式全部の継続保有	－	－	○
事業規模が概ね5倍以内	－	－	どちらか ○
特定役員の継続就任	－	－	

　なお，例外的に認められている税制適格ですが，税務上は最大の課題となります。先述のとおり，税制適格で組織再編が処理できれば，含み益や含み損などについては，その時点で認識する必要がなく課税を繰り延べることができるからです（**図表2－4**）。

図表２−４ 税制適格組織再編の評価と含み益への課税」

分　類	資産・負債の評価方法	含み損益への課税
税制適格	簿　価	繰延べ
税制非適格	時　価	課税発生

　また，税制適格についてはもう１つ大きな特例が用意されています。それは，繰越欠損金の引継ぎができるという点です。

　青色申告の繰越欠損金については，単体法人の場合，当然利用しているはずですが，組織再編の際にどちらかの企業が持っていた繰越欠損金を引き継いだ法人でも使用できるかどうかが問題となります。

　非適格再編ということであれば，原則は，再編時に切り捨てられる処理となりますが，適格再編のうち一定の要件を満たす場合には，この引継ぎが可能となります（詳細は，223ページ第５章 **07** 参照）。

14 グループ法人税制の適用とその対策

> グループ法人税制とは完全支配関係のある法人間の取引について，税務上帳簿価額での移動を強制するものです。M&Aが行われる場面においても，グループ法人税制が適用されるケースがあるので注意が必要です。

　M&Aを数多く実施していくと，親子会社や兄弟会社が自然と増えてきます。この親子会社や兄弟会社のうち100％の資本関係がある内国法人の間で行われる一定の取引については，グループ法人税制として特別な取扱いがなされます。

　グループ法人税制の基本的な考え方は，100％の資本関係がある法人間の取引は，法人の内部取引として税務上の損益を認識しないということです。

　つまり，会社内での取引のため，そこでは損益を認識せずグループ外に出た時点で課税関係が発生するということになります。なお，その一定の取引とは①資産の移転，②寄附金，③現物配当，④配当金，⑤自己株式の発行法人への譲渡をいいます。また，いわゆる中小企業への優遇税制についての制限も，⑥中小企業向け特例の見直しで規定されています。

　グループ法人税制は，資本金の大小に関係なく中小企業にも強制適用されるため注意が必要です。類似する税制としてグループ通算制度がありますが，そちらはあくまで法人が任意で選択できるものであるのに対して，グループ法人税制はその要件を満たす限り強制適用されます。

100％資本関係があるというのは，

> - 一の者が，法人の発行済株式の全部を直接または間接に保有する場合の，一の者とその法人との関係（当事者間の完全支配関係）
> - 一の者との間に，当事者間の完全支配関係がある法人相互の関係
> ※この一の者というのは，一の者と一定の特殊関係のある個人も含めて判定する。

をいいます。

この場合の一定の特殊関係のある個人の範囲は判定対象となる個人の6親等内の血族，配偶者，3親等内の姻族や事実上婚姻関係にある者など特殊な関係にある個人も含まれます。

なお，資本関係が100％あるかの判定にあたっては，自己株式は除いて判定し，5％未満の従業員持株会所有株式および役員または使用人のストックオプション行使による所有株式を除くものとされています。

そのため親子会社のみならず，孫会社や100％資本関係がある法人を介したグループ法人も，その適用対象となることはありうるのです。

本グループ法人税制は，具体的には次のような個々の制度に反映されています（次ページ**図表2－5**）。

図表２－５ グループ法人税制の対象となる取引等

	取引等	内　容
①	資産の移転	100％グループ内の内国法人間で一定の資産の移転を行ったことにより生ずる譲渡損益を，その移転時には税務上認識せず，譲受法人においてその資産の譲渡等の事由が生じたときに，その譲渡法人において認識する
②	寄附金	100％グループ内の内国法人間の寄附金について，支出法人において全額損金不算入とするとともに，受領法人において全額益金不算入とする
③	現物分配	100％グループ内の内国法人間の現物分配（みなし配当を含む）について，当該現物分配の，現物分配法人の直前の帳簿価額による譲渡をしたものとする
④	配当金	100％グループ内の一定の要件を満たす内国法人からの受取配当については全額益金不算入とする
⑤	自己株式譲渡	100％グループ内の内国法人の株式を発行法人に対して譲渡する場合（自己株式の譲渡），当該株式の譲渡損益の計上を行わない
⑥	中小企業向け特例の見直し	資本金の額が１億円以下の中小法人に係る次の制度については，資本金の額が５億円以上の法人の100％グループ内の法人には適用しない • 軽減税率 • 特定同族会社の特別税率の不適用 • 貸倒引当金の法定繰入率 • 交際費等の損金不算入制度における定額控除制度 • 欠損金の繰戻しによる還付制度

1　資産の移転

　グループ間での資産の移転については，その譲渡損益を認識しないこととされ，グループ外にその資産が移転した段階で譲渡法人において損益を認識することになります。

　この場合の資産とは，固定資産，土地等（土地の上に存する権利を含みます），有価証券（売買目的有価証券を除きます），金銭債権および繰延資産とされ，その譲渡直前の帳簿価額が1,000万円未満の資産は除かれています。

2 寄附金

　完全支配関係にある内国法人間で寄附金の受払いがあった場合，支出した内国法人の寄附金については全額が損金不算入となります。同時に受け取った内国法人の受贈益については益金不算入となり，結果的に税務上は損益を認識せず資金だけが移動することになります。

3 現物分配

　現物分配とは，現物分配を行う法人が金銭以外の資産を，剰余金の配当等（みなし配当を含みます）として株主等に交付することをいいます。

　完全支配関係がある内国法人間の，現物分配で一定の場合，現物分配法人は配当により交付する資産は帳簿価額により譲渡したものとして取り扱い，被現物分配法人においてもその資産を現物分配法人の帳簿価額により取得したものとして取り扱います。これを適格現物分配といいます。

4 配当金

　内国法人が，100％グループ内の他の内国法人から受ける完全子法人株式等にかかる配当金等について，受取配当等の益金不算入制度を適用する場合には負債利子控除は適用せず，100％が益金不算入とされます。上記3の現物分配についても同様の取扱いをします。

5 自己株式譲渡

　内国法人が有している完全支配関係にある内国法人の子会社株式を，発行法人であるその完全支配関係にある内国法人に譲渡した場合（譲受子会社法人では自己株式の取得となる取引），譲渡対価の額を譲渡原価の額とみなし，譲渡損益を計上しないこととなっています。

6　中小企業向け特例の見直し

　中小法人（各事業年度終了時資本金額が1億円以下の法人）に適用されている優遇税制は，大法人（資本金5億円以上の法人）による完全支配関係がある中小法人，または100％グループ内の複数の大法人に発行済株式の全部を保有されている中小法人については適用除外となります。

　M&Aを実施していくなかで，グループ法人税制の適用に注意しなければならない場面は，いくつか存在します。例えばM&Aで子会社化したのち，固定資産の移転や配当などを行うことは，実務上よく見られる取引です。

　その際にはグループ法人税制の適用を受けることになりますが，税務上では損益を認識せず，会計上の金額と乖離することになります。

　また，資産の移転で，グループ外への移転があった場合，税務上と会計上でその金額が乖離するとともに，譲渡法人においては税務上損益を認識しなければならないなど実務上の管理が非常に複雑になります。実務においては，そのあたりの管理をしっかりと行う必要があるのです。

第3章

事業の譲渡の手続

❖

事業譲渡は比較的取り組みやすいM&Aの手
法です。本章では，事業譲渡についての手順，
その譲渡価額の決め方，契約内容，登記，税
務など，実務的な部分に加えて，事業譲渡を
行うにあたって注意すべき点についても解説
します。

01 事業の譲渡とは

事業譲渡はM&Aの手法の中でも比較的多く用いられる手法で,「ある1つの利益を生み出すシステム」です。事業の譲渡は,株式譲渡とは異なり個別の資産等の譲渡が可能です。

1 事業の定義

「事業」という言葉は,経済活動の中でも一般的によく使われる用語です。M&Aの手法の1つである事業譲渡を理解するためには,まず「事業」の定義を理解しなければなりません。

ここでは,実例で考えてみましょう。

例えば,ある会社が食品工場の経営をしていて,工場を2つ持っていたとします。1つはA製品を製造する工場,もう1つはB製品を製造する工場です。

このときに,工場内の製造機械の譲渡があっても,これを事業譲渡とはいいません。これは単なる資産である機械装置の売却でしかありません。この機械装置の譲渡は,譲渡代金を受領して,製造機械を引き渡すという経済行為ですが,事業の譲渡ではないのです。

その会社がその機械装置を使って製品を製造するためには,材料の仕入れ,機械装置を操作する人員の雇用,製品を販売する得意先の確保,得意先までの配送システムの確立,納品から代金決済まで契約関係の整備などを自社で行わなければなりません。

機械装置の譲渡では,純粋に当該製造機械の価値しか移動せず,譲渡を受けた会社が同じように製品を製造して販売することはできません。

これに対して,従業員,事務所,工場(建物および敷地),工場内の製造機械,原材料の仕入れ先,製品の納入先,現金,銀行預金,売掛金等を一体とし

て譲渡すれば，個々の財産的価値の合計以上の，1つの利益を生み出すシステムとしての価値を維持したまま移動することができます。この「1つの利益を生み出すシステム」こそが「事業」なのです。

　なお，判例では，事業とは「一定の営業目的のため組織化され，有機的一体として機能する財産（得意先関係等の経済的価値のある事実関係を含む）」と定義されています。

　抽象的でわかりにくいところがありますが，これは，先ほどの「1つの利益を生み出すシステム」を言い換えたものだと理解して差し支えありません。

　先述の例であれば，A製品の製造工場をその事業ごと譲渡するようなケースが，事業譲渡となるのです。このとき，A製品の製造のための材料仕入れから販売までのトータルのシステムを譲り受けた企業は，機械装置だけでなく事業を丸ごと購入することになるのです。

2　会社の譲渡との相違

　事業の譲渡に似た概念として，会社の譲渡（株式売却）があります。

　例えば，先述のA，B製品を製造販売している食品製造工場を経営している会社の場合で考えてみましょう。

　譲受企業がA製品工場だけが必要で，B製品には興味がない場合，A製品製造事業のみの事業譲渡が行われます。また，A製品，B製品の製造工場ともに必要な場合，譲受企業は2つの選択肢から選ぶことになります。すなわち，A，B製品製造事業の事業譲渡か会社の買収です。

　その事業を譲渡してしまえば，実質的にはその会社に残るものは何もありませんが，それでも会社自体の経営システム（具体的には，株主と株主によって選任された取締役）は何らの変更もなされず存続することになります。

　事業譲渡は売買契約や賃貸借契約による取引行為です。このため，会社が営んでいるすべての事業を譲渡することも，一部の事業のみを譲渡することもできます。また，債務を切り離して取引するなど，契約の範囲を定めることもできます。

他方，会社を譲渡するということは会社の経営権を譲渡することです。具体的には，当該会社の株式を第三者に売却することにより，株主が交替し，原則として，株主が選出する取締役も交替するのです。

もちろん，会社というのは事業を含むものですから，会社の譲渡は必ず事業の譲渡を伴いますが，事業の譲渡は会社の譲渡を伴うものではありません。そのため，事業譲渡は会社法の組織再編行為とはされていません。

3　事業の全部または重要な一部の譲渡

会社の事業全部や，複数ある事業の中でも会社にとって重要な事業の譲渡の場合には，会社に対する影響が大きいですから，取締役の判断で容易に譲渡されては会社にとって思わぬ損害が生じることにもなりかねません。

そこで，会社法においては，「会社の事業の全部または重要な一部の譲渡」については，株主総会特別決議を経なければならないとされています（会467①一・二）。

また，「事業全部の賃貸，経営委任，事業上の損益全部を共通にする契約，その他これらに準ずる契約の締結，変更または解約」についても同様な考慮から株主総会特別決議が必要とされています（会467①四）。

以上は事業を譲渡する側の会社のことですが，事業の譲渡を受ける側の会社においては，会社法上「他の会社の事業全部の譲受け」の場合にのみ株主総会特別決議が必要とされています。

「事業全部」とだけ規定され，「重要な一部」について規定がないのは，譲渡の場合と比べていかにも不均衡だとの印象を受けます。

4　独占禁止法（16条2項）との関係

事業を譲り受ける会社の事業規模が大きく，かつ，譲り受ける事業自体も大きいものであると，譲受け会社の市場競争力は極めて強くなります。

これに関して，独占禁止法という法律は，市場が寡占状態になることにより，ある分野における競争が制限されることを取り締まるものですから，ある意味，

大規模な事業譲渡と独占禁止法は相反する立場にあるといえます。

　しかし，独占禁止法は何でもかんでも合併を禁止するわけではなく，一定の規模以上の事業譲渡のみを禁止する立場をとっています。具体的には，国内売上高合計額が200億円を超える会社（譲受会社）が，

①　国内売上高が30億円を超える会社の事業の全部の譲受けをしようとする場合

②　他の会社の事業の重要部分の譲受けをしようとする場合であって，当該譲受けの対象部分に係る国内売上高が30億円を超える場合

③　他の会社の事業上の固定資産の全部または重要部分の譲受けをしようとする場合であって，当該譲受けの対象部分に係る国内売上高が30億円を超える場合

に届出が必要とされています。

　ただし，事業等の譲受けをしようとする会社および事業等の譲渡をしようとする会社が同一の企業結合集団に属する場合は，届出が不要となります。

事業譲渡は，その手続が比較的簡単といわれていますが，各手順においては，譲渡会社，譲受会社ともに法的な手続が必要とされています。なお，一部手続に関して要件が緩和されている事業譲渡もあります。

事業譲渡の手順としては，譲渡する，譲渡される相手先を探すところから始まりますが，自社独自で行われるケースと，仲介会社を介して行われるケースがあります。M&Aを専門に取り扱う仲介会社が一般に認知されてきたため，そういった仲介会社を通して実施されることは多くなってきています。

仲介会社を介する場合，買収を行いたいと考えている会社は，どのような事業の買収を行いたいかの希望を仲介会社に伝えるところから始まります。

その後，対象となる事業を持っている会社との接触があります。具体的には，経営者面談の実施となります。

売り手と買い手が，譲渡する事業についての譲渡案件に興味を示し，先に進めることを検討したい意向を持つ場合，通常は経営陣（経営者）間で会合を持ち，双方が相手方に対する経営方針の疑問点や基本的な条件などについておおまかな話を始めることになります。

その後，ある程度，事業内容についての疑問がなくなり，買い手側の会社が買取条件の大枠の折り合いがつくと判断した場合，「意向表明書」といわれる書面を売り手側会社に交付します。なお，買収する事業の規模が小さい場合や過去から取引関係があるような場合は，この書面の取り交わしは省略されることもあります。

交渉がさらに進んだ段階で「基本合意書」の取り交わしが行われます。基本合意書には事業譲渡について，事業の範囲や内容，譲渡金額，時期など基本的な条件が記載されます。

　基本合意が締結された後，買い手側が依頼する専門家により，デューデリジェンスが行われます。一般的には公認会計士・会計事務所による財務面の調査，税理士・税理士法人による税務面の調査，弁護士・法律事務所による法務調査が実施されます。

　このデューデリジェンスは合併，分割などのM&Aを実施する場合には，ほぼ必ず行われる手続で，この中で買い手側はその買い取る内容についての精査をすることになります。

　また，財務・税務・法務の面からのリスクの洗出しなども行われ，買い手側会社にとって許容できないようなリスクがある場合には，最終的な契約書である「事業譲渡契約書」にそのリスクに対する責任の所在を明記してリスクを回避することもできます。

　また，このデューデリジェンスにおける調査をどこまでの深度で行うかは，買い手側がどれだけその事業に対してのリスクを感じているかといったように，案件によっても異なってきます。

　最終的に売り手と買い手双方が合意した場合は，「事業譲渡契約書」を締結することになります。事業譲渡契約は，有機的一体としての事業の売買契約ですので，個々の資産や債権を個別に指定することはありません。

　例えば，「Xの食品部門に関する営業」だけでも譲渡対象の事業の特定としては足りることになります。しかし，現実問題としては，両当事者間の認識の相違がないよう対象となる事業とは個別に，譲渡の対象となる「譲渡財産」を明記することがほとんどです。

　ただし，「譲渡財産」の記載は，「譲渡資産一覧」なるリストを作ってかなり詳細に記載する場合から，ある程度概括的な記載で済ませる場合まで，個々のケースによって異なります。

　ここまでが売り手と買い手双方で進める事業譲渡に関する手順ですが，そのほかに会社内部で進めなければならない手順があります。

　すなわち事業譲渡するためには，売り手側会社は次の4つの所定の手続を経る必要があります。

1　取締役会決議
2　株主総会特別決議
3　反対株主の株式買取請求
4　個々の権利移転手続（債権者の同意取得）等

それぞれについて，以下で説明します。

1　取締役会決議

事業譲渡契約書の締結前に実際上は，事業譲渡の規模の大小にかかわらず，取締役会設置会社においては，譲渡会社の手続として取締役会決議が必要になります。

ただし，会社法上，当該譲渡事業が「重要な財産の処分」とまでいえないような場合には，取締役会決議は不要です。

譲受会社においては，当該譲渡事業が「重要な財産の譲受け」にあたる場合には，会社法上，取締役会決議が必要とされています。

2　株主総会特別決議

その事業譲渡が「事業の全部の譲渡」または「事業の重要な一部」にあたる場合には，上記取締役会決議に加えてさらに株主総会特別決議が必要となります。

事業譲渡が「重要な財産の処分」にあたる場合には取締役会決議が必要で，さらにその事業譲渡が「事業の重要な一部」の場合には株主総会特別決議が必要になるということですが，この『重要な』というのは極めて抽象的な要件であり，判断に迷う場合が少なくありません。

ただし，実務上，取締役会を開催することはそれほど難しいことではありませんので，重要かどうかの判断に迷ったら取締役会での決議を行っておくべきです。

他方，「事業の重要な一部」か否か，の判断に迷った場合には，安易に株主

総会特別決議をとるというわけにもいかないのも事実です（一般的には，その会社の売上高，収益，従業員数，資産，施設等のうちいずれかの要素が譲渡会社全体の1割を超える場合には，「事業の重要な一部」とする考え方があります）。

また，譲受会社においては，当該譲渡事業が「他の会社の事業の全部の譲受け」にあたる場合には，会社法上，株主総会特別決議が必要とされています。

なお，以上の例外として，当該事業譲渡が「事業の全部の譲渡」，「事業の重要な一部」または「他の会社の事業の全部の譲受け」にあたる場合であっても，①譲渡に係る資産の帳簿価額が会社の総資産額の5分の1を超えない場合（簡易事業譲渡），②事業譲渡の相手会社が特別支配会社（A社がB社の議決権の9割以上を有している場合のA社を「特別支配会社」といいます）である場合（略式事業譲渡）は，株主総会決議は不要です。

3　反対株主の株式買取請求

株主総会特別決議で反対した株主等には株式の買取請求権が認められます。

4　個々の権利移転手続（債権者の同意取得）等

事業譲渡の場合には，個々の資産については個別に移転手続（不動産登記等の第三者対抗要件の具備を含みます）をする必要があります。

また，債務を事業譲渡に付随して完全に移転させるためには，債権者の個別の承諾が必要です。

以上，それぞれの会社内部での手順を経て事業譲渡が行われることになります。

03 事業譲渡の譲渡価額の決め方

> 事業譲渡の譲渡価額の決め方には，いくつか方法があります。問題なのはのれんの評価ですが，一般的にディスカウントキャッシュフロー法（DCF法）を採用することが多いです。

事業譲渡は，株式の移動がないため手続自体は比較的簡単にできます。また，会社全体を買い取るわけではないため，簿外負債や保証債務など財務諸表上に表れない一定のリスクに対しても回避することができるというメリットがあります。ただし，経営者が事業譲渡を決断する際に，最も大きな問題が出てきます。それはいくらでその事業を売却するかということです。

同じM&Aでも合併や株式の買取りなどの場合は，会社ごとの価値を算定して行うためその価額の算出方法がある程度確立されています。

これに対し事業譲渡の場合，会社の全部の事業を譲渡する場合を除き，会社の一部の譲渡価額は，売り手と買い手の交渉でその価額が変動することが多いです。

そして，その譲渡価額は，会社全体を評価するのではなく，譲渡しようとする事業だけを評価することになります。その評価方法は，基本的には，事業自体の経済的な価値を金銭に換算して評価することになります。

その価額の算出は，「事業譲渡に伴う移動資産の価額＋営業権＋$\alpha - \beta$」で計算することになります。

1 事業譲渡に伴う移動資産の価額

「譲渡に伴う移動資産の価額」は，時価によって評価されます。建物や土地などの不動産の場合，固定資産評価額や相続税評価額，帳簿価額など，時価を算出するための参考にできる価額があります。

　しかし，それらの評価額はあくまで参考値であり，時価そのものではありません。最終的な価額は，それら価額も参考にしつつ近隣の売買事例をもとにした評価額で評価することになるでしょう。

　また，不動産以外の資産であれば，売却会社側の帳簿価額を参考に，その資産の時価を算出することになります。

　一般的な事業譲渡の場合，それほど重要ではない資産の評価については，資産全体をまとめて金額を出します。工場など資産の点数が多いものや棚卸資産などについても，まとめて評価して価額を算定することが多いです。

2　のれん（営業権）

　事業譲渡の譲渡価額の算出で最も難しいのが，営業権の評価です。事業譲渡に伴い移動した資産の価額は，その評価の手かがりになる基準が存在していました。実務上では，その手がかりをもとに時価を算出していきますが，この手続は比較的簡単にできます。

　しかし，営業権は目に見えないものなので，それを評価することは非常に難しいことなのです。

　そもそも，営業権とは「のれん」といわれ，超過収益力を貨幣的価値に置き換えて評価したものであるといわれています。

　この超過収益力は，同業他社に比べて収益を獲得できる原因とされます。これは，例えばブランドやノウハウ，立地条件，経営手法，取引先，独占事業などが当てはまります。

　のれんの評価は，これら目に見えないものを貨幣価値に置き換えていくのですが，その価値は最終的には交渉の相手方との合意によって形成されます。

　のれんを評価するうえで，代表的な方法は次のとおりです。

①　利益基準法：過去数年間の平均年間利益金額×年数

　これは，中小企業のM&Aでよく使用されている基準です。利益基準法を使う最大のメリットは，算出が簡単だということです。

年間利益金額は，過去の財務諸表から簡単に算出できます。あとは，何年分にするかを決めればよいため，交渉の場面でも使いやすい基準だといえます。

② 売上高基準法：過去数年間の平均売上高×年数

この方法も，利益基準法と同様にのれんの金額を簡単に算出するための方法です。これと類似の方法としては，得意先ごとに金額をつける方法などがあります。

③ ディスカウントキャッシュフロー法（DCF法）：企業が生み出すフリーキャッシュフローの期待値を加重平均資本コスト（WACC）で割り引いた現在価値

現在，経営の現場で最もよく使用されている評価方法です。これは，対象となる事業が将来にわたって営業を継続した場合，獲得されるキャッシュの金額をもとに計算する方法で，そのキャッシュの金額を現在の価値に割り引いて評価したものをのれんとして認識します（なお，詳細は，166ページ第4章 **04** で解説します）。

なお，WACC（Weighted Average Cost of Capital：加重平均資本コスト）は，株主資本コストと負債コストをそれぞれの時価で加重平均して求めます。

④ 財産評価基本通達上の計算方法

相続税などの計算の際に用いる財産評価基本通達にのれん（営業権）の評価方法が定められています。

ただし，この評価方法はあくまで，相続税などの計算に用いるためのものであって，時価算定のためのものではありません。したがって上記3つの算出方法の参考として用いられることもあります。

財産評価基本通達では，のれんの価額は，次の算式によって計算した金額によって評価します。

超過利益金額＝平均利益金額[注5]×0.5－標準企業者報酬額[注6]－総資
　　　産価額[注7]×0.05

のれん（営業権）の価額＝超過利益金額×のれん（営業権）の持続年数（原
　　　則として10年）に応ずる基準年利率による複利
　　　年金現価率

3　＋α

＋αとは，通常はのれん（営業権）の金額に含めて考えることが多いです。
M&Aの金額査定全般にいえることですが，売り手と買い手のそれぞれの事情
によって，＋αの金額は上下します。

＋αは，売り手側の高く売らなければならない事情（例えば事業譲渡する事
業とは別事業での不良債権処理などにお金が必要だといったこと）に配慮した
値付けが行われることがあります。

また，反対に買い手側の高くても買わなければならない事業などがある場合
に，のれん（営業権）とは別に金額を高くすることがあります。

4　－β

－βは前述の＋αの反対のケースです。例えば，譲り渡す事業について，隠
れた瑕疵などのリスクがあるような場合に，それを考慮して売買価格から差し
引いて譲渡が行われることになります。

以上のような計算を経て，事業譲渡の価額は決定されますが，事業譲渡の実
施を経営者が決断する場面は，それぞれの会社の事情によりいろいろなパター
ンがあります。事業譲渡が行われる一般的なパターンとしては，会社が経営し
ている複数の事業のうちの一部を売却するというものですが，後継者不在とい
う問題の解決策として事業譲渡を選択するということもあります。

同じ事業譲渡でも，経営者が事業譲渡を決断する背景にある事情が異なれば，
その譲渡価額に対する考え方も若干異なってきます。

（注5）平均利益金額

　　平均利益金額は，原則として課税時期の属する年の前年以前3年間の平均額を用い，次の3つにかかる金額は除きます。

　イ　非経常的な損益の額

　ロ　借入金等に対する支払利子の額および社債発行差金の償却費の額

　ハ　青色事業専従者給与額または事業専従者控除額（法人にあっては，損金に算入された役員給与の額）

（注6）標準企業者報酬額

　　標準企業者報酬額は，次に掲げる平均利益金額の区分に応じ，次に掲げる算式により計算した金額とします。

平均利益金額の区分	標準企業者報酬額
1億円以下	平均利益金額×0.3＋1,000万円
1億円超3億円以下	平均利益金額×0.2＋2,000万円
3億円超5億円以下	平均利益金額×0.1＋5,000万円
5億円超	平均利益金額×0.05＋7,500万円

（注7）総資産価額

　　総資産価額は，課税時期における企業の総資産の価額とします。

04 事業譲渡の契約の内容

事業譲渡においては，その契約前に①秘密保持契約書の締結，②覚書の締結，③デューデリジェンスを実施することが多いです。事業譲渡契約の対象となる資産や契約関係の範囲を確定し，個別具体的に特定することが必要となります。

1　事業譲渡の契約までの流れ

事業譲渡契約の締結前において，実務上は①秘密保持契約書の締結，②覚書の締結，③デューデリジェンスが実施されることが多くあります。

①　秘密保持契約書の締結

事業譲渡の検討は，通常，当事者間で秘密裏に行われます。当事者も交渉に関係する役員は限られるなど，交渉段階では特に秘密裏にされます。そのため，まずは当事者間で秘密保持契約書が締結されることになります。

秘密保持契約書では，(ⅰ)秘密情報の範囲を明確にしたうえで，(ⅱ)秘密情報の目的外利用を禁止するとともに，(ⅲ)事前許可がない第三者への秘密情報の開示を禁止し，(ⅳ)交渉終了後や相手方の請求に基づく秘密情報の返還や破棄を定めることが一般的です。

②　覚書の締結

事業譲渡に向けた協議や検討について一定の方向性を合意できた場合，実務上，覚書を締結する例が多いです。

覚書の内容は，案件ごとに異なりますが，例えば，事業譲渡を検討することを前提に，独占交渉権を一定期間付与する条項，譲受会社が行うデューデリ

ジェンスの範囲を確定する条項，デューデリジェンスについて，譲渡会社の協力義務を定める条項を盛り込むことが一般的です。

③　デューデリジェンス

　事業譲渡においてもデューデリジェンスが実施されることがあります。デューデリジェンスが実施される場合，譲渡される事業内容について，財務や税務，法務の面から問題がないかを公認会計士や税理士，弁護士等が調査することになります。

2　事業譲渡契約の内容

　事業譲渡は，当事者間で締結される事業譲渡契約に基づき資産や契約関係を個別具体的に移転させることになります。そのため，譲渡する事業との関係で移転させる資産や契約関係の範囲を確定し，その内容を個別具体的に特定することが必要となります。

　資産や契約関係が多数に及ぶ場合，実務上は，事業譲渡契約書に別紙一覧表を設ける等して特定するケースが多いです。

　事業譲渡では，会社法上，当事者の別段の意思表示がない限り，譲渡会社に同一の市町村およびこれに隣接する市町村の区域内において，事業譲渡日から20年間は同一の事業を行ってはならないとする競業禁止義務が課されることになります（会21①）。

　なお，この競業禁止義務の範囲や期間は広すぎるきらいがあるため，実務上は，その範囲や期間を譲渡契約書の中で制限するケースが多いです。

　また，事業譲渡の時点で判明していない債務を承継してしまうことを避けるため，そのような潜在債務は一切承継しない旨の規定を設けることもよくあります。

　その他の条項として，譲渡する資産に欠陥がないことや，他者の権利を侵害するものでないこと等を譲渡会社が表明・保証する条項を設けるケースも多いです。

図表3-1　事業譲渡契約書のひな形

事業譲渡契約書

　株式会社A（以下「甲」という）と株式会社B（以下「乙」という）は，事業の譲渡につき，次のとおり契約を締結する。

（目的）

第1条　甲は，本契約書に定める条項にしたがい，令和○○年○○月○○日（以下「譲渡日」という）をもって，甲の○○に関する事業（以下「本事業」という）を乙に譲り渡し，乙はこれを譲り受ける。

（譲渡財産）

第2条　本契約に基づく事業譲渡に伴い，譲渡すべき財産（以下「譲渡財産」という）は，譲渡日における本事業に関する資産および負債とし，その細目については甲乙協議のうえ決定し，別紙「譲渡財産目録」に記載する。

（譲渡価額）

第3条　甲および乙は，金○○○○円（以下「譲渡価額」という）を本事業の譲渡の対価とすることに合意する。

（譲渡価額の支払時期および支払方法）

第4条　乙は甲に対し，前条の譲渡価額を，令和○○年○○月○○日までを支払時期とし，乙が振込手数料を負担し，甲の指定する下記口座に振り込む方法により支払うものとする。

記

銀行名：○○銀行　○○支店

口座種類：○○預金

口座番号：○○○○○○○

口座名義人：株式会社A

（譲渡財産の移転手続）

第5条　甲は，譲渡日をもって譲渡財産を乙に移転し，第三者に対抗するために必要な一切の措置または手続を行い，乙はこれに協力する。

2　甲は，前項の措置または手続を，譲渡日後○○日以内に完了しなければならない。

3　前2項の措置または手続に関する一切の費用は，甲の負担とする。

（契約上の地位の移転）

第6条　甲は，譲渡日までに，契約当事者の承諾の取得など，譲渡契約における甲の契約上の地位を乙が承継するのに必要な一切の措置または手続を行う。ただし，乙が免除した措置または手続についてはこのかぎりではない。

2　前項の措置または手続に関する一切の費用は，甲の負担とする。

（公租公課の負担）

第7条　譲渡財産にかかる公租公課は，譲渡日の前日までの分については甲が，譲渡日以降の分については乙が，それぞれ日割で按分し，負担する。

（従業員）

第8条　乙は，譲渡日の前日において，本事業のために雇用されている従業員との間で，譲渡日以降，従前と同一の条件で雇用契約を締結する。ただし，乙との雇用契約の締結に同意しない従業員についてはこのかぎりではない。

（株主総会の承認）

第9条　甲および乙は，令和○○年○○月○○日までにそれぞれ株主総会を開催し，本契約締結の承認を得るものとする。

（善管注意義務）

第10条　甲は，本契約締結後譲渡日までの間，善良なる管理者の注意をもって，譲渡財産の管理運営を行うものとする。また，甲は，現在の経営組織をそのまま維持し，かつ，甲の取引相手と，現在の関係を維持するものとする。

2　甲が譲渡財産に重大な変更を加えるときは，あらかじめ乙の承認を得て行う。

（競合避止義務）

第11条　甲は，譲渡日以降○○年間，形式いかんを問わず，譲渡日における本事業と同一または類似する業務を行ってはならない。

2　甲は，本事業に関して，甲が取得した営業秘密またはノウハウを，自己のために使用してはならない。また，第三者のためにこれを利用したり，第三者にこれを開示してはならない。

（秘密保持）

第12条　甲および乙は，本契約により知り得た相手方の秘密を，本契約に定める目的以外に，第三者に漏洩または利用してはならないものとする。これは本契約終了後も同様とする。

2　前項の規定にかかわらず，本契約時に，すでに公開となっている情報および相手方の許可を得た情報についてはこのかぎりではない。

（契約の解除）

第13条　甲および乙は，相手方が本契約に違反したときは，書面による通知により，本契約を解除することができる。

（損害賠償）

第14条　甲および乙は，本契約の義務違反または解除により，相手方に対して与えた損害を賠償するものとする。

（管轄）

第15条　甲および乙は，本契約に関し裁判上の紛争が生じたときは，○○地方裁判所を第一審の専属的合意管轄裁判所とすることに合意する。

（協議事項）

第16条　本契約に定めのない事項については，甲乙誠意をもって協議し，決定するものとする。

　　本契約締結の証として，本書2通を作成し，甲乙記名押印のうえ，各1通を保有する。

令和○○年○○月○○日

　　　　　　　甲　　○○県○○市○○町○丁目○番○号
　　　　　　　　株式会社　A
　　　　　　　　　代表取締役　　○○　○○

　　　　　　　乙　　○○県○○市○○町○丁目○番○号
　　　　　　　　株式会社　B
　　　　　　　　　代表取締役　　○○　○○

05 事業譲渡に伴う登記

譲受会社が譲渡会社の商号を引き続き使用する場合，譲渡会社の債務の弁済責任を免れるためには，その免責登記を行う必要があります。

1 概 要

事業譲渡については，合併等といった組織再編行為とは異なり，事業譲渡の事実を登記する制度はありません。そのため，会社の登記記録からは，会社が事業譲渡を行った事実は，原則として確認することはできません。

ただし，譲受会社が譲渡会社の商号や屋号を引き続き使用する場合，譲渡会社の債務を弁済する責任を負わない旨の登記をすることができます。この場合，事業譲渡の事実が登記上，公示されることになります。

また，事業譲渡の譲渡対象の財産の種類に従い，個別に手続が必要となり，譲渡対象に不動産の権利が含まれる場合は不動産登記を，金銭債権や動産が含まれる場合は債権譲渡登記，動産譲渡登記を検討することになります。

2 譲受会社の免責の登記手続

事業を譲り受けた譲受会社が，譲渡会社の商号を引き続き使用する場合，その譲受会社も，譲渡会社の事業によって生じた債務を弁済する責任を負うことになります（会22①）。また，譲渡会社が使用していた屋号を譲受会社が引き続き使用する場合には，譲渡会社の商号を続用しないときであっても，同様の責任を負う可能性があります。

このような債務の弁済責任を免れるためには，事業を譲り受けた後，遅滞なく，譲受会社がその本店所在地において譲渡会社の債務を弁済しない旨の登記を行う必要があり（会22②前段），次の内容で登記申請を行います。

図表3−2　譲受会社の免責の登記申請書例

株式会社変更登記申請書

会社法人等番号　　　　　○○○○
商号　　　　　　　　　　○○株式会社
本店　　　　　　　　　　○県○市○
登記の事由　　　　　　　商号譲渡人の債務に関する免責
登記すべき事項　　　　　当会社は○年○月○日商号の譲渡を受けたが，譲渡会社
　　　　　　　　　　　　である□□株式会社の債務については責に任じない。
登録免許税額　　　　　　金30,000円
添付書類　　　　　　　　譲渡人の承諾書　1通
上記のとおり登記を申請する。
令和○年○月○日
申請人　　　　　　　　　○県○市○
　　　　　　　　　　　　○○株式会社
　　　　　　　　　　　　○県○市○
　　　　　　　　　　　　代表取締役　　○○

○○法務局　御中

---

①　登記すべき事項

　譲受会社が譲渡会社の債務について責任を負わない旨

②　添付書面

　譲渡会社の承諾書。譲受会社が譲渡会社の債務について責任を負わない旨を，譲渡会社が承諾した書面

　本書面には譲渡会社の登記所届印を押印します。当該押印がない場合は，譲渡会社の代表者個人の印を押印し，その印鑑証明書の添付が必要になります（商業登記規則52の2）。

③ 登録免許税

3万円（登録免許税法別表一・二十四(1)ツ）

以上の登記による方法のほか，譲受会社および譲渡会社から第三者に対しその旨の通知をする方法がありますが（会22②後段），公示の観点から，登記による方法が選択されます。

3 　不動産登記

事業譲渡の譲渡対象に不動産の権利が含まれる場合，譲受会社は，その不動産の権利の取得等を第三者に対抗するためには，譲渡会社との共同申請により，不動産の権利の移転等の登記を行う必要があります（民法177，不動産登記法60）。

4 　債権譲渡登記・動産譲渡登記

事業譲渡の譲渡対象に金銭債権が含まれる場合，譲受会社は，その金銭債権の取得を第三者に対抗するため，譲渡会社との共同申請により，債権譲渡の登記をすることができます（動産及び債権の譲渡の対抗要件に関する民法の特例等に関する法律4①）。

また，事業譲渡の譲渡対象に動産が含まれる場合，譲受会社は，その動産の取得を第三者に対抗するため，譲渡会社との共同申請により，動産譲渡の登記をすることも可能です（動産及び債権の譲渡の対抗要件に関する民法の特例等に関する法律3①）。

06 事業譲渡にかかる税務処理

> 事業譲渡に係る税務処理は，基本的に資産の譲渡と同じです。法人税については，譲渡益に課税され，消費税等については課税取引として処理されます。

　事業譲渡に関わる税務処理は，基本的には資産の売買と考えればよいので，それほど難しいことではありません。

　また，その譲渡価額が市場の適正価格で行われていることを前提にすると，課税上の問題は生じません。

　ただし，資本関係がある法人間やグループ法人税制の適用を受けるような法人間では，譲渡価額の問題も含めて課税関係に関して事前の検討が必要になります。

1　事業譲渡に伴う移動資産の税務処理

①　法人税等

　事業譲渡を実施した際に資産が売り手から買い手へ売買というかたちで移動しますが，この税務処理は通常の動産，不動産の売買の税務処理と同様の処理になります。

　すなわち，売り手側は譲渡に際して，その売却金額が法人税法上の益金となります。そして，自社の帳簿価額を超える金額について所得を認識することになりますし，売却金額が帳簿価額に満たない場合は損失を認識することになります。

　事業譲渡の税務処理で最も問題となるのは，譲渡した際の価額が適正な金額であるかどうかということです。金額が適正価額であれば，問題は生じませんが，そうでない場合は課税上の問題が生じる可能性があるのです。

基本的に第三者間で合意された価額は時価とされることから，資本関係などがない法人間での取引については，それほど意識する必要はないでしょう。

　また，事業譲渡を完全支配関係がある法人間で行った場合において一定の要件に該当するときは，グループ法人税制が適用され，譲渡損益が繰り延べられることになります。この該当資産のことを譲渡損益調整資産といいます。具体的には，譲渡法人において時価との差額は損金不算入・益金不算入の調整をすることになります。

　一方で，譲受法人では時価で取得したものとして会計上も税務上も認識します。その後，譲受法人が当該譲渡損益調整資産を第三者へ譲渡した際には，譲渡法人に対して譲渡した事実を通知する義務があり，通知を受けた譲渡法人にて繰り延べていた損益を認識するということになります。

　資産のうち固定資産に該当するものについては，耐用年数の問題がありますが，こちらは中古資産として耐用年数の見積もりを行い，耐用年数を決定する必要があります。なお，実務的には簡便法を利用し以下の区分に応じた計算式で耐用年数を決定します。

- 法定耐用年数を一部経過

  （法定耐用年数－経過年数）＋経過年数×20％
- 法定耐用年数の全部を経過

  法定耐用年数×20％

  ※１年未満の端数は切り捨て，２年未満の場合は２年

　なお，取得した減価償却資産のうち取得価額が10万円未満または使用可能期間が１年未満のものについては，事業供用事業年度において損金経理をすることを要件に損金算入することができるのは通常の取引と同じです。

　また，一括減価償却資産の損金算入，中小企業者等の少額減価償却資産の特例（取得価額30万円未満の減価償却資産の取得価額の損金算入）の規定も適用することができます（2026年３月31日まで）。

②　消費税等

　また，消費税の処理ですが，これも通常の資産の譲渡と同様の税務処理をすることになります。

　事業譲渡によって譲渡した資産ごとに課税資産と非課税資産に分類して消費税の税務処理をしていくことになります。動産などについては課税，不動産のうち土地等については非課税，有価証券についても非課税処理となります。

③　不動産取得税

　事業譲渡した資産の中に不動産が含まれている場合については，基本的な税務処理は通常の資産と同様です。

　都道府県民税である不動産取得税については，事業譲渡に伴う不動産の移動では課税されます。この不動産取得税は，単純に不動産の取得というものについて，課税の対象としているのです。

　税額は，固定資産税評価額に税率を掛けて求めることになります。税率は，土地，建物の不動産の種類や取得時期により異なります。

　　不動産取得税　＝　固定資産税評価額×４％（標準税率）

　ただし，特例により2027年３月31日までの取得分については，土地および住宅の標準税率が３％となり，さらに土地については固定資産税評価額の２分の１に標準税率をかけて計算されます。

④　登録免許税

　譲受会社が事業譲渡により不動産を取得した場合には，登録免許税がかかります。登録免許税は，不動産などの登記，登録の際に課税される税金です。

　この事業譲渡による取得については，売買による取得として登録免許税を課税することになります。

$$\text{登録免許税} \ = \ \text{固定資産税評価額} \ \times \ \frac{20}{1,000}$$

ただし，2026年3月31日までの軽減措置として税率は1,000分の15です。

2　のれん（営業権）

　超過収益力を表すのれん（営業権）については，取得した会社での会計処理は，原則として無形資産に計上し，20年以内のその効果の及ぶ期間にわたって，定額法その他の合理的な方法により規則的に償却することが求められています。

　そして，その償却額は販売費及び一般管理費の区分に表示することとされています。しかし，税務上の処理については会計処理にかかわらず，営業譲渡の実施事業年度から60か月均等で取り崩し，損金算入することとされています。

　さらに税法上の償却計算について，2017年4月1日以後の取得分については，営業権についても，他の減価償却資産と同様に，「月割計算」となりましたので注意が必要です。

　また，のれん（営業権）の取引にかかる消費税等の処理については，基本的に消費税法上の課税資産の譲渡として取り扱われます。つまり，譲渡した会社においては課税資産の譲渡として，譲り受けた会社では課税仕入れに該当し仕入税額控除の対象となります。

　事業譲渡の価額において，＋α，－βとされる金額については，すべてのれん（営業権）に含めて税務処理をすることになりますので，個別に処理をする必要はありません。

第4章

株式の譲渡・贈与・相続による再編・承継の手続

株式は株式会社制度の根幹をなす重要なもので，株主の権利を表すものです。株式の移動によってさまざまな組織再編行為ができますが，本章では株式の譲渡・贈与・相続について，具体的な手法とそれにかかる留意点，さらには株式交換・株式移転のやり方について解説していきます。

01 株式譲渡とは

株式譲渡は手続が簡単であるため，経営権を譲り渡す方法として，よく利用されます。なお，株式の譲渡を利用した組織再編については，議決権の割合について注意する必要があります。

M&Aの手法の中でも，最も使用される頻度が高い手法が株式譲渡です。

株式譲渡は，株式を相手方に譲渡することで経営権を譲渡する方法です。株式は，その株式数によって段階的に経営権の譲渡を進めたり，グループ会社としての支配力の強弱をつけたりすることができるため，使い勝手がよいM&Aの手法でもあります。

また，会社法においては，株式会社は各株主をその保有する株式の内容と数に応じて，平等に取り扱われなければならないとする「株主平等の原則」が定められています。この原則は，株式譲渡においても念頭に置かなければならない重要な原則です。

例えば，合併を前提とした再編手続を考えている会社同士が，いきなり合併するとなると相手の会社の情報の把握が不完全なことから，うまくいかないケースが考えられます。

そのような場合にも，株式譲渡を使って段階的に経営権を獲得することによって，相手の会社の情報を把握することができ，最終的な合併をスムーズに行うことができます。

また，株式譲渡では，会社名や会社が持っている債権債務，契約関係等はすべて引き継がれるため，対外的には株主が変わった以外に大きな変化はなく，社内的にも社外的にも現状の取引関係が継続することが可能となります。

さらに，株式譲渡は，事業譲渡のように資産の移動について個々の手続が不要であることから，簡便な手法であるといえます。

1　株式譲渡手続の簡便性

　上記のとおり手続の簡便性から，実務上，組織再編において，株式譲渡の手法が使われるケースは極めて多いです。

　例えば，ある会社を完全支配するために，合併の手法を使おうとすれば，原則として，株主総会において株主総会特別決議を経なければならず，しかも，反対株主がいれば株式買取請求に応じる必要があり，場合によっては，独占禁止法の規制にかかり公正取引委員会に届出をしなければならないなど，その手続は非常に煩雑です。

　他方で，株式譲渡の手法によれば，譲渡される側の株主が同意のもと当該会社の株式全部または一部の譲渡契約をすればよいのですから，他のM&Aの手法に比べ非常に簡便であるといえます。

　具体的な手続の流れとしては，売り手と買い手が合意した内容の株式譲渡契約書（SPA：Stock Purchase Agreement）を作成し，売買代金を支払い，株主名簿の名義書換をすれば，それで株式譲渡としての手続はすべて完了です。

　株式譲渡契約書の基本構成は，①目的・定義，②譲渡する株式の内容と株式数，③譲渡価格，④譲渡日，⑤表明保証，⑥誓約事項，⑦クロージング条件，⑧契約の変更または解除について，⑨契約違反があった場合の損害賠償・補償について，⑩譲渡後の株主名簿の名義書換の請求について，⑪付随契約，⑫一般条項などからなります。

　株式譲渡契約書に収入印紙の貼付は不要ですが，付随契約として不動産売買や債権譲渡について定める場合には，課税文書となることもあるので注意が必要です。

2　株主の同意と支配関係の限界

　しかし，株式譲渡の場合には，売買契約はあくまで当事者の合意がなければ成立しないという点も考慮しなければなりません。

　例えば，100％の完全支配関係を目指すような再編行為の場合，一部の株主

が売却に反対すれば，会社の完全支配の目的を達成することができません。

合併であれば，手続は複雑だとしても，株主総会において特別決議をとれれば可能になりますが，株式譲渡の場合はその目的を達成することができないのです。

ただし，実質的な支配は可能となります。すなわち，株式の過半数を取得できれば，取締役の選任・解任，役員および清算人の報酬決定，計算書類の承認，剰余金の配当などの会社にとって重要な決議事項は，株主総会普通決議（原則，総議決権の過半数が出席し，その出席議決権の3分の2以上が賛成すればよい）があれば可能だからです。

なお，株式譲渡は合併などとは異なり，買い手側は多額の金銭を準備する必要があります。その点は，株式譲渡による買収は買い手側にとって負担が大きいといえます。

3　事業承継との関係

事業承継を実施する際にも，株式譲渡の手法を利用する場面は多くあります。

事業承継は，資産としての株式の譲渡と経営権の譲渡の2つの点から実施されるものですが，このうち，資産としての株式譲渡については，一般の株式譲渡と同様に株式譲渡契約書を取り交わすことでよいのでその手続は非常に簡易なものです。

ただし，事業承継の場面で，株式譲渡をする場合にはいくつかクリアすべき問題点も存在します。

①　譲渡価額とその支払い

中小企業で同族会社である場合には，株式の譲渡価額は税務上の制限を受けます。

つまり，譲り渡す側が時価で譲渡しなければなりません が，同族会社の場合，所有と経営が一体化しているケースが多く，過去の事業年度において，株主配当や役員賞与の支給などを実施していないことが多く，必要以上に内部

留保の金額が膨らんでいることがあります。

　この場合，その会社の株式の価値が，税法上の純資産評価額法や類似業種比準法で計算した評価額が大きくなってしまうケースが多くなります。

　最近では中小企業の場合でも外部とのM&Aをする機会が増えたとはいえ，そういうケースはまだ一部の会社にとどまっており，中小企業の株式を金銭に変えることは，一般的にはまだ難しい状況のなか，事業承継での株式譲渡の譲渡価額は時価で行わなければならず，買い手の金銭的な負担が多額になることが多いのです。

　すなわち，事業承継での株式譲渡の場合，親族内承継，親族外承継ともにこの譲渡代金の捻出に苦労することが多々あるので，事業承継における株式譲渡は，株価対策なども検討しつつ，進めていかなければならないといえるでしょう。

②　反対株主について

　事業承継を前提とした株式譲渡では，オーナーである先代経営者の株式の譲渡については，前述の価額と譲渡代金の支払いの部分がクリアになれば問題はありません。

　問題となるのは，事業承継に反対の株主がいる場合です。

　後継者はそれら反対株主と承継後も対峙していかなければならないことになります。過半数以上の株式保有をしていれば，経営権が揺らぐことはありませんが，事業承継を進めるうえでは，反対株主からの株式譲渡は事前にクリアしておきたい課題です。

02 譲渡先の見つけ方と事前準備

譲渡先の見つけ方は，M&Aの仲介会社に依頼する方法と自分で探す方法があります。時間をかけず見つけるには仲介会社を通したほうがよいですが，相応の費用がかかります。また，その際に事前準備書類を用意しておくとスムーズです。

1 譲渡先の見つけ方

株式譲渡による会社売却を決意したら，まず売却先を探し出さなければなりません。誰に株式を譲るのか，ということです。

最近では，M&Aのアドバイスを専門とする民間の会社があるため，そうした会社に依頼するのも一法です。

しかし，民間の会社は当然ですが，仲介手数料として相応の負担が生じるので，ある程度の規模の会社でなければ依頼するのは現実的ではないかもしれません。

なお，民間会社を利用しない場合で，譲渡が比較的がうまくいくケースとしては，自社の身の回りの同業の会社や取引している会社またはそれらの会社と関係のある会社を，個別に紹介してもらうという方法が考えられます。

自社との取引がある会社であれば，相手となる会社の経営者を含めその会社がどういう会社であるか，あらかじめ情報を得ているので，話がスムーズに進む可能性は高いのです。

また，各地の商工会議所や銀行では，中小企業のM&Aを支援するための相談窓口を開設しています。このほか，事業承継に関するM&Aなどについては，中小企業庁が全国47都道府県の認定機関に「事業承継・引継ぎセンター」を設

置し，後継者不在などで，事業の存続に悩みを持つ中小企業・小規模事業者の方の相談に対応しています。会社売却を決断した理由・目的，売却希望価格，売却後の自分の処遇，会社の運営方法など，こちらの希望をまず伝え，自社のケースに最も適した売却方法についてアドバイスを受けることができます。

　また，手数料などの金銭的な問題がクリアできるのであれば，民間のM&Aアドバイザー会社や証券会社に相談してもよいでしょう。こちらは商工会議所の窓口と違い，民間企業ですので雰囲気も違いますが，かなり個別具体的な話ができるはずです。

　なお，その際，注意しなければならないことがいくつかあります。

　まず1つ目は，株式譲渡は，たとえ売り手であっても費用がかかるということです。特にM&Aアドバイザーを活用する場合，アドバイザー契約料や成功報酬などが必要となります。

　この費用のことを失念していると思わぬ出費が発生し，その後の予定に支障を来たすことになりかねませんので，事前によく確認することが必要です。

　2つ目は，事前に依頼する事項を整理して，はっきりと相手に伝えることです。売却先探しをゼロから依頼して，最初から最後まで面倒を見てもらうのか，それとも作業の一部だけを手伝ってもらうのか，などです。

　株式譲渡には，いくつかの手順があり，自分でできる部分，外部の専門家に依頼しなければならない部分があります。それらの手順のうち自社でできるところを明確にしておくべきなのです。

　また，売却にあたってのこちら側の希望などもはっきり伝えるべきです。特に会社を譲渡する経営者の責任として，今いる従業員の雇用は引き続き保障したいところです。

　たとえ引き継ぐことが困難だとしても，従業員の今後の身の振り方についても配慮した譲渡が望ましいです。窓口を訪れる前に，自身の意思・希望をしっかりと考え，依頼事項を明確にしてから相談に臨むことが大切です。

2　事前準備

　譲渡先を見つける動きと同時または実際の売買交渉に入る前に，いくつか準備しておかなければならない書類があります。

　特に，M&Aアドバイザーの会社を通す場合には，エントリー時点である程度自社の情報を開示しなければなりません。アドバイザーは，その情報に基づいて契約ができそうな会社をピックアップするので，あらかじめそれらの情報がわかる書類を準備することは大切です。

　譲渡先との実際の交渉に入る前までには，少なくとも**図表4－1**にあるような書類は準備しておいたほうがよいでしょう。

　なお，**図表4－1**で挙げた書類は，株式譲渡の場面に限ったものではありません。これらの書類は，基本的には，決算書類や各種帳簿類，登記されている事項が確認できるもの，会社組織がわかるもの，人事関係書類，内部・外部との契約書類などで，合併，分割，事業譲渡などM&Aを実施する際などにも必要となる書類です。

　なお，ここに挙げていない書類で，ケースによってその提示が求められるものとしては，中長期事業計画書，紛争がある場合のその経緯がわかる書類などがあります。そうした書類については，M&A交渉が進んでいる時点での提示が求められる可能性はあります。

図表4-1　M&Aに際して事前に準備しておきたい書類」

1	決算書・申告書一式（勘定科目内訳明細書を含む）直近3期分
2	部門別損益一覧　直近3期分
3	直近決算期以降（進行年度）の試算表
4	定款（過去のものも含む）
5	商業登記事項証明書
6	会社沿革
7	株主名簿（過去のものを含む，株主の変遷のわかる資料とともに）
8	税務関係届出書一式
9	株主総会議事録（過去5期分）
10	取締役会議事録（過去5期分）
11	総勘定元帳（過去3期分＋進行年度分）
12	月次試算表（過去3期分）
13	得意先元帳（過去3期分＋進行年度分）
14	買掛金元帳（過去3期分＋進行年度分）
15	棚卸資産明細（過去3期分）
16	固定資産台帳（過去3期分）
17	所有不動産にかかる登記事項証明書
18	所有不動産にかかる固定資産税納税通知書
19	所有不動産にかかる売買契約書（取得時の売買契約書）
20	建築確認証および検査済証
21	賃貸不動産にかかる賃貸借契約書および付属書類
22	組織図
23	従業員名簿（役員も含む）
24	雇用契約書（パート・アルバイト契約書含む）
25	就業規則および関連規程（パート・アルバイト分含む）
26	労使協定および労働協約またはそれに準じるもの
27	給与台帳（過去3期分＋進行年度分）
28	リース契約書
29	金銭消費貸借契約書
30	保険契約書（または保険証券）
31	重要な取引先との契約書一式
32	許認可証すべて
33	所有する知的財産の一覧表

03 株式譲渡の手順と留意点

株式譲渡の実務では，会社法上のいくつかの手順を踏まなければなりません。株式譲渡で，会社は表面上変わりませんが，会社の所有者が変わるという点から，注意しなければならない点がいくつかあります。

株式譲渡は，株式売買契約を締結すれば足りますので，さほど難しいものではありません。しかし，締結まで会社法上のいくつかの手順を踏まなければならず，株式譲渡契約締結の際にもいくつかの留意点があります。

1 株式譲渡の手順

① 株式譲渡人（株主）から会社に対して株式譲渡承認の請求

株式譲渡について，ほとんどの会社は会社の承認が必要と定款で定めているはずです。

そのような譲渡制限がある場合は，まずは会社からの承認を得なければなりません。そこで，株式譲渡人は会社に対して株主の譲渡承認の請求を行います。

② 取締役（会）による臨時株主総会の開催決定

会社の定款によっては，譲渡承認を決定する機関が指定されていますが，特に承認機関が指定されていない場合，取締役会を設置している会社は取締役会，取締役会のない会社は株主総会で決議をして譲渡承認の認否を決定することになります。

そのため，取締役または取締役会において，臨時株主総会の開催を決定しなければなりません。

③　各株主への臨時株主総会の招集通知

公開会社および書面や電磁的方法による議決権行使の定めがある非公開会社の場合，2週間前までに招集通知を発する必要があります。

書面や電磁的方法による議決権行使の定めがない非公開会社の場合は，1週間前までに招集通知を発する必要があります。

④　臨時株主総会で株式譲渡を承認

会社は承認請求を受けて臨時株主総会などを開催して，承認についての決議を行います。承認が行われれば，売却予定の相手に株式を譲渡できます。

⑤　株式譲渡人と譲受人の間で株式譲渡契約の締結

会社からの承認が得られれば，いよいよ株式を譲渡する人と譲り受ける人との間で譲渡契約を交わし，株式の譲渡を行います。

⑥　会社に対する株主名簿書換え請求と株主名簿記載事項証明書の発行の請求

株式の譲渡が完了したら，株式の譲渡を行った両名が共同（譲受人のみの場合もあります）で，会社に対して株主名簿の書換えを請求します。

会社は株式名簿を書き換え，それに合わせて譲受人が株主名簿記載事項証明書の発行を請求します。

2　株式譲渡の留意点

①　株券の発行と引渡し

株券とは，株主の地位を割合的単位にした有価証券ですが，株式会社は株券を発行しないことが会社法で原則となっています（会214）。

株券発行会社の場合には，株券の引渡しは，権利移転の要件ですから，株式の譲渡は株券を譲受人に交付することによって行います。

他方，株券不発行会社の場合には，株式の譲渡は当事者間の意思表示のみで

行うことができます。

②　譲渡制限付株式

　定款において，株式の譲渡をするには会社の承認を有する旨の定めがなされ
ている場合があります。

　特に中小企業の場合，「譲渡制限付株式」としているところが多いです。譲
渡人が会社の100％株主や大株主であれば，取締役が当該株主の意向に反して，
譲渡を不承認とすることはありませんが，そうでない少数株主である場合には，
株式の譲渡が不承認とされる場合もありますので，事前に確認が必要です。

　実務上は，どのようなケースでも（非公式でも）事前に打診しておくのが一
般的な進め方です。

③　売買代金の支払い

　株式譲渡契約締結後，株式の譲渡人としては，売買代金の支払いは一括で，
すぐにでも実施してほしいと思うでしょう。

　反対に譲受人としては，瑕疵などのリスクを考え，なるべく，支払期日を後
にずらしたいと考えるでしょう。結局は，当事者間の話合いによるのですが，
実務的には，売買代金の支払いは，一部を売買契約と同時に行い，残りを後日
支払うという形が多いと思われます。

④　表明・保証

　株式譲渡契約において，対象株式自体に瑕疵があることはあまり考えられま
せん。しかし，株式の譲渡代金を算定する際は，株式の対象となっている会社
の価値を考慮しますから，当該会社に知らされていない問題があれば，譲受人
は不測の損害を被ってしまいます。

　事前に専門家によるデューデリジェンスなどが行われていたとしても，
100％問題がないとは言い切れません。そこで，対象企業に関する財務や法務
等に関する一定の事項が真実かつ正確であることを表明し，その内容を保証す

る旨（表明・保証）が譲渡契約書に盛り込まれることが多いです。

⑤　連帯保証

中小企業などの大株主が経営者であるような場合には，会社の借入れについて，代表者であるオーナーが連帯保証人となっているケースが多くあります。

そのオーナーが株式譲渡により，会社を売却してしまうにもかかわらず，当該会社の連帯保証人であり続けるというのは不合理なため，連帯保証を事前に整理しておく必要があります。

ただ，それには債権者（金融機関）の同意が必要なので，債権者に事情を説明し，譲受人のほうで新たな保証人や担保を立てる等の処置をとる必要があります。

⑥　役員借入金

⑤の連帯保証と同様に，オーナー会社で，資金繰りのためにオーナー自身が個人のお金を会社に貸し付けているケースがあります。

いわゆる"役員借入金"です。会社のオーナーが変わったとしても，会社の債務は残る形になり，この債務をどのように処理をするかは事前に協議しておく必要があります。実務的には，債務免除や債権譲渡，株式譲渡代金での調整などさまざまなパターンで処理されます。

⑦　各種契約の解除条項の確認

譲渡対象会社が交わした各種取引契約書などの中に，その解除事由として，「会社の支配権が移転したこと」が掲げられている場合があります。

対象会社がこのような解除事由がある契約をしていたとしても，譲受人が当該契約の解除を回避したいと考える場合には，あからじめ，その契約の相手方に接触して，契約を締結し直し，同意書を提出してもらう等の調整をしておく必要があります。

04 株式の評価方法

株式譲渡の譲渡金額は，DCF法，純資産価額法，類似業種比準法，配当還元法などの評価方法を参考にし，売り手と買い手の合意する金額で決定されます。

株式譲渡の際，その株価をいくらにするのかという問題は，売り手と買い手双方ともに最も関心が高いところです。

その株式が，上場株式で市場において株価がついていれば，その市場においての株価が時価ということになり，市場が株価を決定するので評価は簡単です。

この際の価格形成について重要な要因は，その会社の状況に依拠することになります。当該会社の状況が良い状況またはこれから良くなると予想できる状況や，悪い状況または悪くなるであろうと予想できる状況を，市場参加者が評価し株価を決めているのです。

しかし，これが中小企業に代表されるような未公開株となると，話は別です。未公開株の売買に登場する売り手と買い手は，限られた人となります。

しかも，過去における売買実績などもないなか，株式を譲渡する際には，その単価を当事者間で決めなければなりません。当事者で決めるにしても，何らかのメルクマールは必要となります。

そのため，株価を評価し，譲渡価額の目安を定め，そこから交渉により最終的な譲渡価額を決定するということになるのです。

評価は，評価企業の規模や収益状況，取引先の状況などを考慮し，そこに価格を加減する要因を加味して行いますが，その方法はいくつかあります。なお，株式の評価は，売買に使用するほか，相続時など課税の場面などでも行われます。

もちろん株式譲渡を目的とする場合は，その目的に合った評価方法を採用す

ることになりますが，いくつかの評価方法を組み合わせて決めることもあります。

　また，その評価を実施するのは，実務的には公認会計士・税理士やそのほかM&Aの専門家ということになります。以下は，具体的な評価方法について見ていきます。

1　ディスカウント・キャッシュフロー法（DCF法）

　DCF法とは，企業の将来生み出す予定のフリー・キャッシュフローを割引率で現在価値に計算しなおし，その金額がその企業価値であるという考え方による評価方法です。

　フリー・キャッシュフローの計算方法には諸説ありますが，最も一般的なものは，

フリー・キャッシュフロー＝営業キャッシュフロー＋投資キャッシュフロー

です。

　通常，投資キャッシュフローはマイナスとなりますので，フリー・キャッシュフローは営業活動に伴って生み出したキャッシュから投資に使ったキャッシュを差し引いた，会社が自由に使えるキャッシュを意味するものとされています。

　将来のフリー・キャッシュフローの予測は，当該会社の中期経営計画に基づく損益計算書を加工して金額を計算します。

　一般的に会社の中期経営計画は，経営環境が予測可能な3〜5年の期間で作成されますが，正確な企業価値を算出するためには，その中期経営計画は精緻なものでなければなりません。

　DCF法では，当該企業の中期経営計画の内容次第で，最終的な株価にも大きな影響を与えるため，恣意性を極力排除する必要があります。

　企業が生み出す将来のキャッシュがその企業の価値という考え方は，現代の経営では重要な視点であるため，株式譲渡の場面でもこの評価方法を使うケースが多くなっています。

$$\text{1株当たりの評価額} = \frac{\text{将来のフリー・キャッシュフローの割引現在価値の金額}}{\text{発行株式総数}}$$

2 純資産価額法

　純資産価額法とは，対象となる会社の貸借対照表に注目した評価方法です。一般的に，この方式は，M&Aの際の評価方法というよりも相続や贈与などがあった場合の評価方法として使用されます。

　前述のDCF法は企業のフロー面に着目した評価方法であるのに対して，この純資産価額法は企業のストック面に着目した評価方法です。

　貸借対照表は，決算日時点での企業が持っている資産と負債を一覧に表示したものです。この貸借対照表に計上されている資産・負債は取得した時点の価額で表示されていることが多いです。

　これは法人税法における取得原価主義で貸借対照表を作成している会社が多いためです。実務的には，それら資産や負債を時価に近い金額で評価しなおし，その金額で貸借対照表を作成します。

　その貸借対照表を実態バランスシートとも呼びますが，その実態バランスシートの資産の部合計と負債の部合計の差額，つまり純資産の部の合計がその会社の価値であるという評価方法です。算式で示すと次のようになります。

$$\text{1株当たりの評価額} = \frac{\text{時価純資産評価額}}{\text{発行株式総数}}$$

3 類似業種比準法

　類似業種比準法は，対象となる企業と同じ業種の企業の株価を参考にして，その企業の価値を計算する方法です。

　この計算方法は，財産評価基本通達に規定されており，その計算式が示されているため計算は比較的容易にできます。

　ただし，この評価方法は，主に相続税や贈与税の課税のための計算方法であるため，評価の参考値とすることはあっても，この数値をそのまま使用する

ケースは少ないです。

$$\text{類似業種比準価額方式}\atop\text{による１株当たり株価} = A \times \left[\frac{\frac{\text{Ⓑ}}{B}+\frac{\text{Ⓒ}}{C}+\frac{\text{Ⓓ}}{D}}{3} \right] \times \text{調整率}$$

Ａ：類似業種の株価

Ｂ：課税時期の属する年の類似業種の１株当たりの配当金額

Ｃ：課税時期の属する年の類似業種の１株当たりの年利益金額

Ｄ：課税時期の属する年の類似業種の１株当たりの純資産価額（帳簿価額により計算）

　Ⓑ：評価会社の１株当たりの配当金額（特別配当，記念配当除く）

　Ⓒ：評価会社の１株当たりの利益金額（益金不算入となる受取配当金，繰越欠損金控除については加算）

　Ⓓ：評価会社の１株当たりの純資産価額（帳簿価額により計算）

　※調整率　大会社0.7，中会社0.6，小会社0.5

4　配当還元法

　配当還元法は，その企業の配当の金額により企業を評価する方法をいいます。

　ただし，何らかの事情により配当を差し控えているケースなど企業個別の事情もあるため，この数値をそのまま評価の金額とすることはありません。あくまで，参考値という位置づけです。

$$\text{１株当たりの}\atop\text{評価額} = \frac{\text{配当金}}{\text{資本還元率}}$$

　これらの評価方法の１つまたは複数の金額を参考に，最終的には売り手と買い手の合意する金額で譲渡価額が決定されます。

05 新株発行と100％減資

私的整理（第1章 02 参照）では，株主を完全に入れ替えて新スポンサーの下で再建を図ることがあります。その手段としては，全部取得条項付種類株式を使って，100％減資を行うことで既存株式を消滅させ，新スポンサーに新株を発行するといった方法があります。

　私的整理による会社再建には，新たなスポンサーの下で再建を図るべく，既存株式を100％消滅させるという，いわゆる100％減資を行う一方で，新たなスポンサーに対して新株を発行することによって，株主を完全に入れ替えるスキームがあります。

　この100％減資と新株発行を組み合わせた会社再建のスキームとして利用される株式が，「全部取得条項付種類株式」です。

　全部取得条項付種類株式とは，会社が株主総会の特別決議によってその全部を取得することができる種類株式です（会171①柱書，108①七）。

　「全部取得条項付種類株式」の発行は，総株主からの同意を得なくても，株主総会の特別決議によって会社がその株式を強制的に取得できてしまいます。

　さらに，既存の株式を全部取得条項付種類株式に変更することも，株主総会の特別決議によって行うことができます。つまり，ある会社の株主をすべて入れ替えることは，株主総会の特別決議で通れば可能ということになります。

　このスキームの流れを大まかに説明すると，既存の株式全部を全部取得条項付種類株式に変更したうえで，変更された既存株式を会社が全部取得し，新たなスポンサーに新株を発行すれば，株主を完全に入れ替えることができる，となります。

　なお，私的整理において100％減資を行う場合，債務超過であることが通常であるため，会社は無償で既存株式を取得するスキームを実行することが多い

ようです。

　ただし，反対株主の株式買取請求や取得対価に不服がある株主の裁判所に対する取得価格の決定申立権が認められているため，どれくらいの数の株主が無償取得に反対するのかについても事前に把握しておく必要があります。

図表4-2　全部取得条項付種類株式を利用した会社再建の流れ

1．種類株式の設定

　全部取得条項付種類株式を発行するには，定款において異なる種類の株式を発行する旨の定めのある会社でなくてはなりません。

　そこで，新しく追加で種類株式を発行することができる旨を定款に定めるために，株主総会の特別決議を得ます。

2．発行済株式を全部取得条項付株式へ変更

　すでに発行されている株式を，全部取得条項付種類株式に変更する旨の定款変更のために株主総会の特別決議を行います。

3．全部取得条項付株式の全部取得

　株主総会の特別決議によって，会社が全部取得条項付種類株式を取得します。

4．募集株式の発行

　株主総会決議および取締役会決議によって，新たなスポンサーに募集株式を発行します。

5．普通株式へと変更

　全部取得条項付種類株式を普通株式へと変更するため，定款変更による株主総会の特別決議を得ます。

06 現物出資とDES

DES（Debt Equity Swap：デット・エクイティ・スワップ）とは，
会社の債権者が貸付金を現物出資することで株式に振り替える手法です。
会社にとっては負債を資本に振り替えることになり，債務や利息の軽減と
ともに財務内容を改善できるため，企業再建の手段として利用されます。

1 現物出資

　株式会社における新株発行の対価は，通常は金銭です。ただし，不動産や有価証券，債権といった金銭以外の財産でも出資することが認められており，これが現物出資といわれるものです。

　しかし，現物出資はリスクがあり，財産の価額が過大に評価されてしまうと，少ない財産に対して多くの株式を割り当てることになってしまいます。そのため，現物出資は金銭出資とは異なり，現物出資される財産の価額評価が適正か否かといった判断が重要となります。

　そこで，会社は原則として，現物出資財産の価額を調査させるため，裁判所に対し，検査役の選任の申立てをしなければならないとされています（会207①）。このように，検査役によって現物出資財産の価額を調査することが原則となります。

　ただし，検査役の調査は手続的な負担が重く，新株発行を現物出資で行う際の機動性を阻害する面があります。そこで，会社法は，現物出資の規模が小さい場合や現物出資の価額を適正に評価できるものについては，検査役の調査を不要としました。

　具体的には，次の場合，検査役の調査が不要とされています（会207⑨）。

> ①　株式引受人に割り当てられる株式の総数が発行済株式総数の10分の1を超えない場合
>
> ②　株式の募集事項に定める現物出資財産の価額の総額が500万円を超えない場合
>
> ③　現物出資財産が市場価格のある有価証券であって，株式の募集事項に定める有価証券の価額がその有価証券の市場価格を超えない場合
>
> ④　株式の募集事項に定める現物出資財産の価額が相当であることについて，弁護士，弁護士法人，公認会計士，監査法人，税理士または税理士法人の証明（現物出資財産が不動産である場合にあっては，当該証明および不動産鑑定士の鑑定評価）を受けた場合
>
> ⑤　現物出資財産が株式会社に対する金銭債権（弁済期が到来しているものに限る）であって，株式の募集事項に定める金銭債権の価額がその金銭債権に関する負債の帳簿価額を超えない場合

2　DES

　DES（Debt Equity Swap：デット・エクイティ・スワップ）とは，会社の債務である負債（Debt・デット）を会社の資本となる株式（Equity・エクイティ）に交換（swap・スワップ）することをいいます。

　DESは通常，現物出資を通じて行われます。ある会社に対して金銭債権を保有している債権者がその金銭債権を現物出資することで出資者となり，株式を保有することになります。

　例えば，現状としては債務超過に陥っているものの，その後の経営再建の見込みがある会社に対して，金融機関その他の債権者が保有する貸付金を株式に振り替えることによって，財務内容を改善して，その再建を図る手段として用いられています。

　つまり，営業利益も確保できており，ビジネス自体は生きているものの，債務が過大になりすぎ，その返済や利息によって経営が困難となっている場合に

検討される手段です。

　会社法の下では，弁済期が到来している貸付金であれば，その貸付金の価額が負債の帳簿価額を超えない場合，検査役の調査なしで，現物出資することができます。

　なお，弁済期が到来していない貸付金であっても，弁済期がいまだ来ていないという期限の利益を債務者（会社）に放棄してもらえば，弁済期が到来することになるため，検査役の調査不要の現物出資の対象とすることができます。

　このように貸付金を利用した現物出資によるDESは，検査役の調査といった手続的な負担を省いて，貸付金を株式に振り替えることができるため，企業再建に使いやすい手段として利用されています。

　なお，DESは債務超過に陥った会社の再建手法として利用されることが多いため，その毀損した財務内容を債権額にも反映させるべきであって，特に弁済期が未到来の場合について，その貸付金の価額については額面金額（券面額）よりも低い評価額（時価）であるべきと考える見解もあります。

　すなわち，貸付金の額面金額（券面額）を基準にすれば足りるとする見解（券面額説）のほかに，債務者の毀損した財務内容を反映した債権の評価額（時価）を基準とすべきとする見解（評価額説）です。

　しかし，評価額説を採用すると，その評価を行うためのコストや時間を費やすことになります。

　機動的な現物出資を実現すべく，検査役による調査という手続的な負担をなくしたにもかかわらず，評価額説を採用してしまうと，結局，コストや時間を費やすことになります。

　そこで，会社法の下では，貸付金のような金銭債権の現物出資については，貸付金の額面金額（券面額）を基準にすれば足りるとする券面額説が採用されていると一般的に考えられています[注8]。

（注8）立案担当者による新会社法の解説（別冊商事法務295）57頁参照

07 株式交換を利用する場合の留意点

> 株式交換は，完全親子会社を作るために行われます。吸収合併（第5章 01 参照）のように他社の資産や負債を承継するものではありません。他社の法人格を存続させる点で，支配権を獲得するものの，その企業風土を維持することが期待できます。

1　株式交換とは

　株式交換とは，株式会社がその発行済株式の全部を他の株式会社または合同会社に取得させることをいいます（会2三十一）。

　株式交換は吸収合併のように他社の資産や負債を承継するものではなく，株式関係において完全親子会社を作るために利用されます。

　例えば，株式交換によってA社がB社を完全子会社にする場合，B社のすべての株式をA社が取得することになります。B社の株主に対しては，株式交換の対価としてA社の株式が交付し，B社の株主はA社の株主になります。

　一方，B社の株主に対し，現金が交付されると，現金の交付を受けた当該株主は，B社だけではなくA社との関係においても，株主としての関係がなくなることになります。

　株式交換は，個々の株主から個別に株式を譲り受けなくても，株主総会の特別決議を経ることによって，完全な親子関係を作ることができる点にその特徴があります。

　株式交換は企業再編やM&Aにおけるさまざまな実務上のニーズに応えることができる手法なので，上場企業におけるグループ企業再編の手法やM&Aの手法として活発に利用されています。

　例えば，株式交換における対価を完全親会社の株式とすることで，親会社側

は買収資金が不要となります。

　また，子会社側の株主からしても，対価が上場企業の株式であれば，容易に換金が可能です。

　一方，株式交換における対価を現金にすると，子会社の少数株主を排除して完全親子関係を作ることができます。

　さらに，株式交換は吸収合併とは異なり，株式交換後も完全子会社となる子会社の法人格は存続することになります。

　そのため，別会社としての企業風土を維持することも可能となるため，吸収合併に伴う強制的な組織の一体化から生じる合併前の拒否感や合併後の社内の軋轢も緩和しやすい側面があります。

2　株式交換の手続

　株式交換は，資産や負債を承継するものではなく，株式の移動によって親子関係を生じさせることが中心となるため，会社資産や負債の増減の観点から要求される債権者保護手続（債権者異議申述公告および債権者に対する催告）が必要とされるケースが限られています。

　特に完全子会社では，株主に異動が生じるにすぎず，会社から財産が流出するものでもないため，通常，債権者保護手続は必要ありません。

　なお，完全子会社において，債権者保護手続が必要な場合としては，新株予約権付社債が交付されるケースが挙げられますが，実務上はあまり見受けられません。

　一方，完全親会社においても，その対価が完全親会社の株式であれば債権者保護手続は不要となります。

　ただし，その対価が現金など完全親会社の株式以外の場合，会社からの財産が流出することになるため，債権者保護手続が必要となります。

　なお，債権者保護手続が必要な場合としては，他に新株予約権付社債が完全親会社に承継される場合が挙げられますが，実務上は稀です。

　株式交換におけるその他の手続の流れを大まかにまとめると次のようになり

ます。

① 株式交換契約の締結

② 取締役会決議による承認

③ 事前開示（事前備置き）

④ 株式買取請求の通知または公告

⑤ 株主総会特別決議による承認

⑥ 株式交換効力発生日

⑦ 株式交換による変更登記（完全子会社では原則として登記は不要）

図表4－3　株式交換のイメージ図

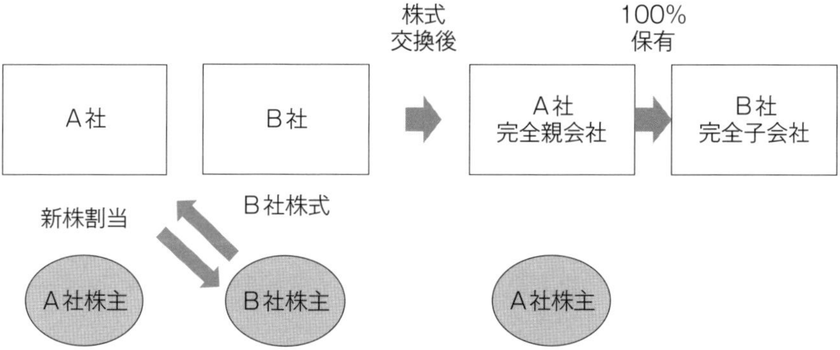

08 株式移転を利用する場合の留意点

> 株式移転は，通常，複数の会社が集まって持株会社を新設し，その新設会社に完全子会社としてぶら下がる形態を作る際に利用されます。新設された持株会社を通じて複数の会社の支配がなされる一方，法人格が存続するため，それぞれの企業風土の維持を図ることができます。

1 株式移転とは

　株式移転とは，1または2以上の株式会社がその発行済株式の全部を新たに設立する株式会社に取得させることをいいます（会2三十二）。

　株式交換と同様に完全な親子関係を会社間で作るために利用されます。

　株式交換と異なる点は，株式交換は既存の会社間で行われるのに対し，株式移転は新しく会社を新設する形式で行われます。

　例えば，A社とB社の完全親会社となる持株会社（ホールディングスカンパニー）C社を新設し，A社とB社がそのC社の完全子会社となる場合，株式移転の手法を用いることができます。

　なお，株式移転は，A社やB社における株主総会の特別決議があれば，これらの完全親会社となるC社を新設することができます。

　このように株式移転は，通常は，複数の会社が集まって持株会社を新設し，新設された会社にその複数の会社が完全子会社としてぶら下がるといった形態を作る場合に利用されますが，実例としては，第一勧業銀行，富士銀行，日本興業銀行が経営統合するために，株式移転を行って，みずほホールディングスを設立したのが有名です。

　また，株式移転は吸収合併とは異なり，組織が1つの会社に吸収されるわけではなく，法人格は存続したままとなり，新設された持株会社による株式を通

じて支配されることになります。

　そのため，実務上は，複数の会社の統合を検討しているものの，それぞれの企業風土を残存させたいような場合，法人格を維持すべく株式移転の手法が利用される場合が多いようです。

　なお，株式移転では，対価は完全親会社の株式および社債・新株予約権に限定されます。

　また，株式移転では，完全子会社の株主の少なくとも一部には株式が交付される必要があります。完全親会社は株式会社となるため，株主が不在ということはできないからです。このように，株式移転では，完全子会社の株主は，対価として完全親会社の株式が交付されることで，新設される完全親会社の株主になります。

2　株式移転の手続

　株式移転の場合も株式交換の場合と同様に，資産や負債の承継等はなく，株式関係において移動が生じるにすぎません。

　そのため，通常，債権者保護手続は必要とされていません。

　例外として，株式移転によって設立する新会社に対し，既存の会社の新株予約権付社債を承継させる場合，その社債権者に対して債権者保護手続が必要となる場合があります。

　株式移転におけるその他の手続の流れは，大まかにまとめると次ページの①から⑦のようになります。なお，①から⑤までは完全子会社にのみ存在する手続で，完全親会社には①〜⑤の手続はありません。これは，①〜⑤の段階では完全親会社はいまだ設立がなされていないからです。

① 株式移転計画の作成

② 取締役会決議による承認

③ 事前開示（事前備置き）

④ 株式買取請求の通知または公告

⑤ 株主総会特別決議による承認

⑥ 完全親会社の設立の登記，完全子会社の変更の登記

⑦ 完全親会社・完全子会社における事後開示（事後備置き）

図表4－4 株式移転のイメージ図

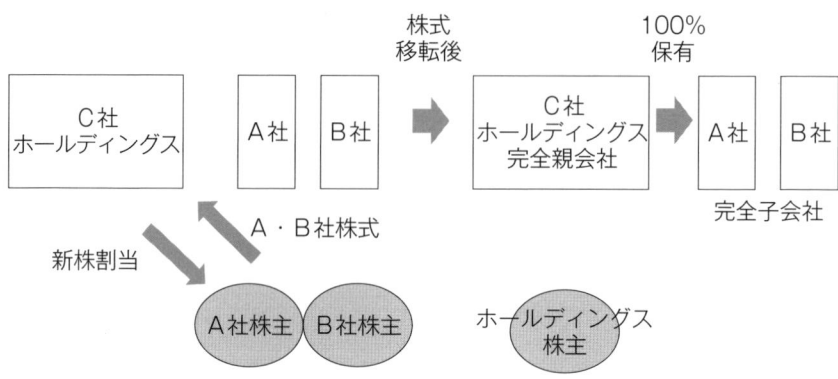

09 株式譲渡に関連する登記

株式譲渡が行われても会社の登記事項に変更は生じず，登記手続は不要です。ただし，株式譲渡に伴い，譲渡対象会社の役員や商号等を変更した場合は，登記手続が必要となります。また，譲渡対象会社の商号や本店を合わせて変更した場合には，譲渡対象会社が保有する不動産の権利についても登記手続が必要です。

1　会社の登記

株式譲渡が行われると会社の株主に異動が生じますが，株主は登記事項ではないため，登記手続は必要ありません。

ただし，株式譲渡と合わせて，譲渡対象会社の役員を選任し直したり，商号や本店，事業目的等の登記事項に関わる内容を変更した場合，その登記手続が必要となります。

2　不動産登記

株式譲渡が行われても，譲渡対象会社の法人格は維持されており，その保有する不動産の権利も譲渡対象会社に帰属し続けることになります。このように，株式譲渡によって不動産の権利に変動は生じないため，登記手続は必要ありません。

ただし，株式譲渡に伴い，譲渡対象会社の商号や本店を変更した場合には，その保有する不動産の権利についても変更の登記手続が必要となります。

10 株式譲渡にかかる税務処理

株式譲渡で売却益が出た場合，個人であれば所得税等，法人であれば法人税等が課税されます。また，同族関係者との取引や欠損金を保有している会社の取引については，税法上の特別な規定があるため注意が必要です。

M&Aの実施に伴い株式の売買が行われた場合，その売却益に対しては税金が課されます。売却益が法人に生じれば法人税が課税され，個人であれば所得税が課税されることになります。

1　個人株主の場合

株式売却の主体が個人である場合は，売却益に対して所得税と復興特別所得税，住民税が課されることになります。

所得税では上場株式等を除いた一般の株式譲渡についての譲渡益課税は，他の所得と区分して税金を計算する「申告分離課税制度」となっています。給与所得や事業所得などの総合所得とは全く分離して税額が計算されます。

上場株式等の場合は，特定口座による源泉分離を選択することもできますが，一般株式等の場合は，売却した人が自分で申告をしなければなりません。

その所得の算出方法を算式で示すと次のとおりです。

株式譲渡等にかかる譲渡所得等の金額
　＝　総収入金額（譲渡価額）－　必要経費（取得費＋委託手数料等）

株式譲渡にかかる税額は，上記算式で計算した所得金額に税率を掛けて求められます。税率は次の**図表4－5**のとおりです。

図表4−5　株式譲渡にかかる税率

区　分	税　率
上場株式等にかかる譲渡所得等（譲渡益）	20％（所得税15％，住民税5％）
一般株式等にかかる譲渡所得等（譲渡益）	20％（所得税15％，住民税5％）

（※）2013年から2037年までは，復興特別所得税として各年分の基準所得税額の2.1％を所得税と併せて申告・納付することになります。

　M&Aでの売却に関しては，所得税は15％，住民税は5％で課税されます。

2　法人株主の場合

　株式売却の主体が法人である場合は，その売却益が法人の所得を構成していればそれに対して法人税，地方法人税，法人住民税，法人事業税等が課されることになります。

　法人株主の場合，個人とは異なり株式の売却益だけ分離して計算するということはありません。

　その法人が獲得した他の事業からの所得と合算して，法人税等の課税を受けることになります。

　もし，その法人の他の事業に赤字が生じていた場合は，株式売却に伴う売却益はその他の事業の赤字部分と相殺されることになります。つまり法人株主の場合は，株式の売却益も他の事業の利益・損失と同じに取り扱うことになるのです。

　なお，消費税等については，非課税取引として処理されます。

3　売却における課税上の問題点

①　時価での取引

　株式売却については，売却する主体の違いのほかに問題となる点があります。それは譲渡価額です。

　M&Aにおける株式の譲渡価額については，相対取引であるため取引当事者双方が納得した金額が適正な価格となります。しかし，それが税法上認められるのは，第三者間の取引であることが前提となります。

　税法上では「財産の価格は，時価によるものとし……」とされていますので，株式売却においても時価で行うことが前提となります。

　ただ，所得税法や法人税法において，非上場株式の時価について具体的には規定されていません。そのため，第三者間で課税の回避等を考えていない場合については，その金額が時価となります。

　反対に同族株主の間や関係会社間でなされた取引の場合，税務上の評価額（例えば純資産評価額など）を意識しながら金額を決めないと，個人にあっては贈与，法人にあっては寄附金の認定を受ける可能性があります。

　特に事業承継の問題を解決するために，この株式譲渡の手法を利用する場合，同族関係者間の取引となるケースが多くなると考えられます。

　これら課税上の問題を生じさせないためにも，同族株主や関連会社間での取引については，その金額の決定にも注意しなければなりません。

②　欠損企業を買収した場合

　欠損金および資産の含み損を有する会社（欠損法人）を買収して持株比率が50％超となった場合，5年以内に以下の事由に該当すると，欠損金の繰越控除や資産の譲渡損失の損金算入が制限されるために注意が必要です。

i　欠損等法人が買収時直前において事業を営んでおらず，買収後に事業を開始すること。

ii　買収前の事業をすべて廃止または廃止する見込みである場合に，買収前事業の規模のおおむね5倍を超える資金借入を行うこと。

iii　買い手企業が欠損等法人の一定の債権を取得している場合に，買収前事業の規模のおおむね5倍を超える資金借入を行うこと。

iv　iからiiiの場合に，欠損等法人が自己を被合併法人または分割法人とする適格合併等を行うこと。

v　欠損等法人が買収されたことに起因して，買収前に常務以上のすべての役員が退任し，かつ，買収前の使用人のおおむね20％以上が欠損等法人の使用人でなくなった場合において，欠損等法人の非従事事業（旧使用人が従事しなくなった事業）の規模がおおむね5倍を超えることとなること。

　つまり，欠損企業を買収して事業を行う場合で，上記の事由に該当する場合については，その欠損企業の持っている繰越欠損金の使用や保有している資産の売却損は損金に算入されない取扱いになるのです。

　そもそも，この規定は休眠会社の繰越欠損金を利用する租税回避スキームを防止するための措置として設けられました。

　例えば，利益計上が見込まれる事業があり，買収してきた多額の繰越欠損金を持っている会社にその事業を行わせ，事業から出てくる利益を繰越欠損金で相殺をし，不当に課税を逃れるようなケースがこれに当てはまります。

　最初から繰越欠損金の利用を目的とした租税回避の意図がない場合でも，この規定に当てはまってしまい欠損金が使えないという状況も起こりえます。特に繰越欠損金や含み損のある資産を含む会社の株式を買い取る際は，必ずこの規定の適用を受けるかどうかのチェックをする必要があります。

③ スタートアップ企業へ再投資する場合

　日本ではユニコーン企業（企業価値10億ドル超の非上場企業）の創出スピードが米国のみならず中国やインドにも及ばず，世界との差が開いている状況であることから，昨今の税制改正でスタートアップ企業への支援策を実施しています。

　そのうちの1つで令和5年度税制改正によりスタートアップ企業への再投資の際の譲渡益課税について優遇措置が設けられています。具体的には一般株式等に係る譲渡所得等の金額または上場株式等に係る譲渡所得等の金額から一定のスタートアップ企業の株式（特定株式）の取得に要した金額を控除して税金計算をすることができます。要件が限定的ではあるものの，適用を受けることができる場合には大きな節税メリットが受けられるため，注目すべき制度の1つです。

11 株式の贈与にかかる税務手続（暦年贈与，相続時精算課税）

事業承継のため株式を移動する方法として贈与がありますが，課税上はいくつかの制度があります。毎年110万円の非課税枠がある暦年課税制度と相続時に精算する2,500万円まで特別控除がある相続時精算課税制度が代表的な制度です。なお，令和6年分の贈与より大きな税制改正がありました。

株式の移動を行うことによって，会社の株主構成は変えることができます。代表的な方法が株式譲渡ですが，個人間であればその他に贈与，相続による移動が可能です。株式の相続は，主に事業承継のための手法として利用されることが多いです。

譲渡と贈与は，他人同士でもできる株式の移動方法です。相続の場合は，基本的には血縁関係があり相続権を有する人に相続されることになり，他人に相続させる場合は遺贈という手続をとらなければなりません。ただし，株式の贈与の手続は簡単です。贈与をする人（贈与者）から贈与を受ける人（受贈者）に対して，贈与をすると同時に贈与を受ける意思表示があれば成立します。

なお，贈与が行われた証として実務的には贈与証書などの書面を作成，保管しておくことが求められ，株式の贈与についても同様の手続がとられます。

次に，贈与税の計算を行うときの株価は，同族関係者間の取引では，原則的評価方式を採用します。具体的には，評価する株式を発行した会社を総資産価額，従業員数，および取引金額により大会社，中会社または小会社のいずれかに区分して，原則として次のような方法で評価をすることになっています。

187

> **大会社**：大会社は，原則として，類似業種比準方式により評価します。類似業種比準方式は，類似業種の株価をもとに，評価する会社の1株当たりの「配当金額」，「利益金額」および「純資産価額（簿価）」の3つで比準して評価する方法です。
>
> **小会社**：小会社は，原則として，純資産価額方式によって評価します。純資産価額方式は，会社の総資産や負債を原則として相続税の評価に洗い替えて，その評価した総資産の価額から負債や評価差額に対する法人税額等相当額を差し引いた残りの金額により評価する方法です。
>
> **中会社**：中会社は，大会社と小会社の評価方法を併用して評価します。

1 暦年課税制度

　贈与で最も問題になるのは課税についてです。個人間の贈与については，贈与税が課されることになります。

　贈与税は，原則，特例を合わせていくつかの制度がありますが，一般的なものとしては年間110万円までの非課税枠がある暦年課税制度がよく知られています。

　この制度は年間に贈与を受ける金額が110万円までであれば，贈与税が課税されないというものです。

　贈与税の計算は，

（1年間に贈与によりもらった財産の価額－110万円）×税率－控除額

で計算します。税率は**図表4−6**のとおりです。

　一般用と特例用がありますが，直系尊属から18歳以上の子や孫への贈与は，特例贈与として税率が一般のそれに比べ緩和されています。

図表4－6　贈与税の税率

【一般贈与財産用】（一般税率）

基礎控除後の課税価格	200万円以下	300万円以下	400万円以下	600万円以下	1,000万円以下	1,500万円以下	3,000万円以下	3,000万円超
税　率	10%	15%	20%	30%	40%	45%	50%	55%
控除額	－	10万円	25万円	65万円	125万円	175万円	250万円	400万円

【特例贈与財産用】（特例税率）

基礎控除後の課税価格	200万円以下	400万円以下	600万円以下	1,000万円以下	1,500万円以下	3,000万円以下	4,500万円以下	4,500万円超
税　率	10%	15%	20%	30%	40%	45%	50%	55%
控除額	－	10万円	30万円	90万円	190万円	265万円	415万円	640万円

（注）この速算表は，直系尊属（祖父母や父母など）から，その年の1月1日において18歳以上の者（子・孫など）への贈与税の計算に使用します。

2　相続時精算課税制度

　暦年課税制度では年間の非課税枠が110万円となっており，株式の贈与については限られた株式数しか贈与することができません。

　そこで，事業承継を考える際には，まとまった財産を贈与することができる相続時精算課税制度の利用を検討することになるでしょう。

　相続時精算課税制度とは，原則として60歳以上の父母または祖父母から，18歳以上の子または孫に対し，財産を贈与した場合に選択できる贈与税の制度です。

　この制度を選択する場合には，贈与を受けた年の翌年2月1日から3月15日の間に一定の書類を添付した贈与税の申告書を提出（令和6年からは贈与財産の価額が110万円を超える場合）する必要があります。

　なお，この制度を選択すると，その選択に係る贈与者から贈与を受ける財産については，その選択をした年分以降すべてこの制度が適用され，暦年課税へ

変更することはできません。

　相続時精算課税を選択しようとする受贈者（子または孫）は，その選択に係る最初の贈与を受けた年の翌年2月1日から3月15日までの間（贈与税の申告書の提出期間）に納税地の所轄税務署長に対して「相続時精算課税選択届出書」を受贈者の戸籍の謄本などの一定の書類とともに贈与税の申告書に添付して提出することとされています。

　また，この制度の贈与者である父母または祖父母が亡くなったときは，相続税の申告については，相続財産の価額にこの制度を適用した贈与財産の価額（贈与時の時価）を加算して相続税額を計算します。

　つまり，贈与した財産については，相続税の対象として計算し税額を精算する制度なのです。

　その贈与税の額は，

〔贈与財産の価額の合計額－特別控除額 {2,500万円（累積金額）。ただし，前年以前において，すでにこの特別控除額を控除している場合は，残額が限度額}－年間110万円（令和6年分の贈与から控除可能）〕×20%

で計算します。

　特別控除額と年間110万円の合計額を超える金額を贈与すると贈与税が発生しますが，納付した贈与税額は相続時に精算されることになります。

　暦年贈与に比べて多くの株式を贈与することはできますが，最終的には相続税の課税対象となるため，単純に相続税の節税策となるわけではないことが注意点です。ただし，税制改正により令和6年分の贈与からは年間110万円までの非課税枠が相続時精算課税にも設けられたことから，年間110万円までの贈与については暦年課税と同様に節税効果があるため，今後は相続時精算課税を活用する方が増加すると見込まれます。

　なお，株式の評価額は贈与時の金額が，そのまま相続税の計算にも使用されますので，その点も注意が必要です。

12 株式の贈与にかかる税務手続（特例事業承継税制）

同族株式の課税上の問題を解決する制度として，特例事業承継税制があります。この制度の利用にはさまざまな要件，手続が必要とされますが，贈与時の税負担が猶予されるという利点があります。

事業承継するために同族株式をまとめて贈与することは，その税額が大きくなることから暦年課税の贈与税の非課税枠では，ほぼ不可能です。

一方，相続時精算課税においては，贈与時の課税はある程度緩和されるものの，最終的に相続時に課税されてしまうため，事業承継を目的とした場合は税負担を小さくすることはできません。

そこで，第1章 **07**（62ページ）でも触れた事業承継税制の特例措置が注目されているのです。この制度の適用を受けると，贈与時にはその贈与税が猶予されることになります。ただし，この制度の適用を受けるためには，以下の要件を満たさなければなりません。

1　会社の主な要件

次のいずれの会社にも該当しないこと

① 上場会社

② 経営承継円滑化法上の中小企業者に該当しないこと^(注9)

③ 風俗営業会社

④ 資産管理会社（一定の要件を満たすものは除く）^(注10)

2　後継者である受贈者の主な要件

① 会社の代表権を有していること
② 18歳以上であること
③ 役員の就任から3年以上経過していること
④ 後継者および後継者と特別の関係がある者で総議決権数の50％超の議決権数を有すること
⑤ 後継者および後継者と特別の関係がある者が，後継者1人の場合は最も多くの議決権を有し，後継者が2，3名の場合は総議決権の10％以上かつ他の後継者を除き最も多くの議決権を有すること

3　先代経営者に関する要件

① 以前，会社の代表者であったこと
② 先代経営者および先代経営者と特別の関係がある者で全体の50％超の株式を保有していたこと，かつ，その中で後継者を除いて一番多く株式を保有していたこと
③ 贈与時において会社の代表権を有していないこと

　事業承継税制の特例についての手続の流れは，**図表4－9**（194ページ）のとおりです。

　手続については，都道府県庁と税務署の2つの提出先が存在します。「承継計画」を都道府県庁に提出し，その認定を受けた計画に基づいて，贈与を行い，申告期限までに贈与税の申告を税務署に行うという流れになります。

　この際，猶予された贈与税と利子税に見合う担保の提供が必要になります。また，申告後5年間は都道府県庁には「年次報告書」を，税務署には「継続届出書」を提出し，5年経過後に実績報告を行い，その後は税務署にのみ3年に

図表4－7　中小企業者の範囲

業　種	資本金	従業員
製造業その他	3億円以下	300人以下
卸売業	1億円以下	100人以下
小売業	5,000万円以下	50人以下
サービス業		100人以下

図表4－8　政令により拡大された業種

業　種	資本金	従業員
ゴム製品製造業 （自動車または航空機用タイヤおよびチューブ製造業ならびに工業用ベルト製造業を除く）	3億円以下	900人以下
ソフトウェア業または情報処理サービス業	3億円以下	300人以下
旅館業	5,000万円以下	200人以下

1回の「継続届出書」の提出が義務づけられています。

　また，この特例制度は，2026年3月31日までに承継計画を都道府県庁に提出しなければならないという時限措置がとられていますので，利用を考えている会社については，早めの対応が必要となります。

図表4－9　贈与税の納税猶予についての手続

| 提出先 | ●提出先は「主たる事務所の所在地を管轄する都道府県庁」です。
●2018年1月1日以降の贈与について適用することができます。 |

都道府県庁

承認計画 の策定 確認申請	●会社が作成し，認定支援機関（商工会，商工会議所，金融機関，税理士等）が所見を記載。 ※「承継計画」は当該会社の後継者や承継時までの経営見通し等が記載されたものをいいます。 ※認定支援機関であれば，顧問税理士でも所見を記載できます。
贈与の実行	●2026年3月31日まで提出可能。 ※2026年3月31日までに相続・贈与を行う場合，相続・贈与後に承継計画を提出することも可能。
認定申請	●贈与の翌年1月15日までに申請。 ●承継計画を添付。

税務署

| 税務署へ
申告 | ●認定書の写しとともに，贈与税の申告書等を提出。
●相続時精算課税制度の適用を受ける場合には，その旨を明記。 |

税務署　都道府県庁

申告期限後 5年間	●都道府県庁へ「年次報告書」を提出（年1回）。 ●税務署へ「継続届出書」を提出（年1回）。
5年経過後 実績報告	●雇用が5年平均8割を下回った場合には，満たせなかった理由を記載し，認定支援機関が確認。その理由が，経営状況の悪化である場合等には認定支援機関から指導・助言を受ける。
6年目 以降	●税務署へ「継続届出書」を提出（3年に1回）。

（出所）中小企業庁ホームページ資料（https://www.chusho.meti.go.jp/zaimu/shoukei/shoukei_enkatsu_zouyo_souzoku/manual_1.pdf）

（注9）「経営承継円滑化法上の中小企業者」とは
中小企業基本法の中小企業であることをいい，**図表4－8**の資本金または従業員数のどちらかの要件を満たせば該当します。

（注10）「資産管理会社」とは
有価証券，自ら使用していない不動産，現金・預金等の特定資産の保有割合が総額の70％以上の資産保有型会社やこれらの特定資産からの運用収入が総収入金額の75％以上の資産運用型会社をいいます。

13 株式の相続にかかる税務手続

　同族株式は評価額が大きくなるため相続税の負担も大きくなることが予想されます。事前に何も手続を行わなければ基礎控除しか使えませんが，特例事業承継税制の手続を行えば，相続税の猶予を受けることが可能となります。

　相続が発生した場合には，被相続人のすべての財産・負債が相続税の対象となることから，当然株式についても相続財産となり課税対象となります。

　株式の中でも特に同族会社の株式は換金性に乏しく，現金納付を原則とする相続税については，その負担が重いものとして考えられます。

　相続により事業承継が行われる場合，株式もその他の財産と同様に取り扱われます。株式を評価し，遺産分割協議（または遺言）により相続し，相続税の計算を行うことになります。株式の相続に関しては，問題点が2つあります。

　1つは財産としての金額が大きくなるにもかかわらず，相続税は現金で納税しなければならないという点です。

　換金性がないため，事業承継を考えるときには，被相続人である先代経営者は個人財産として少なくとも相続税相当額の現金の準備を考えておかなければならないでしょう。

　もう1つの問題点は，遺産分割です。相続人が複数いる場合に，必ずしも相続人全員が後継者となるわけではありません。

　会社経営に関わらない相続人が，当該会社の株式を相続しても意味がありませんが，税負担や相続財産の分割のバランスから，後継者でない相続人が株式を相続するケースも多いのです。

1 一般の相続での株式の取扱い

相続税の計算は，基礎控除（3,000万円＋600万円×法定相続人の数）を差し引いた課税遺産総額に対して税率を掛けていくので，ある程度大きな金額の同族株式が遺産に含まれていると，税負担は大きくなることが予想されます。

他の税金に比べ相続税の基礎控除額は比較的大きい金額が設定されていますが，事前に事業承継に対する対策を講じていなければ，相続税の負担が大きくなるケースもあります。

2 相続時精算課税制度で生前に贈与していた場合の取扱い

相続時精算課税制度を利用して，生前に株式を贈与していた場合の取扱いは，基本的には相続税の計算に生前贈与していた株式の評価額を加算して税額を計算します（その際の評価額は，生前贈与したときの評価額をそのまま採用することになります）。

具体的には，それまでに贈与を受けた相続時精算課税の適用を受ける贈与財産の価額と相続や遺贈により取得した財産の価額とを合計した金額をもとに計算した相続税額から，すでに納めた相続時精算課税に係る贈与税相当額を控除して算出します。

その際，相続税額から控除しきれない相続時精算課税にかかる贈与税相当額については，相続税の申告をすることにより還付を受けることができます。

3 事業承継税制の特例を受ける場合の取扱い

事業承継税制の適用を受けるための要件は次のとおりです。贈与税の納税猶予とほぼ同じ内容となっています。

(1) 会社の主な要件
次のいずれの会社にも該当しないこと

① 上場会社
② 経営承継円滑化法上の中小企業者に該当しないこと
③ 風俗営業会社
④ 資産管理会社（一定の要件を満たすものは除く）

(2)　後継者である受贈者の主な要件

① 相続開始の日の翌日から5か月を経過する日において会社の代表権を有していること
② 相続開始の日において後継者および後継者と特別の関係がある者で総議決権数の50%超の議決権数を有すること
③ 後継者および後継者と特別の関係がある者が，後継者1人の場合は最も多くの議決権を有し，後継者が2，3名の場合は総議決権の10%以上かつ，他の後継者を除き最も多くの議決権を有すること
④ 相続開始直前において，会社の役員であること（被相続人が70歳未満で死亡した場合および後継者が相続開始前に都道府県知事の確認を受けた特例承継計画に記載されている者である場合を除く）

(3)　先代経営者に関する要件

① 相続開始前に会社の代表者であったこと
② 先代経営者および先代経営者と特別の関係がある者で全体の50%超の株式を保有していたこと，かつ，その中で後継者を除いて一番多く株式を保有していたこと

事業承継税制における相続税の猶予を受ける場合の手続の流れは，**図表4－10**（200ページ）のとおりですが，実務的には，以下の**4** 相続が発生してから手続を進めるパターン，**5** 特例承継計画を2026年3月31日までに提出しておくパターン，**6** 贈与税の納税猶予をすでに受けているパターンの3つが考えられます。

計画的に事業承継を進めるうえでは，事前に準備しておくことが望ましいですが，事前でなくても特例の適用は一定の要件のもとで受けることができます。

4　相続が発生してから手続を進める場合

この特例の手続は「特例承継計画」を都道府県庁に提出することから始まりますが，その提出期限は2026年3月31日までと定められています。

したがって相続税の納税猶予を受ける場合にも，2026年3月31日までに提出しなければなりませんが，相続がこの提出期限までに発生した場合については，相続発生後でも提出可能となっています。

ただし，提出後に認定を受けなければならず，この期限は相続開始後8か月以内となっていますので，スケジュールとしては少々厳しいものになることが予想されます。

5　承継計画を2026年3月31日までに提出しておく場合

一般的には，このパターンで進めることが多いと思われます。

特例承継計画を提出期限の2026年3月31日までに提出しておき，相続が発生したときに都道府県庁の認定を受けるという形で手続を進めることになります。

先述の相続が発生した後から手続を進めるのと同様，その承認は相続開始後8か月以内に受けなければなりません。

承認を受けた後は，4，5双方とも手続的には全く同じになります。

すなわち，相続開始時から10か月内の申告期限である相続税の申告書に認定書の写しを添付することで相続税の納税猶予を受けることができます。

この際，猶予された相続税と利子税に見合う担保の提供が必要になります。

さらにその後5年間は毎年都道府県庁には「年次報告書」を，税務署には「継続届出書」を年1回提出しなければなりません。

そこから5年経過時に実績報告を行い，6年目以降は3年に1回の「継続届出書」の提出をすることになります。

6　贈与税の納税猶予をすでに受けている場合

相続時に，すでに贈与税の納税猶予を受けている場合には，贈与時の株式評価額が相続税の財産として計算されることになります。

つまり，すでに納税猶予を受けた贈与を相続財産として取り扱うことになります。そこで，相続税についても猶予を受ける場合には，相続開始後8か月以内に都道府県知事の確認を受ける必要があります。

その確認を受けた後の手続としては，4，5と同様，申告期限内に相続税の申告書を提出しなければなりません。

図表 4−10　相続税の納税猶予についての手続

| 提出先 | ●提出先は「主たる事務所の所在地を管轄する都道府県庁」です。
●2018年1月1日以降の相続について適用することができます。 |

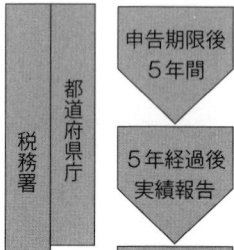

都道府県庁

承認計画の策定　確認申請

●会社が作成し，認定支援機関（商工会，商工会議所，金融機関，税理士等）が所見を記載。
　※「承継計画」は当該会社の後継者や承継時までの経営見通し等が記載されたものをいいます。
　※認定支援機関であれば，顧問税理士でも所見を記載できます。

相続の開始

●2026年3月31日まで提出可能。
　※2026年3月31日までに相続・贈与を行う場合，相続・贈与後に承継計画を提出することも可能。

認定申請

●相続の開始後8か月以内に申請。
●承継計画を添付

税務署

税務署へ申告

●認定書の写しとともに，相続税の申告書等を提出。

都道府県庁　税務署

申告期限後5年間

●都道府県庁へ「年次報告書」を提出（年1回）。
●税務署へ「継続届出書」を提出（年1回）。

5年経過後実績報告

●雇用が5年平均8割を下回った場合には，満たせなかった理由を記載し，認定支援機関が確認。その理由が，経営状況の悪化である場合等には認定支援機関から指導・助言を受ける。

6年目以降

●税務署へ「継続届出書」を提出（3年に1回）。

（出所）中小企業庁ホームページ資料（https://www.chusho.meti.go.jp/zaimu/shoukei/shoukei_enkatsu_zouyo_souzoku/manual_1.pdf)

第5章

会社の合併・分割の手続

いろいろあるM&Aの手法の中でも，合併と
分割はその代表的なものです。手続が難解と
される合併と分割ですが，本章では合併と分
割の基礎から労務・税務上の留意点などを含
めた具体的なやり方を解説していきます。

01 合併の種類

合併を選ぶ場合には，吸収合併を選択するのが一般的です。さらに一定の要件を満たすと簡易合併や略式合併として株主総会決議を省略することができます。

1 吸収合併と新設合併

合併にはいくつかの種類があります。まず，合併には，合併の当事会社のすべての会社が消滅して新たに設立される会社が権利義務を包括承継する新設合併と，合併当事会社の一部のみが消滅し，残った会社が権利義務を包括承継する吸収合併があります。

ただし，実務上は，税務や許認可の点で吸収合併が選択されることが通常で，新設合併が行われることは極めて稀です。

2 簡易合併と略式合併

次に，合併には簡易合併と略式合併があります。簡易合併は，合併存続会社の規模に比べて消滅会社の規模が小さい場合など一定の要件を満たす場合に，合併存続会社の株主総会での承認決議を要しない制度です。

略式合併は，特別支配関係にある会社間の合併の際に，子会社の株主総会の承認を省略できる制度です。簡易合併と略式合併を併用することも可能です。

そのため，特に完全親子会社関係にある完全親会社が完全子会社を吸収合併する場合には，完全親会社について簡易合併が，完全子会社について略式合併が適用され，完全親会社と完全子会社の双方で株主総会決議が不要になる場合もあります。

3　合併の応用形1：キャッシュアウト・マージャーとしての利用

次に，合併の一種として，合併で消滅する株主に合併対価として現金を交付するいわゆるキャッシュアウト・マージャーが行われる場合があります。

キャッシュアウト・マージャーによる合併によって，消滅会社の株主を存続会社の株主から排除したうえで合併することが可能となります。

この方法は，合併後に経営を安定化させるために他の株主を排除したい場合には，有力な選択肢となります。

4　合併の応用形2：三角合併

さらに，合併の一種として，合併で消滅する会社の株主に合併対価として存続会社の親会社の株式を交付する三角合併があります（会800①②）。

三角合併が会社法上認められたことによって，特に，外国企業が国内の会社を買収することが可能となりました。

5　中小会社で用いられる合併

中小会社のM&Aで合併が用いられる場合には，一般的には吸収合併が用いられます。また，合併当事会社の規模や資本関係によっては，簡易合併や略式合併が用いられることもあります。

他方，三角合併が中小会社のM&Aにおいて行われることは，実務上はあまり多くありません。

1　MBOの意義

　MBO（Management Buy Out）とは，企業買収のうち，売却会社の事業の全部または一部をその会社の取締役や使用人であった者が買収するものです。

　MBOはさまざまな場面で用いられており，上場会社がMBOによって上場廃止する場合や，非上場会社のオーナー株主の事業承継に用いられる場合があります。

　いずれの場合でもMBOでは買収に要する多額の資金調達が必要になります。そのため，買収資金を調達するために，LBO（Leveraged Buy Out）等のさまざまなスキームが用いられることがある点もMBOの大きな特徴です。

2　MBOの実務

　中小会社でMBOを行う場合によく遭遇するのが，創業者であるオーナー株主による株式の売却です。

　創業者が有能な経営者に株式を売却して事業を承継する手法として，経営陣による買収であるMBOを採用するもので，いわゆる事業承継にMBOが活用される一事例ということができます。

　その他，企業再生の過程でMBOが使われる場合もあります。

　企業再生を遂行する過程では有望な事業を切り離して再生させることが必要になりますが，MBOによると比較的簡易な手続で事業の切離しができる場合

もあることから，企業再生を行う過程でMBOが採用されることがあるのです。

3　MBOのメリット

MBOのメリットには以下の3つがあります。

1つ目のメリットにとして，買収にあたって迅速な対応が可能なことが挙げられます。買い手である経営陣は，買収対象会社の状況をよく把握していますので，（手厚いデュー・デリジェンス（資産調査）を経ることなく）比較的短期間で買収を完了させることが可能となります。

2つ目のメリットとして，イメージの悪化を避けることができます。MBOでは，有能な経営陣による買収という側面があることから，ブランド価値の維持を図ることができ，取引先を失うリスクが少なくなります。

また，3つ目のメリットとして，MBOによって労働条件が変わることもないため，労働者の抵抗が少ないことも挙げられます。

4　MBOのデメリット

他方，MBOにはデメリットもあります。

1つ目のデメリットとして，買収資金の提供者がMBO後に経営に介入する場合があります。

MBOにおける買収資金は多くの場合いわゆる投資ファンドにより提供されますが，投資ファンドは投資の確実な回収を図るためにMBO後の経営に介入する場合が少なくありません。

特に，多額の資金を投じて買収がなされた場合には，買収後に会社が買収資金を返済できるよう，設備投資等の新規投資に会社が回すことができる資金が抑制されてしまう場合があります。

このように，資金調達の方法および程度によっては，MBO後の経営の自立性がかえって失われてしまう場合もある点には留意が必要です。

2つ目のデメリットとして，買い手は資金調達をして買収することが多いことから，買い手が必要な資金を少なくするために買収価格を低く抑制しようと

することもあります。

　その結果，創業者が引退する際に会社の株式を高く売ろうと思っても，思ったような高い値段では売れなくなってしまう場合もあります。

5　MBOの注意点

　また，MBOの実施にあたっては，法的な面が大きな問題となることもあります。

　MBOは，経営陣による株式の買収という側面があるため，株式の売り手である既存株主，特に会社の意思決定への影響力に乏しい少数株主と，株式の買い手である経営陣の間に利益相反が生じる場合があります。

　そのため，そのような利益相反の場合の行動指針として，経済産業省から「企業価値の向上及び公正な手続き確保のための経営者による企業買収（MBO）」に関する指針」（以下，「MBO指針」といいます）が出されており，それを遵守することが必要です。

　また，上場企業が中心ですが，MBOが実施された事案で訴訟で争われることとなった事件も少なくなく，相当数の裁判例が出されています。

　そのため，MBOを実施するにあたっては，法的な側面について無用な争いを生むことのないよう慎重な検討が必要になります。

6　MBOの中小企業における利用状況

　以上のように，MBOは企業再編の一手段として広く用いられており，特に中小会社では，オーナー株主の事業承継や，事業再生の一環としてしばしば行われるようになってきました。

　ただし，MBOには上記のようなデメリットや，難解な法律問題が発生する場合もあることから，MBOを実施する際には，法務面で慎重な検討を行うことが必要となります。

03 合併契約までの手順

吸収合併契約までの手順としては，実務上，1　秘密保持契約書の締結，2　覚書の締結，3　デュー・デリジェンスが行われることが多くあります。会社法に基づき必要となる合併手続と一部並行して行われることもあります。

吸収合併契約までの手順として，実務上，**1　秘密保持契約書の締結**，**2　覚書の締結**，**3　デュー・デリジェンス**が実施されることが多いです。

なお，この手順は吸収合併契約に限られるものではなく，株式譲渡を含めたM&A一般に見受けられる実務上の手続です（141ページ第3章 **04** 参照）。なお，吸収合併を実行するためには，会社法に定められた一定の手続を実施する必要があり，会社法に基づき必要となる合併手続と並行して行われることもあります。

1　秘密保持契約書の締結

吸収合併を含むM&Aの検討は，通常，当事者の間で秘密裏に行われます。そのため，まずは当事者の間で秘密保持契約書（**図表5－1**）が締結されることになります。秘密保持義務の対象とする情報は，①吸収合併に関する交渉の存在および内容だけではなく，②その交渉において当事者間で開示される一切の情報も含まれるとする場合が多いです。

ただし，M&Aの検討を行ったことにより従前の事業活動に支障が生じないようにするため，相手方から開示される前から保有していた情報等一定の情報については，秘密保持義務の対象とする情報から除外しておくべきでしょう。

秘密保持契約書で定められる重要な禁止条項としては，①秘密情報の目的外利用の禁止，②第三者への事前許可のない開示の禁止，③交渉終了後や相手方の請求に基づく秘密情報の返還や破棄が挙げられます。

秘密保持契約書

　株式会社○○（以下，甲）と○○株式会社（以下，乙）は以下のとおり秘密保持契約（以下，「本契約」）を締結する。

第1条（目的）
　本契約は，両当事者間における合併契約の実現可能性と取引条件を検討する目的（以下，「本目的」）のため，秘密情報の取扱いについて定めるものとする。

第2条（秘密情報の定義）
　本契約において，「秘密情報」とは，情報を開示する当事者（以下，「開示当事者」）が情報を受領する当事者（以下，「受領当事者」）に対して開示する情報であって，営業上，技術上又は業務上の情報を含むものをいう。秘密情報には，開示当事者が秘密である旨を示して開示した情報，及びパスワード付で提供された情報が含まれるがこれらに限られない。ただし，以下の情報は秘密情報には含まれないものとする。
（1）開示の時点で既に公知であった情報
（2）開示の時点で受領当事者が知っていた情報
（3）開示後，受領当事者の責に帰する事由によらずして公知となった情報
（4）開示後，権限を有する第三者より受領当事者が秘密保持義務を負うことなく適法に受領した情報

第3条（秘密保持義務）
（1）受領当事者は，秘密情報を第三者に開示，漏えいしてはならないものとする。
（2）受領当事者は，秘密情報を秘密として管理するものとする。秘密情報の管理においては，秘密情報への不正なアクセスや秘密情報の不正な持ち出しを防止するために必要な安全対策を講じるものとする。
（3）受領当事者は，本目的のために必要な範囲において秘密情報を複写又は複製することができる。ただし，受領当事者は，当該複写又は複製された情報も秘密情報として扱うものとする。
（4）第1項の定めにかかわらず，受領当事者は，本目的のために必要な範囲で弁護士，公認会計士，税理士等の外部専門家に対して秘密情報を開示することができる。ただし，外部専門家による秘密保持義務の違反は受領当事者による違反とみなす。
（5）第1項の定めにかかわらず，受領当事者は，法令の規定に基づいて官公庁，裁判所等の公的機関から秘密情報の開示の求めがあった場合，秘密情報を開示することができる。ただし，受領当事者は直ちに開示当事者にかかる開示がなされたことを通知するものとする。

第4条（社内における共有）

（１）受領当事者は，社内で秘密情報を共有することができる。ただし，受領当事者は，秘密情報を共有する役職員を本目的のために必要な範囲に限定するものとする。

（２）受領当事者は，秘密情報を共有する役職員に対し，本契約に定める受領当事者の義務を説明し，遵守させるものとする。

第５条（目的外使用の禁止）

受領当事者は，本目的のためにのみ秘密情報を使用するものとし，本目的以外の目的で秘密情報を使用してはならない。

第６条（秘密情報の消去等）

（１）受領当事者は，開示当事者から求めがあった場合，又は第８条（１）に従って本契約が終了した場合，秘密情報に関し以下の措置をとるものとする。

　ア　電子的なデータを復元不可能な方法で消去する

　イ　秘密情報を含む書面及び記録媒体を開示当事者の指示に従い，破棄又は返還する

（２）受領当事者は，開示当事者から求めがあった場合，前項に従って秘密情報を消去等したことを証する書面を提出するものとする。

第７条（損害賠償）

受領当事者が本契約に違反し，それによって開示当事者が損害を被った場合，受領当事者は当該損害を賠償する責任を負うものとする。

第８条（違反行為の差止め）

受領当事者が本契約に違反し，又は違反するおそれがあると開示当事者が合理的に判断した場合，開示当事者は当該違反行為の差止め及び損害賠償請求のために訴訟を提起し又は仮処分を申し立てることができる。

第９条（契約期間）

（１）本契約の有効期間は締結より＿＿年間とし，有効期間の満了によって終了するものとする。

（２）本目的の対象となっていた取引を行うための正式契約が締結された場合において，当該正式契約に秘密保持義務についての定めがあるときは，有効期間前であっても本契約は終了し，秘密情報の取扱いは当該正式契約に定める規定に従うものとする。

第10条（協議解決）

本契約に関して生じた紛争については，両当事者が誠実に協議してその解決にあたるものとする。

第11条（合意管轄）

本契約に関して生じた紛争について前条の協議が整わない場合，＿＿地方裁判所を第一審の専属的合意管轄裁判所として裁判によって解決する。

本契約の成立を証するため，本契約書２通を作成し，各当事者が記名押印のうえ，各１通を保有する。

令和＿＿年（20XX年）＿＿月＿＿日

2　覚書の締結

　吸収合併に向けた協議や検討について一定の方向性が合意できた場合，実務上，覚書を締結する例も多いです。覚書の内容は，案件ごとに異なるものですが，例えば，吸収合併を検討することを前提に，独占交渉権を一定期間付与する条項や，存続会社側が行うデュー・デリジェンスについて，消滅会社側の協力義務を定める条項を盛り込むことが挙げられます。

3　デュー・デリジェンス

　吸収合併は，存続会社が消滅会社の権利義務を承継することになり，その対価を消滅会社の株主に交付することになります。そのため，消滅会社の財務や税務，法務に関する状況を詳しく把握しておく必要があります。

　存続会社の役員は善管注意義務の観点からも，消滅会社の資産や負債の内容だけではなく法的リスクも調査することが要求されます。そこで，実務上は，存続会社が消滅会社の財務や税務，法務に関する状況を調査するために，デュー・デリジェンスを実施することがよくあります。

　具体的には，存続会社からデュー・デリジェンスの依頼を受けた公認会計士，税理士および弁護士等が消滅会社を訪問し，財務や税務，法務に関する事項を調査できる資料を提出してもらい，社長や役員等に質問を行う等して，その状況を調査することになります。そのうえで，その調査した結果を報告書として存続会社に提出することになります。

04 合併契約の内容と合併契約書

合併をする会社は，合併契約を締結しなければなりません。吸収合併契約においては，その契約に最低限記載しなければならない事項が法定されています。

1 吸収合併契約の法定記載事項

会社法上，合併をする会社は，合併契約を締結しなければなりません（会748）。そのうえで，吸収合併契約においては，次に掲げる事項を定めなければならないとされています（会749）。

① 存続会社および消滅会社の商号および住所

吸収合併の当事者の記載が要求されています。

② 存続会社が消滅会社の株主に対して対価を交付する際は，対価の内容等および割当てに関する事項

存続会社の株式を対価として交付する場合，その全体としての数または算定方法を記載するとともに，存続会社の資本金および準備金に関する事項を記載する必要があります。

加えて，各株主に対する対価の割当てに関する事項を記載する必要があります。例えば，株式が交付される場合，消滅会社の株式1株について，存続会社の株式がどの程度の割合をもって割り当てられるか（合併比率）を記載することになります。

なお，対価を金銭とすること（交付金合併）もできますし，対価を交付しないこと（無対価合併）も認められています。

③ 吸収合併に際して存続会社が消滅会社の新株予約権者に対して交付する存続会社の新株予約権または金銭の内容等および割当てに関する事項

消滅会社がストックオプションといった新株予約権を発行している場合，その新株予約権者に対して，存続会社の新株予約権や金銭を交付するときは，その内容や割当てに関する事項を記載する必要があります。

なお，新株予約権や金銭を交付しないとすること（無対価）も可能であると考えられています。

④ 吸収合併の効力発生日

吸収合併の効力が発生する日は，登記の日ではなく，吸収合併に記載された効力発生日とされているため，その記載が必要となります。

2 吸収合併契約書

吸収合併契約に関する法定記載事項を定めた契約書例は次のようになります。

図表5－2 吸収合併契約書

吸収合併契約書

株式会社○○（以下，「甲」）及び○○株式会社（以下，「乙」）は，次の内容で吸収合併契約を締結する。

第1条（合併の方法）
　甲及び乙は，甲を吸収合併存続会社，乙を吸収合併消滅会社として合併する。
第2条（商号及び住所）
　甲及び乙の商号及び住所は，次のとおりである。
（1）甲　　：吸収合併存続会社

```
　　　商号：株式会社○○
　　　住所：東京都○区○丁目○番○号
（2）乙　：吸収合併消滅会社
　　　商号：○○株式会社
　　　住所：東京都○区○丁目○番○号
第3条（合併対価の交付及び割当て）
1　甲は，本合併に際して，甲の株式○株を交付する。
2　甲は，本合併の効力発生直前時の乙の株主名簿に記載された乙の株主に対し
　て，その保有する乙株式1株につき，甲株式○株の割合をもって割り当てる。
第4条（資本金及び資本準備金の額）
　本合併により増加すべき甲の資本金及び資本準備金の額に関する事項は，会社
計算規則に従い，甲が定める。
第5条（乙発行の新株予約権）
　甲は，乙発行の新株予約権に対して，対価を交付しない。
第6条（吸収合併の効力発生日）
　本合併の効力発生日は，令和○年○月○日とする。ただし，本合併の手続の進
行に応じ必要があるときは，甲乙が協議の上，これを変更することができる。
```

　その他，任意ではありますが，次のような事項について吸収合併契約書に記載することがあります。

①　存続会社の役員の選任

　消滅会社の役員が，存続会社の役員に選任される場合，吸収合併契約書に記載することがあります。

　なお，その選任については吸収合併契約書に記載するだけでは足りず，別途，会社法上の役員選任の手続が必要となります。

②　消滅会社の役員の退職慰労金

　吸収合併によって退任することになる役員への退職慰労金の支払いの有無や額についても，事前に明確にしておいたほうがよいでしょう。

　役員の退職慰労金は額も大きくなりがちであるため，曖昧にしていると，後にその支払いの有無や額について紛争が生じることあるので，注意が必要です。

③ 善管注意義務

善管注意義務として，吸収合併の当事者が，吸収合併契約締結日から効力発生日に至るまで，善良なる管理者の注意義務をもって業務を遂行するとともに，財産管理を行い，通常業務の範囲外の行為を行う場合には，あらかじめ当事者が協議し，合意のうえ，実行する旨の規定を設けることが，実務上一般的に行われています。

④ 合併条件の変更，合併契約の解除

合併条件の変更や契約解除条項として，吸収合併契約締結日から効力発生日までの間に，天災地変その他の事由によって，当事者の資産状態や経営状況に重大な変動が生じた場合や合併の実行に重大な支障が生じた場合，当事者は協議のうえ，合併条件を変更し，または吸収合併契約を解除できる旨の規定を設けることも，実務上一般的に行われています。

⑤ 効力の失効

効力条項として，株主総会決議等合併に必要な機関による承認や合併に必要とされる関係省庁の承認が得られないときは，吸収合併契約は，その効力を失う旨の規定を設けることも実務上一般的に行われています。

⑥ 協議事項

他の一般的な契約書と同じように，協議事項として，本契約に定める事項の他，合併に関し必要な事項は，本契約の趣旨に従って当事者で協議のうえ，これを決定する旨の規定を設けることも一般的に行われています。

05 合併手続の流れ

吸収合併の手続には，取締役会や株主総会による承認決議だけでなく，債権者保護手続や反対株主の保護手続といったさまざまな手続があります。それぞれの手続には，法的な制約があります。

吸収合併手続は，大まかにまとめると，

（1）吸収合併契約の締結
（2）取締役会決議による承認
（3）事前開示
（4）債権者保護手続
（5）反対株主の保護手続
（6）株主総会特別決議による承認
（7）効力発生日
（8）登記
（9）事後開示

といった流れになります。

　なお，消滅会社が株券発行会社である場合，効力発生日の1か月前までに株券提供公告を行い，かつ当該株式の株主およびその登録株式質権者に対して通知する必要があります。

1　吸収合併契約の締結

　吸収合併契約は両当事者の代表取締役によって締結されることになります。なお，吸収合併契約に記載しなければならない事項は法定されており，法定記

載事項の記載を欠くときは，吸収合併の無効原因となるため，注意が必要です。

2　取締役会決議による承認

　吸収合併は，重要な業務執行であるため，取締役会設置会社であれば，存続会社および消滅会社ともに，取締役会決議による承認が必要となります（会362④）。

3　事前開示

　存続会社および消滅会社ともに，吸収合併契約等を本店に備え置いて，株主や債権者の閲覧等に供さなければならないとされています（会782①，794①）。これは株主や債権者に対して，吸収合併に関する情報を開示するためです。

4　債権者保護手続

　吸収合併によって，存続会社が財務状態の悪い消滅会社を合併した場合，存続会社の債権者からすると，その債権の回収可能性が低下することになりかねません。

　一方，消滅会社が，財務状態の悪い存続会社に合併された場合，消滅会社の債権者からすると，その債権の回収可能性が低下するリスクがあります。

　このように吸収合併の当事者の債権者は，吸収合併に強い利害関係を有することになります。そのため，存続会社および消滅会社の債権者は，吸収合併に対して異議を述べることができるとされています。

　そして，これらの債権者の異議を述べる機会を確保すべく，官報での公告と知れている債権者に対する個別催告が必要とされています（会789，799）。

5　反対株主の保護手続

　吸収合併に反対する存続会社および消滅会社の株主は，会社に対し，自己が保有する株式を「公正な価格」で買い取るよう請求することができます（会785①，797①）。

吸収合併は，会社の基礎に本質的な変更をもたらすものであるため，それに反対する株主について，その保有する株式について公正な価格を受け取って，会社から退出する機会を保障する趣旨です。

そこで，存続会社および消滅会社ともに，株主に対し株式買取請求の通知または公告が必要となります（会785③，797③）。

6　株主総会特別決議による承認

存続会社および消滅会社ともに株主総会特別決議による承認が必要となります（会783，795）。

なお，存続会社では，簡易合併の場合，株主総会決議は不要となります（会796②）。一方，消滅会社では，略式合併の場合，株主総会決議は不要となります（会784①，796①）。

7　効力発生日

吸収合併は，登記を待たずに，効力発生日に，存続会社が消滅会社の権利義務を承継することになります（会750①）。

すなわち，吸収合併は登記された日ではなく，吸収合併契約において定められた日に効力が生ずることになります。

ただし，消滅会社の解散の登記前は，消滅会社が存在する登記が残っています。そのため，例えば，解散の登記がなされる前の登記が悪用され，消滅会社が所有していた不動産が第三者に売却されるリスクもあります。

この場合，その第三者が保護されることになります。なぜなら，消滅会社の解散は，それを登記しなければ，第三者に対抗することはできないからです（会750②）。

8　登　記

会社が吸収合併をしたときは，その効力が生じた日から2週間以内に，その本店所在地において，消滅会社については解散の登記をし，存続会社について

は変更の登記をしなければならないとされています（会921）。

9　事後開示

　存続会社は，効力発生後遅滞なく，吸収合併により存続会社が承継した消滅会社の権利義務その他の吸収合併に関する事項を記載した書面等を本店に備え置き，株主や債権者の閲覧に供さなければならないとされています（会801）。

06 合併に伴う税務の基本

> 原則として合併法人，被合併法人，被合併法人の株主について税制非適格合併の際に，合併に伴う税務処理が必要となります。

会社合併の税務については，合併法人，被合併法人，それぞれの会社の株主という3つの主体が登場するため，それぞれにおいて税務処理が発生することになります。

合併法人は被合併法人の諸資産・諸負債の受入れの処理が中心となり，被合併法人については合併に伴う諸資産・諸負債の移動と合併時における税務処理が大きな課題となります。株主においては，株式移動に伴う譲渡益の認識，みなし配当が課題となります。

また，合併の税務におけるその他の大きな課題としては，税制適格合併かどうかがあります。実務的な見地からは，この適格合併であるか否かという判断が合併税務の手続の中で最初に出てくることから，最も重要な課題ともいえます。

税制適格合併については，次節（223ページ本章 **07**）でその詳細を見ていきますので，ここではその他の項目について税務課題とポイントを見ていきます。

1　合併に際しての資産・負債の移動

吸収合併の手続は，おおよそ次の流れで行われます。

---

① 被合併法人の資産・負債を合併法人に移動する

② 被合併法人は合併法人の株式等を取得する

③ 被合併法人は取得した株式を自社株主に交付して消滅する

合併が実施された際には，権利関係も含めて移動することになりますが，税務的には資産と負債の移動の問題に収斂されます。

前記①の合併の際の資産等の移動は，時価により移動したものとして取り扱われます。

合併法人は合併事業年度において，資産等を時価により受け入れたものとして取り扱われる一方で，被合併法人においては，合併法人とは反対の取引が発生することになります。

つまり，合併の際の資産等の移動は，時価により移動したものとして取り扱われ，被合併法人の税務上の簿価との差額については，譲渡利益または譲渡損失として合併みなし事業年度において益金の額または損金の額に算入されることになるのです。

2　みなし事業年度

合併が実施されるとき，吸収合併の場合は1社が，新設合併の場合は2社が消滅することになります。

この消滅の際に，清算手続は不要です。合併があったとしても，吸収合併の場合には，合併法人は当然ですがそのまま存続しているため，決算申告実務については変わりがありません。

ただ，合併期日において，被合併法人の資産・負債の受入れ処理が出てくるだけです。これに対して，被合併法人は合併の時点で法人格がなくなるため，どこかの時点で決算申告をしなければなりません。

そのために設けられているのが「みなし事業年度」です。決算申告は本来の定款等に定められた決算期に行われ，原則として決算日から2か月以内に申告をしなければなりません。しかし，合併が行われた場合，被合併法人は消滅することになるので，その事業年度開始の日から合併期日の前日までを一事業年度とみなして決算申告を行うことになるのです。

さらに，被合併法人は，合併期日から2月以内に確定申告をしなければなりませんが，申告時点で，被合併法人はすでに存在していませんので，申告書の

提出は合併法人が本店所在地の税務署長に対して提出することになります。

3　株主にかかる税務処理

被合併法人の株主については，税務課題が生じる可能性があります。

合併に際しては最終的に合併法人の株式を交付することになりますが，この交付のときの金額によっては，みなし配当や株式譲渡益といった課税処理が出てくる可能性があるからです。

なお，このみなし配当や株式譲渡益といった株主にかかる税務課題について，税制適格合併の場合は資産等の受入れをすべて帳簿価額で行うため考慮する必要はありません。

①　みなし配当金

みなし配当とは，被合併法人の株主が交付を受けた金銭等の金額の合計額のうち，その被合併法人の資本等金額を超えると認められる部分の金額のことをいいます。

つまり，従前の資本等金額を超える金額の金銭の交付を受けた場合には，その超えた金額は利益として合併交付株式に転嫁されるために，配当として取り扱うのです。

このみなし配当については，通常の配当と同様に所得税の源泉徴収をしなければなりません。みなし配当は税務上の配当所得にあたるため，金銭等の支払者が支払いの際，所得税（復興特別所得税を含みます）および地方税（非上場企業の場合はなし）を源泉徴収（上場企業株式20.315％，非上場企業株式20.42％）し，翌月10日までに納付する必要があります。法人税法においてはその原資の区分に応じ，配当と資本の払戻しとして取り扱われます。

なお，みなし配当に関しては，単なる資本の払戻しとされる部分の金額については課税されることはありません。

また，株主が法人である場合で一定の要件を満たすときには，受取配当等の益金不算入の規定の適用を受けることができます。

② 株式譲渡益についての税金

株式譲渡益は，合併に際し被合併法人の株主が移転資産等の対価として合併法人の株式以外の金銭の交付を受けた場合に認識されます。

この場合，合併交付株式のみを受け取るときには，譲渡対価は合併直前の帳簿価額と同額ということになり，譲渡損益は発生しません。

この譲渡所得に対しては，個人で受けた場合は，株式の譲渡所得としての課税を受けることになります。法人株主の場合，譲渡益は他の所得と合算して法人税の課税所得となります。

ただし，平成22年10月1日以後に行われた合併で，完全支配関係がある法人グループ間での非適格合併により資産の交付等を受けた場合などは，グループ法人税制の適用を受け，譲渡損益は税務上，認識しないこととなっています。

③ 株主等に対する贈与税

最後に，合併に伴う株式等の移動にあたって注意しなければならないのが，合併比率が適正であるかどうかという問題です。

第三者間の契約であれば，経済合理性に基づいた取決めがなされると考えられますが，同族会社間など関連者の間で行われるときには，恣意性が入る可能性があります。

そのときに，一般的に考えられる比率と著しく異なる場合は，株式の移動の際に贈与が発生したものとして取り扱われることになります。それが個人株主であれば，贈与税の対象となり，法人株主であれば法人税の対象となります。

07 税制適格合併の正しいやり方

税制適格合併では，合併法人が受け入れる資産・負債は被合併法人の帳簿価額で引き継ぐことになります。また，被合併法人が有していた欠損金についても，一定の要件のもと引き継ぐことができます。

図表5-3にあるとおり，合併の際にはそれら資産等の受入れは時価で行うことが原則となっています。

そのため，合併時に合併法人が受け入れる資産・負債の価額は時価により受け入れることになり，資産・負債の差額については「のれん」という無形固定資産として処理されます。

また，被合併法人においては，帳簿価額と時価の差額は，合併のときに譲渡損益が実現したと考え，その差額である譲渡損益は法人税法上の損金または益金として課税所得の計算を行うことになります。

図表5-3 税制適格合併と税制非適格合併の違い

	被合併法人	合併法人	被合併法人の株主
税制適格合併	資産・負債の簿価による引継ぎ	資産および負債の簿価による引継ぎ	課税関係なし
		被合併法人の欠損金の引継ぎ（一定の要件あり）	
税制非適格合併	資産・負債の時価による譲渡	資産および負債の時価による受入れ	みなし配当の認識
		資産（差額負債）調整勘定の認識	被合併法人株式の譲渡損益の認識

しかし，一定の要件を満たせば時価による受入れをする必要がありません。これが税制適格合併という制度です。税制適格合併には企業グループ内の合併

（完全支配関係がある場合と支配関係がある場合）の２類型と共同事業を行う
ための合併のあわせて３類型があります。その類型ごとにもさまざまな要件が
ありますが，すべての類型で共通の要件となるのは，合併に際して合併交付金
など合併法人の株式以外の資産の交付がないことです。

　なお，平成29年度税制改正により，合併直前において合併法人が被合併法人
の発行済株式総数の３分の２以上を所有している場合には，その他の株主（少
数株主）に対して金銭等の交付が認められるようになりました。これにより少
数株主の排除を行うハードルが下がったことになります。

1　企業グループ内の合併

①　完全支配関係がある会社の合併

　被合併法人と合併法人の持株割合が100％である完全支配関係がある会社同
士の合併は，スムーズな企業再編を促す意味でも，税制適格合併として帳簿価
額での受入れを認めることとしています。

　100％親子会社関係にある企業の合併については，資本関係がそうである以
上，すでに一体の会社であるとみなして資産等の移動の際の課税は繰り延べら
れるのです。

②　支配関係がある会社の合併

　被合併法人と合併法人の持株割合が50％超100％未満の支配関係がある場合
の会社同士の合併の場合については，次の要件を満たす場合に税制適格合併と
なります。

> ①　被合併法人の従業員のうちおおむね80％以上の者が合併法人の業務に
> 　従事することが見込まれていること
> ②　被合併法人が営んでいた事業を合併法人が合併後に引き続き継続して
> 　営むことが見込まれること

　100％の親子会社関係ではなくても，50％超という緊密な資本関係があれば，合併後の事業が現在行われているものと同じであり，継続して行われている，ということを要件に税制適格が認められています。

③　共同事業を行うための合併

　企業グループ内の合併は，過去から資本関係がある程度結ばれている現状を踏まえ，スムーズな企業再編ができるような配慮のもと，限られた要件を満たせば認められます。

　企業グループ内ではなくても税制適格と認められる合併には，共同事業を行うための合併というものがあります。しかし，企業グループ内の合併より，要件は多くなっています。

　以下の5つ（株主が50人以上の場合は⑤は満たす必要ありません）を満たせば税制適格合併となります。

---

①　被合併法人の主要な業務と合併法人が営む業務とが相互に関連するものであること
②　被合併法人が合併前に営む主要な業務と合併法人の業務のそれぞれの売上金額・従業員数・資本等の金額等の割合がおおむね5倍を超えないこと。または，被合併法人の特定役員と合併法人の特定役員のいずれかが合併後の合併法人の特定役員になることが見込まれていること
③　被合併法人の従業員のうちおおむね80％以上の者が合併法人の業務に従事すること
④　被合併法人が営んでいた主要な事業で合併法人の事業に関連する事業を合併法人が合併後に引き続き継続して営むことが見込まれること
⑤　被合併法人の発行済株式総数の50％超を保有する企業グループ内の株主が合併により交付を受けた合併法人の株式の全部を継続して保有することが見込まれること

共同事業を行うための合併で，税制適格の適用を受けるためには，合併前に被合併法人の主要な事業であり，合併法人でもすでにその事業を営んでいることが要件とされています。さらに，役員や従業員などもその事業を引き続き行っていく見込みがあることが必要とされています。

これら共同事業を行うための要件は，数字的な要件というよりも合併前や合併後に共同事業を行っているかという実態部分に重点が置かれているため，それら実態をきちんと説明できるようにしておく必要があります。

2　合併処理

税制適格の合併処理は，資産等は帳簿価額で受け入れることになります。利益積立金も同様にそのまま合併法人に引き継がれることになります。

また，資本金については，増加分は会社で決定した金額となります。そうすると，増加資本金の金額によっては，被合併法人の貸借対照表上の数字と差異が生じることになりますが，その差異は資本金等の額を用いて処理することになります。

3　繰越青色欠損金額の引継ぎ

税制適格合併の特典として，繰越青色欠損金の引継ぎがあります。被合併法人において，繰越青色欠損金を有していた場合，税制適格合併では原則としてその欠損金の引継ぎが可能となります。

ただし，企業グループ内合併で共同事業要件を満たさない合併であり，かつ，合併法人と被合併法人の適格合併の日の属する事業年度開始の日の5年前の日，それぞれの法人の設立の日のうちの最も遅い日から継続して支配関係（50%超の持株関係）がある場合に該当しない合併である場合には，特定資本関係成立事業年度以前に生じた欠損金額は引き継ぐことができませんので，注意が必要です。

欠損企業を租税回避目的で合併するなど，不当に税負担を軽くするような行為に対処するため，欠損金の引継ぎには一定の制限が設けられています。

08 合併に伴い消滅する会社の税務

合併消滅法人は，税制適格合併の場合は特別な課税処理は生じません。非適格合併の場合は，時価での資産等の移動に伴い譲渡損益の発生があり，株主についてはみなし配当などが発生することがあります。

合併においては，消滅する被合併法人と合併後に存続する合併法人がありますが，ここでは，被合併法人の合併に伴う処理について説明します。

1　税制適格合併の場合

税制適格合併の場合は，税務処理自体は簡単です。

被合併法人の保有している資産・負債については，合併直前の帳簿価額で合併法人に引き継がれることになります。さらに被合併法人の利益積立金も合併法人に引き継がれます。

つまり，この合併自体の取引について課税所得が発生することはありません。また，被合併法人の株主に対してもみなし配当は発生しません。

被合併法人においては，その事業年度開始の日から合併の日の前日までを「みなし事業年度」としてその事業年度の所得金額または損失金額を計算します。

その所得の計算については，通常の事業年度の計算に従って税務申告を行うことになります。

しかし，この税務申告をする時点では被合併法人はすでにその存在がないわけですから，合併法人が代わってこの申告と納税を，事業年度終了の日（つまり合併の日の前日）から2か月以内に行うことになります。

また，消費税法上，合併自体の取引については課税対象外取引として取り扱われます。

なお，合併があった場合の納税義務の判定は，合併法人と被合併法人の双方
の課税売上高を加味して，納税義務を判定することとなります。

2　税制非適格合併の場合

　税制非適格合併の場合，被合併法人の合併直前まで持っていた資産等は，時
価で合併法人に譲渡することになります。

　合併が行われた時点で，被合併法人が持っていた資産等を時価で譲渡したと
され，売却益または売却損が実現されます。

　この場合の税務上の処理は，被合併法人は移転する資産等の対価として合併
法人から株式等を時価によって受け取り，ただちにその株式等を被合併法人の
株主に交付したものとして取り扱われています。

　具体例（合併交付金がないケース）で見ていきましょう。

図表５－４　被合併法人の合併直前の貸借対照表と合併仕訳

被合併法人の合併直前の貸借対照表

資産	100	負債	70
（時価120）		資本金	10
		資本金等の額	10
		利益積立金	10

合併時の仕訳

負債	70	/	資産	120
合併法人株式	70	/	資産売却益	20

　このように，合併時に保有していた資産の含み益20を譲渡益として認識する
ことになり，この合併事業年度の益金の額に計上されます。

　この例では，合併の仕訳と同時に被合併法人の株主に対して，被合併法人が
いったん受け取った合併法人株式を交付することになります。

　このとき，被合併法人の株主に対してはみなし配当が発生します。みなし配
当は，合併により交付を受けた株式が被合併法人の従来の資本金等の額を超え

る部分の金額とされているため，このケースの資本金等の額は，

> 被合併法人の資本金１０＋資本金以外の資本金等の額１０＝資本金等の額２０
> 合併法人株式７０－資本金等の額２０＝みなし配当５０

つまり，50が被合併法人の株主に対するみなし配当ということになります。このみなし配当は，本来，被合併法人が所得税の源泉徴収（上場株式等以外の配当等の場合税率20.42％（住民税なし））して，翌月10日までに所轄税務署に納税をしなければなりません。

　この例では，合併に際して合併交付金がないケースとしましたが，合併交付金がないケースでは，株式の譲渡による譲渡益は発生しません。合併交付金があるケースでは，合併に伴う株式の移動により，譲渡損益が発生します。

　その場合，みなし配当との関係では，まずみなし配当が発生したとみなして譲渡損益を計算することになります。計算式は次のようになります。

> （合併法人株式＋合併交付金）－みなし配当－旧株の帳簿価額
> ＝旧株の譲渡損益

この譲渡損益が発生したら，被合併法人の株主はそれぞれ株式譲渡の所得税申告を行わなければなりません。

　もう一度，被合併法人の非適格合併を整理すると，①～③の順序で行われることになります。

---

① 　資産等を時価で売却（法人税の対象となる譲渡損益）

② 　みなし配当の計算（合併法人にて源泉徴収）

③ 　旧株の譲渡損益の計算（譲渡益は所得税申告対象）

　また，青色申告書を提出した法人税法上の欠損金については，その事業年度前１年以内に開始した事業年度に繰り戻して法人税を還付することができます。

　合併法人の場合，適格合併では合併法人において欠損金を引き継ぐことができますが，非適格合併の場合は欠損金を使う機会がなくなることになります。

そこで非適格合併に限り，特例として合併があった日前1年以内に終了した事業年度に生じた欠損金額を繰戻し還付の対象とすることが認められています。

3　合併に伴う届出書類

合併に伴い各役所に届け出なければならない書類は，次の**図表5－5**のとおりです。なお，この届出に関しても，実際は合併法人が被合併法人に代わって行うことになります。

図表5－5　合併時に提出しなければならない税務の届出書

被合併法人に関する届出書	提出先	期　限
異動届出書	税務署・都道府県・市町村	遅滞なく
合併による法人の消滅届出書（消費税法）	税務署	すみやかに
給与支払事務所等の廃止届出書	税務署	合併の日から1か月以内
給与支払報告書・特別徴収に係る給与所得者異動届	異動従業員の1月1日現在の住所地の区役所・市役所	遅滞なく
合併法人に関する届出書	**提出先**	**期限**
異動届出書	税務署・都道府県・市町村	遅滞なく

※届出書の提出には，登記事項証明書，合併契約書の写しの添付が必要。

09　合併にかかる労務関係の手続

　合併を行う際は，合併後の労働条件の統一も重要な課題となります。合併前の段階から合併後の労働条件を見据えて検討しておくことが必要です。

1　合併における労働条件統一の必要性

　合併ではすべての権利義務が包括承継されることから，消滅会社の従業員や労働条件もそのまま引き継がれるのが原則です（注11）。

　そのため，事前に労務関係の調整を行わずに合併すると，各社で異なる就業規則や労働条件が合併後の会社で併存することになります。

　その結果，同じ業務に従事する従業員の給料が異なって従業員の士気に悪影響を及ぼしたり，出身母体ごとに従業員の給与計算が異なり事務作業が煩雑になるといった問題が生じます。

　そのため，実務上は，合併後の労働条件を統一するために，合併前か合併後に労働条件を調整して労働条件を統一しておくことが一般的です。

　ただ，労働条件の統一には，数か月から1年ほどの期間がかかりますので，合併前に労働条件の統一を行う場合には，合併手続の準備と並行して早期に労働条件の変更を始めることが必要です。

2　労働条件統一の手法

　労働条件を統一するためには，就業規則の変更が必要です。

　就業規則は，常時10人以上の労働者を使用する使用者に作成・届出義務があり（労基法89），9人以下の労働者しか使用しない中小企業では就業規則は必須ではありません。

　しかしながら，就業規則を作成せずに労働条件を網羅的に定めることは現実

的に困難です。そのため，たとえ法的義務がない場合であったとしても，就業規則を作成し，就業規則の変更により労働条件を変更・統一するのが一般的です。

　就業規則の変更にあたっては，基本給の決定方法，手当の有無や金額，特別休暇や休職制度，退職金などについて，一方に揃える，あるいは新たにルールを作るなどの手法により労働条件を統一していきます。すべての変更が合併前を上回るのであれば，労働者からの反発は起こらないでしょう。ただし，合併後の人件費は増大することになります。そのため，実務的には労働条件の切下げが必要になることが少なくありません。

　就業規則の変更が労働条件の不利益変更になる場合は，原則として労働者の個別同意が必要になります。労働者の同意を得られないまま，会社が一方的に就業規則を変更することはできません。個々の労働者に労働条件の切下げについて理解してもらい，場合によっては同意を得るための経過措置を設ける等の対策が求められます。

　労働者の同意を得ることなく，会社が一方的に就業規則の変更により労働条件の不利益変更を行う場合は，労働契約法10条の定めに従い，変更後の就業規則を労働者に周知させることと，変更が合理的であることが必要です。

　変更の合理性は，労働者の受ける不利益の程度，労働条件の変更の必要性，変更後の就業規則の内容の相当性，労働組合等との交渉の状況その他の就業規則の変更にかかる事情を考慮して判断されます。

　そのため，不利益変更の場合には，労働組合等との間で適切な協議を進めるとともに，変更の内容が労働者に過度に不利益な変更にならないように留意することが必要となります。

3　労働組合との間の労働協約で合併について規定されている場合

　また，上記の労働法上の問題以外にも，労働組合との労働協約で，合併の場

合には労働組合の事前同意を要する等の規定を定めている場合があります。

　この場合には，合併にあたって，事前同意を得ておくことが必要となります。

　事前同意が得られない場合には，事前同意を不要とするM&Aスキームに変更したりすることが必要となりますので，M&Aを行うことが確定した段階で早期に労働組合との交渉を進めておく必要があります。

4　合併にあたり余剰人員が生じる場合

　合併の際，間接業務部門の重複等により余剰人員が生じることは少なくありません。余剰人員対策として，そもそも整理を行うことができるのか，整理する場合にどのような手段を取るかについて事前に検討をしておくことが必要です。

　まず，合併により余剰人員が生じたことのみを理由として従業員を解雇することは通常，認められません。

　合併に伴う人員整理のための解雇は，整理解雇になります。整理解雇が有効とされるには「人員削減の必要性」「解雇回避の努力」「人選の合理性」「解雇手続の妥当性」の4つの要件があり，この厳格な要件を満たすことは容易ではありません。

　そこで，関連会社等の雇用の受け皿がある場合には，関連会社へ転籍させるという手段が取られることがあります。それでも余剰人員が生じる場合には，早期退職優遇制度を活用したり，希望退職を募集したりすることもあります。

　なお，平成28年9月1日に制定された「事業譲渡又は合併に当たって会社等が留意すべき事項に関する指針」で，合併後の労働条件を維持することが求められるようになりました。

　そのため，合併直後に余剰人員を整理することは基本的に容易ではないという点も考慮して，人員整理の可否や手段を検討することが必要です。

5　合併時の労働保険・雇用保険・社会保険手続等

　吸収合併の際の労働保険・雇用保険・社会保険手続は以下のとおりです。

	労働保険	雇用保険	社会保険
解散会社	・労働保険確定保険料申告書 ・労働保険料還付請求書	・雇用保険適用事業所廃止届（事業所が1つになる場合） ・同一事業主新旧事業実態認定	・適用事業所全喪届 ・被保険者資格喪失届
存続会社	・保険関係成立届 ・概算保険料申告書（事業の種類が異なる場合） ・継続事業一括認可申請（事業の種類が同じ場合）	・雇用保険事業主事業所各種変更届（事業所は個々に存続する場合） ・同一事業主新旧事業実態認定	・被保険者資格取得届 ・健康保険被扶養者異動届 ・国民年金第3号被保険者関係届

　なお，労働基準法24条，36条等の労使協定については，合併前後で事業場の同一性が認められる場合には，合併前に締結したものが引き続き有効とされています。

（注11）民法上は労働者の同意が必要とされていますが（民法615①），会社法により労働者の同意を要しないように修正されています（会2二十七・二十八）。

10 吸収合併の登記

会社が吸収合併をしたときは，吸収合併後に存続する会社については変更の登記を，吸収合併により消滅する会社については解散の登記を行う必要があります。

1　概　要

会社が吸収合併をしたときは，その効力が生じた日から2週間以内に，存続会社については変更の登記をし，消滅会社については解散の登記をしなければなりません（会921）。

登記申請は，存続会社の本店所在地を管轄する登記所に対し，存続会社についての変更の登記申請と消滅会社についての解散の登記申請を同時に行う必要があります（商業登記法82）。

2　存続会社の変更の登記手続

存続会社では，次の内容で登記申請を行います。

①　登記すべき事項

合併の年月日，消滅会社を合併した旨

合併により資本金の額に変動がある場合，変更後の資本金の額，発行済株式総数

②　添付書面

i　吸収合併契約書

ii　存続会社の手続に関する次の書面

- 合併契約の承認に関する株主総会議事録等
- 株主リスト
- 略式合併または簡易合併の場合，その要件を満たすことを証する書面
- 債権者保護手続に関する書面
- 資本金の額が増加する場合，資本金の額の計上を証する書面
- 資本金の額が増加する場合，登録免許税法施行規則に関する証明書

iii 消滅会社の手続に関する次の書面
- 存続会社と消滅会社の管轄登記所が異なる場合，消滅会社の登記事項証明書（申請書に消滅会社の会社法人等番号を記載した場合は添付不要）
- 合併契約の承認に関する株主総会議事録等
- 株主リスト
- 略式合併の場合には，その要件を満たすことを証する書面
- 債権者保護手続に関する書面
- 株券発行会社の場合，株券提供公告を証する書面または株券の不発行を証する書面
- 新株予約権を発行している場合，新株予約権証券提供公告を証する書面または新株予約権証券の不発行を証する書面

③ **登録免許税**

増加した資本金の額×1,000分の1.5（消滅会社の合併直前の資本金の額（登録免許税法施行規則12②）を超える部分については，1,000分の7）（計算した額が3万円未満の場合，3万円）（登録免許税法別表一・二十四(1)へ）

資本金の額が増加しない場合，3万円（登録免許税法別表一・二十四(1)ツ）

図表5−6　存続会社の変更の登記申請書例」

株式会社合併による変更登記申請書

会社法人等番号　　　　　○○○○
商号　　　　　　　　　　○○株式会社
本店　　　　　　　　　　○県○市○
登記の事由　　　　　　　吸収合併による変更
登記すべき事項　　　　　○年○月○日　□県□市　□□株式会社を合併
登録免許税額　　　　　　金○円
添付書類　　　　　　　　吸収合併契約書　１通
　　　　　　　　　　　　株主総会議事録　２通
　　　　　　　　　　　　株主リスト　　　２通
　　　　　　　　　　　　債権者保護手続に関する書面　　　○通
　　　　　　　　　　　　登記事項証明書　１通
上記のとおり登記を申請する。
令和○年○月○日
申請人　　　　　　　　　○県○市○
　　　　　　　　　　　　○○株式会社
　　　　　　　　　　　　○県○市○
　　　　　　　　　　　　代表取締役　　○○

○○法務局　御中

3　消滅会社の解散の登記手続

　消滅会社では，次の内容で登記申請を行います。なお，登記申請人は存続会社の代表取締役になります。

①　登記すべき事項

　合併の年月日，存続会社に合併し解散した旨

② 添付書面

添付書面はありません。

③ 登録免許税

3万円（登録免許税法別表一・二十四(1)レ）

図表5−7 消滅会社の解散の登記申請書例

株式会社合併による解散登記申請書

会社法人等番号　　　　□□□□
商号　　　　　　　　　□□株式会社
本店　　　　　　　　　□県□市□
登記の事由　　　　　　合併による解散
登記すべき事項　　　　○年○月○日 ○県○市○ ○○株式会社に合併し解散
登録免許税額　　　　　金30,000円
上記のとおり登記を申請する。
令和○年○月○日
申請人　　　　　　　　○県○市○
　　　　　　　　　　　○○株式会社
　　　　　　　　　　　○県○市○
　　　　　　　　　　　代表取締役　　○○

○○法務局　御中

11 会社分割を利用した再生

会社分割は債務超過の状態でも用いることができます。そのため，会社分割は再生の局面でも広く活用されています。

1　再生局面において会社分割を利用する意義

会社を再生する際には会社分割を用いることが広く行われています。これは，会社分割が債務超過の状態でも実行できるためです。

そして，会社分割には，会社が有する権利義務のすべてではなく，会社が選択した一部の権利義務のみを分割して承継させるといった柔軟な運用が可能です。

そのため，会社分割を用いて不採算事業を会社から切り離したり，逆に優良事業を会社から切り離すことができます。

不採算事業と優良事業が1つの会社の中に併存している場合には，優良事業と不採算事業をまとめて売却するよりも，優良事業のみを売却したほうが高値で売却しやすくなります。

そのため，1つの会社から特定の事業を切り出すことができる会社分割が，再生においても多用されることになります。

2　具体的な再生手法

会社分割を用いた再生で採用される具体的なスキームには，多様なものがあります。

例えば，業績の悪化した会社から優良事業を会社分割により子会社化し，その子会社の株式を譲渡して売却代金を得て，その売却代金を債務者に分配するという手法が取られることがあります。

また，複数の事業を行っている場合には，会社分割を用いて事業ごとに分割

したうえで，それぞれの事業ごとに高値で売却をするという手法が取られる場合もあります。

　さらには，事業ではなく，不動産等の特定の資産のみを会社分割により切り離し，その会社の株式を売却するという手法が取られることもあります。

　特定の不動産を売却するためだけに会社分割という大掛かりな制度をわざわざ使うまでもないようにも思われますが，単に不動産を売却するよりも譲渡の際の税金が安くなるといったメリットが生じるため，会社分割が採用される場合もあります。

　会社分割を利用した再生が行われる場合には，分割をする会社は債務超過に陥っていたり，債務超過に陥りそうになっていることが少なくないと思われますが，債務超過会社を分割し，分割により新設する会社が債務超過に陥るような会社分割ができるのか，という問題があります。

　この点については，一般に新設会社が債務超過になる場合でも会社分割は可能であるとされており，実務でもよく行われています。

　この場合，債務超過の会社となることから，資本金0円，資本準備金0円，利益準備金0円，その他利益剰余金がマイナスとなる会社ができることになります。

　逆に，債務超過に陥りそうな会社を分割する場合には，優良な資産を分割により社外に移転した結果，分割をした会社が債務超過に陥ってしまう場合もありますが，一般にはこのような会社分割も可能であると解されており，実務でもよく行われています。

　ただ，債権者を害するような分割になる場合には，会社法上，債権者が債務の履行を請求できる場合があることには留意が必要です（会795④〜⑦，761④〜⑦，764④〜⑦，766④〜⑦）。

3　留意点

　以上のように，再生の手段としての会社分割は広く使われていますが，分割のスキームを作成する際には，分割後の資本形態や株式価値評価も考慮して慎重にスキームを選択することが必要です。

　例えば，分割型分割（分割対価が分割会社の株主に交付される分割）をした場合には，分割会社と承継会社の間には資本関係がなくなります。

　そのため，承継会社の事業価値とは独立して分割会社の株式価値を評価することが可能となります。また，分割型分割では分割会社と承継会社との間に資本関係がなくなることから，承継会社や分割会社の解散や清算も行いやすくなります。

　他方，分社型分割（分割型分割以外の分割）によって100％子会社を設立するように会社分割をした場合には，親会社の株式の価値評価の際に子会社の事業価値も取り込まれることになるのが通常です。

　そのため，このような会社分割では，高い株式価値評価を得るという目的を達成できなくなる点について留意が必要です。

　このように，会社分割においては，分割後の資本関係や株式価値評価についても考慮しながら，分割のスキームを考えていくことが必要になります。

4　法的手続における利用

　以上のように会社分割は事業再生の場面においてよく活用されていますが，民事再生，会社更生といった法的手続に基づく再生の場面においてもよく使われています。

　なお，民事再生においては特段の手続規定は置かれておらず，通常の会社分割と同様ですが，会社更生においては更生計画に基づいて会社分割を行う場合には株主総会決議を要しないという特色があります。会社分割は法的な再生局面でも有力な選択肢となります。

12 会社分割手続の流れ

会社分割の主な手続には，分割契約（計画）の作成，株主総会承認決議，および債権者異議手続があります。

会社分割の手続は，厳密には吸収分割と新設分割で異なります。

吸収分割は，分割会社の権利業務の一部を他の会社（承継会社）に承継させるもので，新設分割は分割によって設立される会社（設立会社）に承継させるものです。

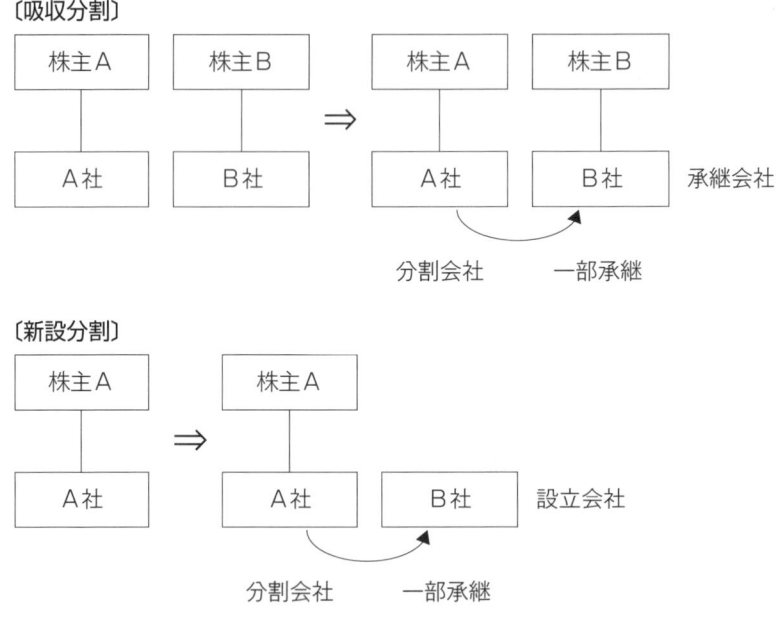

〔吸収分割〕

株主A　株主B　⇒　株主A　株主B
A社　B社　　　A社　B社　承継会社
　　　　　　　分割会社　一部承継

〔新設分割〕

株主A　⇒　株主A
A社　　　A社　B社　設立会社
　　　　分割会社　一部承継

ただ，手続の全体的な流れは両者で共通しますので，説明の便宜上，両者をまとめて説明します。

1　吸収分割契約の締結・新設分割計画の作成

　まず，会社分割手続は，吸収分割の場合には法定事項を定めた吸収分割契約の締結，新設分割の場合には法定事項を定めた新設分割計画の作成により始まります。

　いずれの分割の場合にも，会社分割は会社にとって重要な業務執行であることから，取締役会決議が必要です。

2　法定書面の備置・閲覧

　次に，会社分割の各当事会社は，吸収分割契約等備置開始日・新設分割契約等備置開始日から分割の効力が生じた日の後6か月を経過する日までの間，法定事項を記載した書面を本店に備え置き，株主および債権者が請求した場合にはいつでも開示する必要があります。

　なお，上場会社の場合には，以上の手続に先立って有価証券届出書等の書面を提出しなければならない場合があります。

3　株主総会承認決議

　その後，各当事会社は会社分割の効力発生日の前日までに，株主総会決議および債権者異議手続を終えることが必要になります。

　株主総会決議として，各当事会社は，原則として，株主総会で会社分割の承認決議を得ることが必要となります。ただし，簡易分割や略式分割に該当する場合には承認決議を得ることは不要となります。

4　債権者保護手続

　次に，各当事会社は債権者の異議手続や，労働者の異議手続を経ることになります。

　債権者異議手続においては，一定の債権者が分割に対し異議を述べることができます。そして，このような債権者に対して，会社は一定の異議申述期間を

定め，所定の事項を公告するとともに，かつ，知れている債権者に対して各別に催告をすることが必要となります。

各別の催告については，公告を官報に加えて定款に定めた日刊新聞紙または電子公告によって行う場合には省略することができますが，不法行為により生じた債権者に対しては，債権者保護の観点から各別の催告を省略することはできないとされています。

ただ，この異議手続は，会社分割によって財産状態が悪化する債権者を保護することが目的とされているため，連帯保証等を行うことで債権者の状態が悪化しない場合には債権者異議手続を経なくても済む場合があります。

また，労働者の異議手続も必要になりますが，この点については本章 15 （255ページ）で解説します。

5 株式買取請求

さらに，会社分割においては，分割に反対する株主による株式の買取請求権や，新株予約権者の買取請求権が行使される場合があります。株式買取請求権が行使された場合の要件や効果は，合併の場合と同様です。

なお，簡易分割や略式分割の場合には，株主保護の要請が強くないことから，買取請求権は認められていません。また，新株予約権証券が発行されている場合には，新株予約権証券の会社への提出が必要になります。

6 効力の発生

以上の手続が終わると，効力発生日に会社分割の効力が発生することになります。効力の発生により承継会社，設立会社は，吸収分割契約・新設分割計画の定めに従い，分割会社の権利義務を承継することになります。

7 法定書面の備置・閲覧

その後，分割会社および承継会社・設立会社は，分割の効力が生じた日以降遅滞なく，相手方当事会社と共同して，法定事項を記載した書面を作成し，6

か月間本店に備え置くとともに，株主，債権者その他の利害関係人の閲覧または謄写請求等に応じる必要があります。

8　登記申請

さらに，会社は，吸収分割の場合には効力発生日から2週間以内に，新設分割の場合には分割承認決議の日，債権者異議手続が終了した日等の日から2週間以内に登記をすることが必要です。

新設分割の効力は，設立会社の設立の登記によって生じます。

9　その他

以上で会社分割の手続は完了します。ただし，株主や異議を述べた債権者は，効力発生日から6か月間に限り，会社分割無効の訴えを提起することができます。

なお，以上の他に，会社分割に際し，独占禁止法上の規制がかかる場合があります。ただし，中小会社において独占禁止法上の規制がかかることは稀であることから，ここではその詳細の検討は省略します。

13 会社分割の税務

会社分割については，図表5−8の4つの分類によってそれぞれ法人税における処理の方法が異なります。税制適格分割では，資産等は帳簿価額での移動となります。

図表5−8　税務での分割の類型」

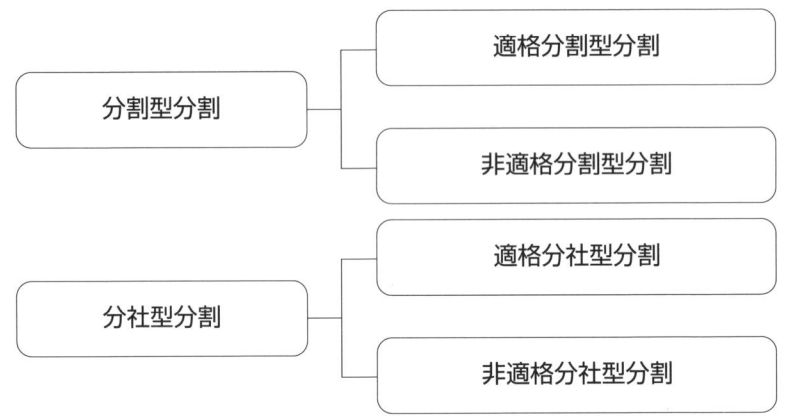

税務では会社分割を，分割型と分社型，それをさらに税制「適格」と「非適格」に分けて考えます。

まず分割型というのは，承継法人株式を最終的にその株主に帰属させる方法です。これに対して分社型分割は承継法人株式を法人に帰属させる方法となります。

「適格」「非適格」とは，税務上の適格かそうでないかの違いで，税制適格の分割の場合，資産・負債の移動が帳簿価額で行われることになります。

また，分割に登場する主体は，分割されるもとの会社である分割法人，その資産・負債，権利を引き継ぐ分割承継法人，さらに分割法人の株主の三者です。

1　分割に際しての資産・負債の移動

　分割の際，事業の対価として交付されるのは株式ですが，実体が譲渡である以上，税務的には原則として「時価による譲渡」として処理することになります。

　つまり，分割法人から承継した資産・負債については，時価により引き継ぐことになり，その時点で分割法人は譲渡損益を認識することになります。

　しかし，合併と同様，分割の中でもグループ内の再編による分割や共同事業のための分割などについては税制適格として，いくつかの特例的な取扱いが認められています。

　分割法人が適格分社型分割により分割承継法人に資産および負債の移転をした場合には，分割承継法人に対して，適格分社型分割直前の税務上の帳簿価額により，その移転をした資産および負債を譲渡し，その移転簿価純資産価額により分割承継法人株式等を取得したものとして，各事業年度の所得の金額を計算することとしています。

　つまり，分割により移転資産・負債の譲渡損益は認識されず，帳簿価額での移動となり譲渡損益の計上は繰り延べられます。

　この場合，分社型分割の分割法人にあっては利益積立金額および資本金等の額の異動も生じず（利益積立金額は増加しません），分割承継法人は，分割法人から承継した資産・負債を税務上の帳簿価額で受け入れ，受け入れた資産・負債の簿価純資産価額に相当する金額の資本金等の額の増加を認識することになります。

2　みなし事業年度

　合併の場合には，合併の日の前後において事業年度を区分する「みなし事業年度」の取扱いがありますが，分割については法人の実態は変わらないなどの理由から事業年度を区切ることはせず，従来どおり定款等で定められている事業年度で計算することになっています。

ただし，平成22年9月30日以前に行われた分割型分割については，分割法人の事業年度はその事業年度開始の日から分割の日の前日までを一事業年度として計算することとされていました。

3　株主にかかる税務処理

会社分割が行われた場合，課税上問題となるのは，分割法人の株主についてです。分割承継法人株主にとっては，財産内容の変化はないため，課税上の問題は生じません。

税務上は原則として分割法人の株主が旧株の一部を時価により譲渡したうえで分割対価資産の交付を受けたものと考えます。

この場合，分割対価資産の価額のうち分割法人の利益積立金額を原資とする部分の金額は「みなし配当」として配当課税の対象とされ，分割対価資産の価額からこの「みなし配当」を控除した金額は譲渡対価としてキャピタルゲイン課税の対象となります。

①　分社型分割

分社型分割の場合，分割対価資産が分割法人に交付された後，その分割法人の株主には交付されないことから，分割法人の株主にとっては，保有する株式の経済的な価値の変化はないため，課税上の問題は生じません。

この取扱いは，税制適格，非適格，いずれの場合も同様です。

②　分割型分割
イ）適格分割型分割

適格分割型分割の場合については，移動する資産・負債が帳簿価額で行われることから，みなし配当および資産・負債の譲渡損益については発生しません。

ただし，分割法人の株式と分割承継法人の株式については，その帳簿価額の修正が必要となります。

具体的には，分割により承継した純資産対応の帳簿価額の金額が，分割法人

株式から分割承継法人株式に移動することになります。

ロ）非適格分割型分割

　㋑　金銭等を交付しない場合

　　金銭等の交付がなく株式のみを受け取る分割型分割の株主は，交付された株式の価額の合計額が当該法人の資本等の金額のうち交付される株式に対応する部分の金額を超える場合，この超える金額はみなし配当として認識されます。

　　また，金銭等の交付がないので，みなし配当以外の資産の譲渡損益については認識しません。

　㋺　金銭等を交付する場合

　　㋑の金銭等を交付しない場合同様，交付された株式の合計額が当該法人の資本等の金額のうち交付される株式に対応する部分の金額を超える場合，この超える金額はみなし配当として認識されます。

　　また，金銭等の交付があるときは，資産の譲渡損益があるものとして取り扱います。

14 税制適格分割の正しいやり方

合併と同様に，会社分割においても，グループ内分割と共同事業のための分割の２つにおいて，税制適格の制度が用意されています。税制適格となるための要件についても合併とほぼ同様の内容となっています。

先述のとおり，会社分割の税務は，基本的には合併の税務と同じです。税法上の会社分割は一定の要件を満たすかどうかによって，適格分割と非適格分割の２つに分けられます。

原則として，分割法人は，会社分割で移転した資産・負債を時価により分割承継法人に譲渡したものとして，譲渡損益を計上することとなります。

分割対価として分割承継法人株式以外の資産が交付されないものが適格の前提で，金銭などの交付がない分割に限られますが，配当見合いや反対株主の買取り，端株の譲渡はこれに含まれません。

さらに，グループ内（完全支配関係・支配関係）の分割あるいは共同事業を営むための分割で，それぞれの要件を満たした場合に適格分割となります。

税制適格要件を満たす場合は適格分割となり，移転資産は帳簿価額で引き継がれるため，譲渡益に対する課税は繰り延べられます。

また，事業および主要な資産負債のおおむね全部が移転する非適格分割においては，資産調整勘定あるいは負債調整勘定を認識することになります。

まず，非適格の分割についての課税関係を整理します。

1　非適格分割型分割

分割法人は，分割契約書に記載されている資産・負債を時価で承継法人に譲渡します。分割型分割では譲渡した資産・負債の対価として承継法人の株式をその時価で取得することになります。

そしてその株式すべてを剰余金の分配という形で株主に交付するのです。税制適格でないため，株式については時価での譲渡ということになりますので，課税関係が生じることとなります。

また，株主に剰余金の分配という形で株式を交付する際には，みなし配当が発生することがあります。

つまり，承継法人株式の時価から取得資本金額を超える金額については，利益積立金の減少が生じることとみなして配当金額の計算をします。なお，その際に利益配当についての源泉所得税が発生することに注意が必要です。

2　非適格分社型分割

分割法人は，分割契約書に記載されている資産・負債を時価で承継法人に譲渡します。分社型分割では，譲渡した資産・負債の対価として承継法人の株式を時価で取得するのは，分割型と同じです。

分社型の場合，最終的には株主は法人になるため，そこから株主への剰余金の分配はありません。つまり，みなし配当を認識する場面は出てこないことになります。

しかし，税制適格ではないため時価譲渡ということになり，資産等の移動については課税関係が生じることになります。いずれの場合も，簿価と時価の差額は，分割の時点で課税対象となります。

3　適格分割について

合併については，企業グループ内における合併と共同事業を行うための合併について，税制上のメリットを与える税制適格合併を認めています。同様に，会社分割についても税制適格の分割を認めています。

すなわち，一定の条件を満たす場合には，移動の際に生じる譲渡損益をその時点では認識せず課税繰延べの措置をとることができます。

合併と同様に，この措置は企業グループ内で移転した場合と共同事業を行う分割のため移動した場合に認められることになります。

税制適格分割が認められた場合，分割承継法人は，その受け入れた資産等を時価ではなく，分割法人における帳簿価額で受け入れることとされています。そのため，その時点での譲渡損益は発生しません。

4　税制適格分割となるための要件

①　株式のみの交付

税制適格分割であるための要件として，株式のみの交付であることが求められます。つまり，資産等の移転に際して金銭などの分割交付金などが発生する場合については，税制適格とは認められません。

②　分割型分割では按分型分割が税制適格の要件

これまで述べてきたように，分割の方法には，分割法人の株主が分割承継法人の株主となる分割型分割か，分割法人自体が株主となる分社型分割かの2通りがあります。

このうち分割型分割においては，分割承継法人の株式の割当てが分割法人の持株割合と同じくする按分型と，持株割合とは違う非按分型の2通りがありますが，税制適格として認められるのは，株主の持株割合が変わらない按分型分割に限られます。

そもそも，同じ企業グループ内での再編をスムーズにするために設けられた税制適格の制度ですから，分割して法人格が異なっても，実体としては以前と変わらない按分型分割にのみ税制適格が認められているのです。

③　企業グループ内の分割

企業グループ内の分割では，100％の持分割合の分割の場合では，その持分割合が今後も継続することが認められることを要件に上記①②をすべて満たせば税制適格とされます。

また，50％超100％未満の持分割合の場合には，この他に事業継続要件[注12]を満たす必要があります。

　なお，平成29年度税制改正により，分割直前において分割承継法人により分割法人が支配されている場合の分割型分割については分割後における持分割合（支配関係）の継続要件がなくなっており，分割直前において同一の者により支配されている法人間での分割型分割については分割後における同一の者と分割法人との間の持分割合（支配関係）の継続要件がなくなっています。

④　共同事業を行うための分割

　税制適格分割の場合，持分割合が③企業グループ内分割の50％超でなくても認められるケースがあります。

　①②の要件と事業継続要件を満たし，さらに共同事業要件^(注13)と株式保有要件^(注14)のすべてを満たすことが要件となります。

5　分割承継法人が有する繰越欠損金の使用制限

　支配関係のある法人間の適格分割が行われた場合には，分割承継法人が有する繰越欠損金について使用制限が課されることがあります。

　具体的には，支配関係のある法人間の適格分割で，分割法人と分割承継法人との間に，次のうち最も遅い日から継続して支配関係がない場合で，かつ，みなし共同事業要件を満たさないときは，分割承継法人の有する繰越欠損金の使用制限が課されます。

- 分割承継法人の適格分割の日の属する事業年度の開始の日の5年前の日
- 分割承継法人の設立の日
- 分割法人の設立の日

　なお，支配関係のない法人間の共同事業を営むための適格分割の場合には，繰越欠損金の使用制限は課されません。

6 グループ法人税制の規定との関係

　法人が「譲渡損益調整資産」[注15]を，完全支配関係がある他の内国法人に譲渡した場合，対象の資産に係る譲渡利益額または譲渡損失額に相当する金額を，課税所得の計算上，損金の額または益金の額に算入し，資産に係る譲渡損益の計上を繰り延べる，というのがグループ法人税制の規定です。

　非適格分割の場面で分割承継法人と分割法人との間に完全支配関係があるときは，本来は時価により移転する資産のうち，譲渡損益調整資産に係る譲渡利益は，いったん認識したうえで，同額を損金（譲渡損失のときは益金）に計上し，課税を繰り延べる処理を行わなければなりません。

(注12) 事業継続要件とは，次のすべてを満たすことをいいます。
　　① 分割法人の分割事業にかかわる主な資産等が分割承継法人に移転している
　　② 分割法人の分割事業に従事していた従業員のおおむね80％が分割後の分割承継法人の業務に従事している
　　③ 分割法人の分割事業が分割後も引き続き継続して営まれること
(注13) 共同事業要件とは，分割法人が分割前に営んでいる事業で，分割後に分割承継法人が相互に関連するもので，それぞれの事業規模が一方のおおむね５倍を超えないことまたは分割前の分割法人役員等が分割承継法人の特定役員（社長，副社長，代表取締役，代表執行役，専務取締役，常務取締役またはこれに準ずる者で法人の経営に従事している者）になると見込まれていること，をいいます。
(注14) 株式保有要件とは，分社型分割の場合は分割法人が交付された分割承継法人株式の全部を保有すること，分割型分割については，分割型分割により交付される分割承継法人株式のうち，支配株主に交付されるものの全部が，支配株主により継続して保有されることが見込まれていること（分割型分割の直前に支配株主がいる分割法人にのみ適用）をいいます。
(注15) 「譲渡損益調整資産」とは，固定資産，土地（土地の上に存する権利を含み，固定資産を除きます），有価証券，金銭債権および繰延資産のうち，譲渡直前の帳簿価額が1,000万円超のものをいいます。

15 分割にかかる労務関係の手続

会社分割を行う際には，「７条措置」，「５条協議」，「２条通知」の３つの手続が必要です。

1　概　要

会社分割においては，権利義務の一部を包括承継しますので，合併と同様に労働契約についても労働者の同意なく承継することができるはずです。

ところが，労働者にとってどの会社に勤務するかは重大な関心事であることから，会社が会社分割により承継される労働者を自由に選択できるとすると，労働者に重大な影響を与えることになります。

そこで，会社分割に伴う労働契約の承継等に関する法律（以下，「労働契約承継法」といいます）等により労働者を保護する規定が置かれています。

具体的には，労働契約承継法７条措置（以下，「７条措置」といいます），労働契約承継法２条通知（以下，「２条通知」といいます），商法等の一部を改正する法律（平成12年法律第90号）附則５条に基づく協議（以下，「５条協議」といいます）の３つの手続が置かれています。

これらの３つの手続は，７条措置，５条協議，２条通知の順序で行うことが必要です。

2　7条措置

まず，７条措置として，分割会社は，会社分割にあたって労働者の理解と協力を得られるよう努めるものとされています。

具体的には，労働組合や労働者の過半数代表と協議をすることになります。７条措置は努力義務なので，７条措置を採らなかったとしても会社分割は無効

にはならず，次に説明する5条協議違反の有無を判断する一事情になるにとどまるものとされています。

　ただし，一定の努力を行えば足りる措置ですので，実務上は7条措置を採るのが通常です。

3　5条協議

　次に，5条協議として，会社は，2条通知をすべき日まで，分割に関係のある労働者と個別の協議をすることが求められます。

　具体的には，承継するか否か，承継後の業務内容等について協議をすることになります。7条措置は会社全体の労働者に関する措置ですが，5条協議は分割に関係する労働者に対する個別の措置という点で異なります。

　5条協議は法的な義務であり，5条協議に違反する場合には，判例上，労働者は労働契約の承継を争うことができるとされています。そのため，5条協議をしっかりと行うことが必要です。

4　2条通知

　最後に，2条通知として，分割会社は，①その承継する事業に主として従事する従業員に対して，会社分割により承継会社・設立会社に労働契約を承継するか否かを通知することが必要です。

　承継されることとなった従業員は，承継に対して異議を述べることができません。他方，承継されないとされた従業員は異議を述べて承継されることが可能です。

　これに対し，分割会社は，②その承継する事業に従として従事している労働者や全く従事していない労働者を，承継会社・設立会社に承継する場合には，通知をすることが必要になります。この場合，通知を受けた労働者は，移転を拒否して分割会社に残ることが可能です。

　この2条通知は，株主総会の2週間前の日の前日まで，簡易分割の場合には，分割計画書作成の日または契約締結日から2週間を経過する日までに通知をす

ることが必要になります。

　また，2条通知を受けなかった労働者は，地位の保全または確認を求めることができます（「会社分割及び承継会社等が講ずべき当該分割会社が締結している労働契約及び労働協約の承継に関する措置の適切な実施を図るための指針」（平成12年労働省告示第127号））。

　会社分割の際に必要な手続は以上となります。

5　分割後の労働条件

　次に，会社分割後の労働条件について説明します。会社分割も合併と同じく包括承継なので，分割会社での労働条件が承継会社・設立会社にそのまま承継されます。

　そのため，労働条件を調整せずに会社分割を行った場合には，分割先の会社でもともと勤務していた労働者の労働条件と，分割により移転してくる労働者の労働条件が併存することになり問題が生じます。

　そこで，会社分割後の承継会社の労働条件を統一するために，会社分割の前後で労働条件の調整を行うことが必要になります。

　この点，従来の実務では，会社分割の際に賃金を減らす等，会社分割の際に労働条件を切り下げて労働条件を統一することが多く取られていました。

　ただ，このような会社分割を理由とする労働条件の切下げは労働者保護に反することから，現在では会社分割の際に，就業規則の合理的な変更や労使間の合意によることなく労働条件を不利益に変更することができないとされています（労働契約承継法指針第2の2（4）（ロ））。

　そこで，実務上は，会社分割後すぐに労働条件の変更が行われることは稀で，会社分割後おおむね1年程度経過してから労働条件の変更を行うことが多くなっています。

　また，労働条件の中でも特に，企業年金が問題となることがあります。企業年金も労働条件の1つですので基本的にはそのまま承継されることになります。

ただし，分割会社と承継会社・設立会社で加入している年金の種類が異なることもあります。その場合には，それぞれの年金の種類に応じて個別に対応することが必要です。

6　分割時の労働保険・雇用保険・社会保険手続等

　分割の際の労働保険・雇用保険・社会保険手続は以下のとおりです。

	労働保険	雇用保険	社会保険
分割会社	・継続事業一括取消申請（非一括事業場ごと分割の場合）	・同一事業主新旧事業実態認定	・被保険者資格喪失届
承継会社	・労働保険　保険関係成立届 ・概算保険料申告書（事業の種類が異なる場合） ・継続事業一括申請（事業の種類が同じ場合）	・同一事業主新旧事業実態認定 ・雇用保険被保険者転勤届	・被保険者資格取得届 ・健康保険被扶養者異動届 ・国民年金第3号被保険者関係届
設立会社	・労働保険　保険関係成立届 ・概算保険料申告書	・同一事業主新旧事業実態認定 ・雇用保険適用事業所設置届 ・雇用保険被保険者転勤届	・新規適用届 ・被保険者資格取得届 ・健康保険被扶養者異動届 ・国民年金第3号被保険者関係届

　なお，労働基準法24条，36条等の労使協定については，分割前後で事業場の同一性が認められる場合には，分割前に締結したものが引き続き有効とされています。

16 会社分割の登記

会社の吸収分割があったときは，分割会社および承継会社ともに変更の登記を行う必要があります。

会社の新設分割があったときは，分割会社については変更の登記を，新設分割による設立会社については設立登記を行う必要があります。

1　吸収分割の登記

①　概　要

会社が吸収分割をしたときは，その効力が生じた日から2週間以内に，分割会社および承継会社ともに変更の登記をしなければなりません（会923）。

登記申請は，承継会社の本店所在地を管轄する登記所に対し，承継会社についての変更の登記申請と分割会社についての変更の登記申請を同時に行う必要があります（商業登記法87）。

②　承継会社の変更の登記手続

承継会社では，次の内容で登記申請を行います。

イ）登記すべき事項

吸収分割の年月日，分割会社から分割した旨

吸収分割による資本金の額の変動がある場合，変更後の資本金の額および発行済株式総数

ロ）添付書面

　i　吸収分割契約書

　ii　承継会社の手続に関する次の書面

　　・分割契約の承認に関する株主総会議事録等

- 株主リスト
- 略式分割または簡易分割の場合，その要件を満たすことを証する書面
- 債権者保護手続に関する書面
- 資本金の額が増加する場合，資本金の額の計上を証する書面

iii　分割会社の手続に関する次の書面

- 承継会社と分割会社の管轄登記所が異なる場合，分割会社の登記事項証明書（申請書に分割会社の会社法人等番号を記載した場合は添付不要）
- 分割契約の承認に関する株主総会議事録等
- 株主リスト
- 略式分割または簡易分割の場合，その要件を満たすことを証する書面
- 債権者保護手続が必要な場合，債権者保護手続に関する書面
- 新株予約権を発行している場合，その新株予約権に代わる承継会社の新株予約権を交付するときは，新株予約権証券提供公告を証する書面または新株予約権証券の不発行を証する書面

ハ）登録免許税

　増加した資本金の額×1,000分の7（計算した額が3万円未満の場合，3万円）（登録免許税法別表一・二十四(1)チ）

　資本金の額が増加しない場合，3万円（登録免許税法別表一・二十四(1)ツ）

図表5-9　承継会社の変更の登記申請書例

吸収分割による株式会社変更登記申請書

会社法人等番号　　　　　○○○○
商号　　　　　　　　　　○○株式会社
本店　　　　　　　　　　○県○市○
登記の事由　　　　　　　吸収分割による変更
登記すべき事項　　　　　○年○月○日 □県□市□ □□株式会社から分割
登録免許税額　　　　　　金○円
添付書類　　　　　　　　吸収分割契約書　1通
　　　　　　　　　　　　株主総会議事録　2通
　　　　　　　　　　　　株主リスト　　　2通
　　　　　　　　　　　　債権者保護手続に関する書面　　　○通
　　　　　　　　　　　　登記事項証明書　1通
上記のとおり登記を申請する。
令和○年○月○日
申請人　　　　　　　　　○県○市○
　　　　　　　　　　　　○○株式会社
　　　　　　　　　　　　○県○市○
　　　　　　　　　　　　代表取締役　　○○

○○法務局　御中

---

③　分割会社の変更の登記手続

　分割会社では，次の内容で登記申請を行います。

イ）登記すべき事項

　吸収分割の年月日，承継会社に分割した旨

ロ）添付書面

　添付書面はありません。

　ただし，代理人によって申請する場合には，委任状の添付が必要になります。

ハ）登録免許税

3万円（登録免許税法別表一・二十四(1)ツ）

図表5−10 分割会社の変更の登記申請書例

吸収分割による株式会社変更登記申請書

会社法人等番号　　　　□□□□
商号　　　　　　　　　□□株式会社
本店　　　　　　　　　□県□市□
登記の事由　　　　　　吸収分割による変更
登記すべき事項　　　　○年○月○日　○県○市○　○○株式会社に分割
登録免許税額　　　　　金30,000円
上記のとおり登記を申請する。
令和○年○月○日
申請人　　　　　　　　□県□市□
　　　　　　　　　　　□□株式会社
　　　　　　　　　　　□県□市□
　　　　　　　　　　　代表取締役　　□□

○○法務局　御中

2　新設分割の登記

①　概　要

　会社が新設分割をしたときは，新設分割による設立会社の設立の登記と分割会社の変更の登記をしなければなりません（会924）。

　登記申請は，設立会社の本店所在地を管轄する登記所に対し，設立会社についての設立の登記申請と分割会社についての変更の登記申請を同時に行う必要があります（商業登記法87）。

② 設立会社の設立の登記手続

設立会社では，次の内容で登記申請を行います。

イ）登記すべき事項

通常の設立の登記事項と同一の事項

分割会社から分割した旨

ロ）添付書面

設立会社に関する登記申請書には，次の書面を添付します。

　i　新設分割計画書

　ii　設立会社に関する次の書面

　　・定款

　　・設立時役員の就任承諾書

　　・設立時役員の印鑑証明書等

　　・資本金の額の計上を証する書面

　iii　分割会社の手続に関する次の書面

　　・設立会社と分割会社の管轄登記所が異なる場合，分割会社の登記事項証明書（申請書に分割会社の会社法人等番号を記載した場合は添付不要）

　　・分割計画の承認に関する株主総会議事録等

　　・株主リスト

　　・簡易分割の場合，その要件を満たすことを証する書面

　　・債権者保護手続が必要な場合，債権者保護手続に関する書面

　　・新株予約権を発行している場合，その新株予約権に代わる設立会社の新株予約権を交付するときは，新株予約権証券提供公告を証する書面または新株予約権証券の不発行を証する書面

　＊印鑑届書

　添付書面ではありませんが，実務上，登記申請と同時に，代表取締役による印鑑届書および印鑑証明書を提出します。

ハ）登録免許税

資本金の額×1,000分の7（計算した額が3万円未満の場合，3万円）（登録

免許税法別表一・二十四(1)ト）

③　分割会社の変更の登記手続

分割会社では，次の内容で登記申請を行います。

イ）登記すべき事項

新設分割の年月日，設立会社に分割した旨

ロ）添付書面

添付書面はありません。

ただし，代理人によって申請する場合には，委任状の添付が必要になります。

ハ）登録免許税

３万円（登録免許税法別表一・二十四(1)ツ）

第6章

株式交換等を
利用した再生の手続

❖

本章では，M&Aの手法の中でも比較的なじ
みの薄い，株式交換と株式移転について取り
上げます。株式交換，株式移転は実務では利
用されるケースは少ないですが，使い方に
よっては組織再編を簡単な手順でできること
もあるので，ぜひ押さえておきたい手法です。

01 株式交換を利用した会社の再生

会社は，債務超過の状態でも株式交換を利用することが可能です。

1 概　要

　債務超過会社でも株式交換を利用することができます。そのため，会社を再生する際の手法として株式交換が用いられることがあります。

　ただし，会社の再生局面で，株式交換のほうが会社分割よりも特に有利となる点はありません。

　会社分割の場合には，優良事業と不採算事業の切分けなど，債務超過の状態において会社分割を行うメリットは大きいものがありますが，株式交換は完全親子会社関係を創設するものであり，会社分割のような特に大きなメリットがあるわけでもありません。

　したがって，再生局面で株式交換をあえて採用するメリットはあまりなく，再生局面で考えられるその他の手法と同様に，株式交換を使うことができる（再生局面であるがゆえに株式交換の利用を控える必要はない）というくらいの理解に留めておいていただいて構いません。

2 会計処理

　株式交換によって債務超過状態で新設された持株会社の会計処理は，新設分割の場合と同様に，資本金0円，資本準備金0円，利益準備金0円となり，その他利益剰余金がマイナスとなります。

　この結果，債務超過会社が設立されることになりますが，このような会社の設立も認められており，現実に利用された例もあります。

02　株式交換の流れ

　株式交換手続の大きな流れは，株式交換契約書の作成と株主総会での承認です。会社分割とは異なり，債権者異議手続は原則として不要となります。

　株式交換は，単に親子会社関係を創設するだけで，会社財産の移転は基本的に生じません。そのため，会社財産の移転によって必要となる債権者保護手続は基本的に不要となります（ただし，後述のように一定の例外的な場合には債権者保護手続が必要となります）。

　債権者保護手続以外の手続については，基本的には合併に準じた手続が必要となります。

　具体的には，①株式交換の契約の締結，②事前・事後の備置，③株式交換契約の株主総会での承認，④効力の発生・変更登記が必要になります。

1　株式交換契約書の作成・承認

　まず，株式交換にあたっては，当事会社間の協議を経て法定事項を記載した株式交換契約書を作成することが必要となります。

　株式交換契約は，「重要な業務執行」に当たりますので，取締役会の決議を経ることが必要になります。

2　株主総会の招集と法定書類の備置・閲覧

　次に，取締役会決議後，株主交換契約等を記載した招集通知により株主総会が招集されます。

　会社は，株式交換契約の内容や株式交換の条件の相当性に関する事項，相手方当事会社の計算書類の内容等を記載した書面を本店に備え置くことになります。

また，株主，債権者は，いつでもその書面の閲覧等を請求することができます。

3 株主総会の承認決議

その後，株式交換について，各当事会社の株主総会の特別決議による承認を得ることになります。ただし，簡易株式交換や略式株式交換に該当する場合には，株主総会承認決議を省略することができます。

なお，承認決議に反対する株主や新株予約権者は株式や新株予約権の買取りを請求することができます。買取請求権の要件および効果は合併の場合（216ページ）と同様です。

4 効力の発生・変更登記

株式交換の効力は，株式交換契約に定めた効力発生日に生じます。完全親会社では，通常，変更の登記が必要となります。

株式交換の効力が生じると，完全親会社は，完全子会社の発行済株式のすべてを取得することになります。

そして，完全子会社の株主および新株予約権者は，効力発生日に株式交換契約の定めに従って，完全親会社の株主・新株予約権者となります。

さらに，同日，子会社の従前の株券や新株予約権証券はすべて無効となります。

5 債権者保護手続

株式交換は原則として，債権者に影響を及ぼさないことから，債権者異議手続は基本的に不要となります。

ただし，一定の例外的な場合には，債権者異議手続が必要となる場合があります。

まず，株式交換の結果完全子会社となる会社で新株予約権が新株予約権付社債に付されたものである場合には，この社債権者に対しては債権者保護手続が必要となります。

次に，株式交換の結果，完全親会社となる会社について，完全親会社の株式
以外の対価を交付する場合や，完全親会社が新株予約権付社債を承継する場合，
株主資本等変動額をその他資本剰余金へ計上する場合には，債権者異議手続が
必要となります。

債権者異議手続が必要となる場合の手続の内容は，合併の場合と同様です。

株式交換により親会社で変動する株主資本等の総額は，原則として，全額を
資本金または資本準備金とする必要があります。ただし，債権者異議手続を行
う場合には，吸収合併の存続会社の場合（216ページ）と同様の処理となりま
す。

6　スケジュール

株式交換の全体的なスケジュールは，親会社が簡易分割で，子会社が譲渡制
限会社である場合には，株式交換契約締結の取締役会決議および株式交換契約
の締結をした日から最短で1か月以内に手続を終えることが可能です。

親会社が簡易分割でない場合には，親会社の株主総会の承認についての手続
がさらに必要となり，その分スケジュールが延びることになります。

03 株式交換にかかる課税関係と税制適格

株式交換は，「交換」という取引として考えるのではなく，①旧株式の売却，②金銭授受，③新株式購入として考えるため，原則として子会社の株主に課税関係が生じます。また，一定の要件のもとに譲渡損益を繰り延べる税制適格制度もあります。

株式交換は，既存の会社同士が自社の株式を別の会社の株主と交換することで，完全な100％親子関係になるための手続です。

この手法は，第4章07でも述べたように，企業の事業拡大や一方の会社が新規事業に参入をする際に交換する会社を利用するためのM&Aの手法として用いられます。

親子関係になった会社を，それぞれ「株式交換完全親会社」「株式交換完全子会社」と呼びますが，株式交換完全親会社には株式会社のほか合同会社もなることができます（株式交換完全子会社は株式会社に限定されています）。

また，会社法上では株式交換については完全子会社の株主に対して，金銭その他の財産や対価を交付することへの制限はありません。

株式交換の取引を分解すると，

① 所有している株式の売却
② 現金の受取り
③ その金銭で新たな株式の購入

という考え方をとるため，原則的には当該株式交換取引により完全子会社となる会社の株主において譲渡益に対する課税が発生します。

　つまり，株式交換といえども，税務的には株式の譲渡と取得を別なものとして取り扱うため，原則的には譲渡益について課税されることになるのです。

　また，適格株式交換と完全支配関係のある会社同士の株式交換以外の株式交換においては，株式交換完全子法人の有する一定の資産（株式交換または移転の直前時において有する固定資産・土地・有価証券・金銭債権・繰延資産等）を時価評価することになるため，株式交換完全子法人に対してもその時価評価差額について課税が行われます。

　しかし，そもそも株式交換は，系列化やグループ再編をスムーズに行うための制度ですので，株式交換時に含み益が実現したものとして課税をするのは，この制度の利用を阻害するものでもあります。

　株式交換は，100％の親子関係をつくるために利用されるものですから，経済的価値の移動は前提として排除されているはずなのです。

　そして，経済的な価値の移動がなければ，課税の問題が生ずる余地はないはずですし，本来，交換する株式の市場価値は，限りなく同じものになるはずです（わざわざ損をしてまで，自分が保有している株式の価値の合計額よりも低い金額の株式と交換することもないはずです）。

　しかし，何らかの事情により，恣意的に交換比率が適正なものではないこともありえます。その場合，税務的には，交換時に有価証券の売却損益を認識するのではなく，株主間の価値の移動と捉えて課税の問題が生じます（この場合は，時価に基づく経済的な価値の移動に着目して税務処理をしていくことなります）。

　そこで，他の組織再編行為にも認められているように一定の株式交換については，課税を繰り延べる特別な措置が税制適格制度として用意されています。

　税制適格株式交換となると，交換の日において譲渡損益が認識されずに，帳簿価額のまま移動することになります。

● 税制適格株式交換

　株式交換における税制適格の要件は，**図表6－1**（273ページ）のとおりです。

グループ内の交換については，100％の完全支配関係がある場合と50％超100％未満の支配関係がある場合について要件があります。

　その他に共同して事業を行うための交換に関しては，共同事業要件が規定されています。

　同一の株主が100％株式を保有する兄弟会社の関係の場合には，金銭等不交付要件等をクリアすることにより，適格株式交換となります。

　発行済株式等の50％超の株式を直接または間接に保有する支配関係がある場合に株式交換をするときには，金銭等不交付要件等のほかに事業の継続要件と従業員の業務要件がこれに加わります。

　ただし，平成29年度税制改正により株式交換前に完全子会社の株式の3分の2以上を所有していた場合には，その他の株主（少数株主）に対して金銭等の交付が認められるようになりました。これにより少数株主の排除を行うハードルが下がったことになります。

　そして共同事業を営むための株式交換では，支配関係の要件のほかに事業関連要件，株式の継続保有要件，規模または役員要件が加わり，判定することになります。

図表6-1 株式交換における税制適格要件」

グループ内要件		共同事業要件
100%関係 （完全支配関係）	50%超100%未満 （支配関係）	50%以下
1．交付要件 完全親会社の株式のみが交付されること（または完全支配親会社株式のみ）	1．交付要件 完全親会社の株式のみが交付されること（または完全支配親会社株式のみ）	1．交付要件 完全親会社の株式のみが交付されること（または完全支配親会社株式のみ）
2．支配関係の継続 株式交換後も100%関係（完全支配関係）が継続する見込みであること	2．支配関係の継続 株式交換後も50%超の支配関係が継続する見込みであること	2．支配関係の継続 株式交換後に100%関係（完全支配関係）が継続する見込みであること
	3．事業の継続 完全子会社の主要な事業の継続が見込まれること	3．事業の継続 完全子会社の主要な事業の継続が見込まれること
	4．従業員の業務要件 完全子会社の従業員（おおむね80％以上）が引き続き業務に従事する見込みがあること	4．従業員の業務要件 完全子会社の従業員（おおむね80％以上）が引き続き業務に従事する見込みがあること
		5．事業の関連 完全子会社の主要な事業と親会社の事業が相互に関連すること
		6．株式の継続保有 株式の継続保有が見込まれること（株主が50人以上の場合は不要）
		7．規模要件または役員要件 完全親会社と完全子会社の規模がおおむね1：5の範囲内にあることまたは，完全子会社の常務以上の役員が1人も役員を退任しないこと

（出所）中小機構ホームページより

04 株式移転を利用した再生

会社は，債務超過の状態でも株式移転を使うことが可能です。

1 概　要

　債務超過会社でも株式移転を利用することができます。そのため，会社を再生する際の手法として株式移転が用いられることがあります。

　ただし，会社の再生局面で，株式移転のほうが会社分割よりも特に有利となる点はありません。

　会社分割の場合には，優良事業と不採算事業の切分けなど，債務超過の状態において会社分割を行うメリットは大きいものがありますが，株式移転は完全親子会社関係を創設するものであり，会社分割のような特に大きなメリットがあるわけでもありません。

　したがって，再生局面で株式移転をあえて採用するメリットはあまりなく，再生局面で考えられるその他の手法と同様に，株式移転を使うことができる（再生局面であるがゆえに株式移転の利用を控える必要はない）というくらいの理解に留めておいていただいて構いません。

2 会計処理

　株式移転によって債務超過状態で新設された持株会社の会計処理は，新設分割の場合と同様に，資本金0円，資本準備金0円，利益準備金0円となり，その他利益剰余金がマイナスとなります。

　債務超過会社が設立されることになりますが，このような会社の設立も認められており，現実に利用された例もあります。

274

05 株式移転の流れ

株式移転の手続は基本的に株式交換と同じです。手続の大きな流れは，株式移転計画書の作成と株主総会での承認を得ることになります。

株式移転も株式交換同様に親子会社関係を創設するだけであり，会社財産の移転は基本的に生じません。そのため，会社財産の移転から必要とされる債権者保護手続は基本的に不要となります。

その他の一連の手続も基本的には株式交換と同様です。

大まかな流れは，①株式移転計画の策定，②事前・事後の備置，③株式移転計画の株主総会での承認，④登記・効力の発生となります。ただ，細かな点でいくつか相違があります。

1　株式移転計画書の作成

まず，株式移転により完全子会社となる会社が，法定事項を記載した株式移転計画を作成することが必要です。

株式移転計画の策定は「重要な業務執行」に当たりますので，取締役会の決議を経ることが必要です。

2　法定書面の備置・閲覧

次に，取締役会決議後，株式移転計画等を記載した招集通知により株主総会が招集されます。会社は，株式移転計画の内容や株式移転の条件の相当性に関する事項等を記載した書面を本店に備え置くことが必要です。

株主，債権者は，いつでもその書面の閲覧等を請求することができます。

3　株主総会による承認

　その後，株式移転について株主総会の特別決議による承認を得ることになります。承認決議に反対する株主や新株予約権者は，株式や新株予約権の買取りを請求することができます。

　買取請求権の要件および効果は合併の場合と同様です。

4　登記と効力発生

　株式移転を行った場合には，株式移転の承認の決議日，株式買取請求権の通知・公告の日から20日を経過した日，当時会社が定めた日等のいずれか遅い日から2週間以内に，株式移転により設立される完全親会社によって設立の登記をしなければなりません。

　そして，設立の登記をした時点で，株式移転の効力が発生します。

　株式移転の効力が生じると，完全親会社は，完全子会社の発行済株式のすべてを取得することになります。

　そして，完全子会社の株主および新株予約権者は，効力発生日に株式移転計画の定めに従って，完全親会社の株主・新株予約権者となります。さらに，同日に，子会社の従前の株券や新株予約権証券はすべて無効となります。

5　債権者保護手続

　株式移転は原則として，債権者に影響を及ぼさないことから，債権者異議手続は基本的に不要です。

　ただし，株式移転の結果，完全子会社となる会社について新株予約権が新株予約権付社債に付されたものである場合には，この社債権者に対しては債権者保護手続が必要となります。

　債権者異議手続が必要となる場合の手続の内容は，合併の場合と同様です。

　株式移転により新設される完全親会社の資本金・資本準備金の額は一定の額の範囲内で，株式移転計画に従い定めた額となります。

6　スケジュール

　株式移転の全体的なスケジュールは，中小会社が単独株式移転で親会社を設立する場合であれば，株式移転計画を承認する取締役会決議をした日から最短で1か月以内で手続を終えることが可能です。

06 株式移転にかかる課税関係と税制適格

株式移転は，株式交換と同様にその取引の流れを，①旧株式の売却，②金銭授受，③新株式購入として考えるため，原則として子会社の株主に課税関係が生じます。また，一定の要件のもとに譲渡損益を繰り延べる税制適格制度も株式交換とほぼ同じ内容となっています。

　株式移転は，1以上の株式会社がその発行済み株式の全部を，新たに設立する株式会社に取得させることにより，完全な100％親子関係になるための手続で，会社を新設し，既存会社の株式を当該新設会社が取得するのと交換に，当該新設会社の株式を既存会社の株主に与えることによって行われます。

　第4章 08 でも述べたように，株式移転は，複数の会社が事業統合を行い，より緊密な形で行いたいが，合併するには企業風土が違いすぎる等の事業がある場合に，当該複数の会社が共同で会社を新設して，当該新設会社の下に当該複数の会社が潜り込むといった形態でよく利用されます。

　実務的には，統合・再編の準備段階として，株式移転が用いられることもよくあります。

　つまり，株式移転によりホールディングカンパニーの体制を構築し，その後に合併などの再編を行い最終的な企業グループをつくるということです。

　100％親子関係をつくるということでは株式交換と同じですが，新たに株式会社を設立するというところが株式交換と異なる点です。

　これは企業がグループ再編や経営統合をする際に用いる手法であり，主にホールディングカンパニーなどがこの手法により設立されます。

　設立した親会社を「株式移転完全親会社」と呼び，発行済株式を取得される子会社を「株式移転完全子会社」といいますが，株式移転完全親会社と株式移転完全子会社はともに株式会社に制限されています。

　また会社法上では株式交換と同様に株式移転については完全子会社の株主に対して，金銭その他の財産や対価を交付することへの制限はありません。

　株式移転の取引を分解すると，

---

①　所有している株式の売却

②　現金の受取り

③　その金銭で新たな株式の購入

と株式交換と同じ取引に分解することができます。

　そのため，株式移転にかかる税務処理は，株式交換の場合とほぼ同様です。

　株式移転といえども，税務的には株式の譲渡と取得を別なものとして取り扱うため，原則的には譲渡益については課税されることになります。

　その際の譲渡価額については時価となりますので，当該株式が一定の含み益を持っていた場合，株式移転のときに課税の対象となります。

　また，適格株式移転と完全支配関係のある会社同士の株式移転以外の株式移転においては，株式移転完全子法人の有する一定の資産（株式交換または移転の直前時において有する固定資産・土地・有価証券・金銭債権・繰延資産等）を時価評価することになるため，株式移転完全子法人に対してもその時価評価差額について課税が行われます。

● 税制適格株式移転

　単一の企業としてみると，株式移転による譲渡益は形式上会社の外部に出た形になる含み益ですが，この含み益に課税するのは，スムーズな再編を阻害するおそれがあります。

　実際，株式移転が行われ，グループが形成されると，含み益はそのグループ内に留まることになります。そのようなケースに税負担を課するのは本来の趣旨から外れるため，株式交換同様に税制適格の制度が設けられています。

　すなわち，株式交換と同じで，株式の含み益については課税の繰延べをする

ことになり，移転のときは帳簿価額での移転で，税務上は譲渡損益については認識しないことになります。

　株式移転の税制適格要件は，**図表6－2**のとおりですが，その内容は株式交換とほぼ同様になっています。

　100％の完全支配関係がある場合，50％超100％未満の支配関係がある場合，共同事業要件という区分によりそれぞれの要件があります。

　株式交換は1対1の関係で株式が移動しますが，株式移転の場合は，1対複数になるので規定ぶりはそれを反映して「他の完全子会社」という表現を使っています。

　同一の株主が100％株式を保有する兄弟会社の関係の場合には，金銭等不交付要件等をクリアすることにより，適格株式移転として取り扱うことができます。

　発行済株式等の100％未満50％超の株式を直接または間接に保有する支配関係がある場合に株式移転をするときには，金銭等不交付要件等のほかに事業の継続要件と従業員の業務要件がこれに加わります。

　そして共同事業を営むための株式移転では，支配関係の要件のほかに事業関連要件，株式の継続保有要件，規模または役員要件が加わり，判定することになります。

図表6－2　株式移転における税制適格要件

グループ内要件		共同事業要件
100%関係 （完全支配関係）	50%超100%未満 （支配関係）	50%以下
1．交付要件 完全親会社の株式のみが交付されること	1．交付要件 完全親会社の株式のみが交付されること	1．交付要件 完全親会社の株式のみが交付されること
2．支配関係の継続 株式移転後も100%関係（完全支配関係）が継続する見込みであること	2．支配関係の継続 株式移転後も50%超の支配関係が継続する見込みであること	2．支配関係の継続 株式移転後に100%関係（完全支配関係）が継続する見込みであること
	3．事業の継続 各完全子会社の主要な事業の継続が見込まれること	3．事業の継続 完全子会社の主要な事業と他の完全子会社の関連する事業の継続が見込まれること
	4．従業員の業務要件 各完全子会社の従業員（おおむね80%以上）が引き続き業務に従事する見込みがあること	4．従業員の業務要件 完全子会社または他の完全子会社の従業員（おおむね80%以上）が引き続き業務に従事する見込みがあること
		5．事業の関連 完全子会社の主要な事業と他の完全子会社の事業が相互に関連すること
		6．株式の継続保有 完全子会社または他の完全子会社の株主が完全親会社株式の継続保有が見込まれること（株主が50人以上の場合は不要）
		7．規模要件または役員要件 完全子会社と他の完全子会社の規模がおおむね1：5の範囲内にあること。または，常務以上の役員が1人も役員を退任しないこと

（出所）中小機構ホームページより

281

07 スクイーズアウト（キャッシュアウト）とは

スクイーズアウト（キャッシュアウト）とは，株式会社の支配を目指す者が，対象となる会社の株式の全部について，株主の個別の同意を得ることなく，金銭を対価として取得することをいいます。

　ある会社を買収することを目指している場合において，当該株式会社の株主が多数存在しているときに，個別の株主から同意を得て株式の全部の取得を目指すことは容易ではなく，現実的でもありません。他方で，上場会社における2段階買収（公開買付実施後に，全株式を取得する）を実施する場合など一定の場合には，個別の同意を得ることなく，株式の取得を実施することが必要とも考えられてきました。

　かつては，株主の同意を得ることなく締め出すことは不当という考えも根深く，法制度としては正面からこれを認めていない時期もありましたが，現在では，いくつかの方法で，個別の同意を得ることなく，対象となる会社の株式全部を取得する方法が許容されています。

1　金銭を対価とする合併または株式交換

　平成17年に会社法が改正施行された際に，合併および株式交換における対価が柔軟化され，株主に対する対価が存続会社の株式に限られることなく，金銭を交付することが可能になり，その反面，株式買取請求権の買取価格が「公正な価格」と改められました（会785）。

　合併または株式交換を実施する際の組織再編の契約において，その対価として金銭の交付を定めることで実施できます。しかしながら，平成29年度の税制改正まで適格組織再編と認められていなかったことや合併や株式交換手続の煩雑さもあり，その利用は消極的な状況が続いています。

2　全部取得条項付種類株式

　会社法の制定時に，全部取得条項付種類株式という制度が導入されており，これを用いたスクイーズアウト（キャッシュアウト）が行われることがあります（会108①七）。

　まず，対象となる会社において株主総会の特別決議が可能となるだけの議決権数を保有したうえで，対象会社の定款を，株式の内容として全部取得条項付種類株式を発行できる内容に変更します。その後，既存の株式のすべてを全部取得条項付種類株式に変更し，株主総会決議により株式のすべてを取得するというものです（会171，309②三）。

　特別決議が可能となる状況であることから，例えば，特別決議が可能となっている状況で自らが保有する株式数に対して1株を割り当てれば，その他の株主の有する株式はすべて1株未満の端数となります。その結果，個別の同意を得ることなく金銭の対価をもって強制的に取得することが可能となります（会234）。

3　株式併合に伴う端数処理

　現在，利用が増えているのが，株式併合を用いる方法でキャッシュアウトを実現する方法です（会180）。平成26年の会社法改正において，株式併合において端数が生じるときは，反対株主が「公正な価格」で買い取ることを請求することができる権利が定められたことから，キャッシュアウトされる株主の保護が図られるようになり，その利用が増えています（会182の4）。

　まず，対象となる会社の特別決議が可能となるだけの株式を取得し，対象となる会社の株式併合を決議します（会180，309）。この際，例えば，特別決議が可能となっている状況で自身が有する株式が1株となるような比率で株式併合を行うことで，残りの株式がすべて1株未満の端数となるため，個別の同意を得ることなく金銭の対価をもって強制的に取得することが可能となります（会235，234）。

4　株式売渡請求

　全部取得条項付種類株式や株式併合は，本来の利用目的はキャッシュアウトに限られるものではありませんが，株式売渡請求は，純粋にキャッシュアウトを目的とした制度となっています（会179）。

　対象となる会社の90%以上の議決権を有している株主は，他の株主全員に対して，自らに株式を売り渡すよう請求する権利を有しており，当該権利を行使することで，対象となる会社の承認（取締役会設置会社の場合は取締役会決議）を経て（会179の3），自分以外の株主に対して株式の対価を支払うことをもって，個別の同意を得ることなく強制的に取得することが可能です。

08 スクイーズアウトの税務

平成29年度税制改正により全部取得条項付種類株式，株式併合，株式売渡請求によるスクイーズアウトについて株式交換の1つとして組織再編税制の下に位置づけられ，課税関係が整理されています。

　本章 03 で説明したように，少数株主の排除をしやすくするために，平成29年度税制改正により，株式交換前に完全子会社の株式の3分の2以上を所有していた場合には，その他の株主（少数株主）に対して金銭等の交付をしても税制適格株式交換として株式交換完全子法人における所有資産の時価評価課税を行う必要がなくなりました。

　この税制改正において，少数株主の排除という同じ目的のためのスクイーズアウトについては，どの手法においても適格要件を満たす場合には前述の場合と同様に時価評価課税を行わなくてもよく，一方で，適格要件を満たさないものについては時価評価課税を行うこととなっています。

　税制改正前は株式交換によるスクイーズアウトに対してのみ時価評価課税が行われ，それ以外の手法でのスクイーズアウトでは時価評価課税が行われなかったために，どの手法でも同様の課税関係となるように，税法上の整理が行われたわけです。

　なお，当該適格要件は支配関係がある場合における株式交換と内容は同じとなりますが，交付要件については次の区分に応じてそれぞれ要件が別途規定されています。なお，どの区分においても1に満たない端数株式取得の対価として金銭の交付があっても，それをもって適格要件を満たさないことにはなりません。

① 全部取得条項付種類株式によるもの	全部取得条項付種類株式の取得の価格の決定の申立てに基づいて交付される金銭その他の資産についても交付要件を満たすものとする。
② 株式併合によるもの	株式併合に反対する株主に対するその買取請求に基づく対価として交付される金銭その他の資産についても交付要件を満たすものとする。
③ 株式売渡請求によるもの	株式売渡請求の取得の対価として交付される金銭その他の資産についても交付要件を満たすものとする。

1 株式交換等完全親法人

① 全部取得条項付種類株式によるもの

　所有している株式が全部取得条項付種類株式に変更される時点では帳簿価額の付替えが生じるだけになります。次に全部取得条項付種類株式にかかる取得決議により対象法人の株式が交付された際にも簿価譲渡が行われたものとする別段の定めが定められています（法法61の2⑭三）。また，1株未満の端数株式に対する金銭の交付があった場合においても原則としては，交付直前の帳簿価額からその金銭の価額を減額した金額が交付を受けた株式の取得価額として認識されることで譲渡損益の繰延べが可能となっています（基通2-3-1）。

　なお，この場合については税法上，自己株式の取得としては考えないこととされており，みなし配当課税は行われません。

② 株式併合によるもの

　株式併合が行われたことにより，対象法人株式を取得した場合には，その株式を取得するために通常要する価額，つまり時価により取得価額を認識します。

③ 株式売渡請求によるもの

　②と同様に対象法人株式を取得した場合には，時価により取得価額を認識します。

2　少数株主

　少数株主についてはどの手法によっても最終的には所有株式を金銭等の対価を受けて手放すこととなります。基本的にはその時点で通常の譲渡損益の計算をして課税が行われることになります。

09 スピンオフとは

自社内の特定の事業部門または子会社を切り出し，独立させることをいいます。独立した会社の株式は元の会社の株主に交付されることになります。

自社内に複数の事業部門があるときに，事業部門や子会社における経営の独立，資本の独立などを行うことで，迅速，柔軟な意思決定が可能になるほか，当該事業部門または子会社単位での独自の資金調達が可能となり，事業成長への投資活動などが活発化させることを目的としてスピンオフが行われます。なお，既存の会社に，新設会社の株式の一部を保有させておく形で行われるスピンオフをパーシャルスピンオフといいます。

手続としては，事業部門の独立の場合は新設分割，子会社の独立の場合は子会社株式を現物配当する方法などが用いられます。

1 会社分割

スピンオフに用いられる会社法上の手続の1つとして，新設分割があります。新設分割の中でも，分社型（物的）分割と呼ばれるような既存会社の子会社として新設するようなものではなく，分割型（人的）分割と呼ばれるような既存会社の株主に新設分割により新たに設立される新会社の株式を交付するような形で行われることが想定されています。

スピンオフの目的は，事業部門を独立させることで，独自の資金調達や当該事業への投資活動に集中することにありますが，分社型分割により子会社化する形ではこれらの目的が間接的にしか実現できません。そのため，分割型分割により事業部門自体を独立させることを目指した手続がとられることになります。

　スピンオフを目的とした分割型分割における手続は，原則として通常の新設分割と同様です。新設分割計画を定めたうえで，株主総会の特別決議による承認を行います。通常の新設分割と同様に労働契約の承継に関する手続なども必要となります。

　分割型分割を行うためには，新設分割計画において，剰余金の配当として新設会社の株式を株主に交付する旨を定め（会758八，763①十二），金銭分配請求権のない現物出資による剰余金の配当に関する株主総会の特別決議を行うことになります（会309②十）。会社分割の承認決議に反対した株主には，株式の買取請求権が認められています（会806）。

　このような分割型分割を行うにあたっては，債権者保護手続が必要とされていますが（会810），剰余金の分配可能額規制は適用が除外されています（会812）。なお，簡易組織再編の手続によることも可能です。

2　株式分配（現物配当）

　株式分配によるスピンオフは，株主総会における剰余金の配当の承認決議によって行われます（会454）。株式分配を行う場合は，子会社であった会社の株式を親会社の株主へ金銭分配請求権のない現物配当として行うことになりますので，株主総会の特別決議が必要です（会309②十）。

　会社分割による場合と異なり，剰余金の配当可能額に関する規制を遵守する必要がありますが（会461），債権者保護手続は不要であり，反対株主の買取請求権も認められていません。

3　産業競争力強化法に基づく場合

　産業競争力強化法に基づき事業再編計画の認定を受けた場合には，株式分配によるスピンオフに関して，以下のような特例が定められています（同法31①）。

・株主総会の特別決議ではなく，株主総会の普通決議（金銭配当を取締役会で随時決定できる会社の場合は，取締役会決議）で実施が可能

- 欠損塡補責任（会465）について，役員が悪意重過失の場合に限って責任を負う内容に制限

　これらの特例により，会社法において求められている手続が簡略化されたうえで，万が一の場合に役員が負担する責任も限定されており，積極的にスピンオフに株式分配を活用することが期待されています。

10 スピンオフの税務

スピンオフは特定事業を切り離す分割型分割によるものと，完全子会社を切り離す株式分配型によるものの2種類あり，スクイーズアウト同様に平成29年度税制改正において，それぞれに税制適格要件が定められ要件を満たせば課税の繰延べが可能になっています。

1　単独新設分割型分割によるスピンオフ税制

第5章 13 でも説明したように非適格分割型分割の場合には分割法人において時価で資産・負債の譲渡を行ったものと考えるため譲渡損益に対して課税が行われ，金銭等の交付がある場合には分割法人の株主に対してみなし配当課税が行われます。

平成29年度税制改正により単独新設分割型分割についても税制適格要件を満たせば課税の繰延べが可能となっています。すなわち，法人を設立する分割で一の法人のみが分割法人となる分割型分割のうち，次の要件（次ページ）を満たせば税制適格スピンオフとなります。

① 株式のみの交付	資産等の移転に際して分割交付金などの金銭等の交付はなく，株式のみの交付を行うこと。	
② 按分型分割	分割承継法人の株式の割当てが分割法人の持株割合と同じくする按分型の分割型分割であること。	
③ 非支配要件	分割の直前に分割法人と他の者との間に当該他の者による支配関係がなく，かつ，分割後に分割承継法人と他の者との間に当該他の者による支配関係になることが見込まれていないこと。	
④ 特定役員引継要件	分割前の分割法人役員等が分割承継法人の特定役員（社長，副社長，代表取締役，代表執行役，専務取締役，常務取締役またはこれに準ずる者で法人の経営に従事している者）になると見込まれていること。	
⑤ 主要資産負債の引継要件	分割により分割法人の分割事業にかかる主要な資産および負債が分割承継法人に移転していること。	
⑥ 主要な従業員の引継要件	分割法人の分割事業に従事していた従業員のおおむね80%が分割後の分割承継法人の業務に従事していること。	
⑦ 事業引継要件	分割法人の分割事業が分割後も引き続き継続して営まれていること。	

　上記の要件を満たした場合には，分割法人においては分割直前の帳簿価額による引継ぎをしたものとするため譲渡損益の計上を繰り延べることができ，分割承継法人においてはその帳簿価額をそのまま取得価額とします。分割法人，分割承継法人は当該帳簿価額の増減額と同額の資本金等の額の増減を計上します。

　また，分割法人の株主においては分割法人株式の簿価譲渡があったものとして分割承継法人株式を受け入れることになり，みなし配当は生じません。

2　株式分配によるスピンオフ税制

　株式分配は現物分配の一種です。原則として現物分配を行った場合には現物分配法人から株主に対して時価による譲渡が行われたものとして譲渡損益に対する課税が行われ，株主側では時価相当額の配当を受け取ったものとして課税されます。

　平成29年度税制改正により，現物分配のうちその現物分配の直前において現物分配法人により発行済株式等の全部を保有されていた完全子法人のその発行

済株式等の全部が移転するもの（その現物分配によりその発行済株式等の移転
を受ける者がその現物分配の直前においてその現物分配法人との間に完全支配
関係がある者のみである場合におけるその現物分配を除きます）を株式分配と
して定義し，さらに次の要件を満たすものを適格株式分配として課税の繰延べ
が可能となっています。なお，かっこ内の内容については適格現物分配と区別
するため規定されています。

①	株式按分交付要件	完全子法人の株式が現物分配法人の発行済株式等の総数のうちに占めるその現物分配法人の各株主の有するその現物分配法人の株式の数の割合に応じて交付されるものであること。
②	非支配要件	株式分配の直前に現物分配法人と他の者との間に当該他の者による支配関係がなく，かつ，株式分配後に完全子法人と他の者との間に当該他の者による支配関係になることが見込まれていないこと。
③	特定役員継続要件	株式分配前の完全子法人の特定役員のすべてが株式分配に伴って退任するものではないこと。
④	主要な従業員の継続要件	完全子法人の株式分配の直前の従業者のうち，その総数のおおむね 80%以上に相当する数の者が完全子法人の業務に引き続き従事することが見込まれていること。
⑤	事業継続要件	完全子法人の株式分配前に行う主要な事業がその完全子法人において引き続き行われることが見込まれていること。

　現物分配法人が適格株式分配による資産の移転をした場合は，その適格株式
分配の直前の帳簿価額による譲渡をしたものとされ譲渡損益の計上は繰り延べ
られ，同時にその帳簿価額相当額の資本金等の額の減少を認識します。
　また，株主においては所有する現物分配法人株式の部分譲渡を行ったものと
し，その際の譲渡損益の計算においては譲渡対価の額と譲渡原価の額が同額で
あるものとして計算することとされているため譲渡損益は発生しないこととな
ります。具体的には下記の仕訳を計上します。

　　完全子法人株式　×××(注16)　／　現物分配法人株式　×××(注16)

3 パーシャルスピンオフ税制

　令和5年度税制改正により，株式分配によるスピンオフのうち現物分配法人に完全子法人の持分が一部（20％未満）残るものについても一定の要件を満たすものに限り適格株式分配として税務上認められるようになっています。これをパーシャルスピンオフ税制といいます。パーシャルスピンオフ税制は期限が定められている時限措置となります。

　パーシャルスピンオフ税制の適用を受けるためには令和5年4月1日から令和10年3月31日まで（令和6年度税制改正により令和6年3月31日までの期限が4年延長になっています）に産業競争力強化法の事業再編計画の認定を受けたうえで適格株式分配を行う必要があります。

　また，パーシャルスピンオフ税制の適格要件については，通常のスピンオフ税制とほぼ同様の要件となっていますが，主要な従業員の継続要件についておおむね80％以上ではなく，おおむね90％以上に相当する数の者が完全子法人の業務に引き続き従事することが見込まれていることが要件となっています。

（注16）株式分配の直前の現物分配法人株式の帳簿価額×現物分配法人の株式分配直前の完全子法人株式の帳簿価額÷現物分配法人の株式分配の日の属する事業年度の前事業年度終了の時の資産の帳簿価額から負債の帳簿価額を減算した金額

11 株式交付制度とは

> 株式交付とは，ある会社が対象とする会社を子会社化するために，子会社となる会社の株式を譲り受け，株主に対して対価として親会社となる会社の株式を交付する制度です。全株式を取得することを目的としない点が，株式交換等と異なります。

　株式交換および株式移転は，親会社が子会社の株式を100％保有することを前提とした制度ですが，株式交付は，子会社の株式を100％保有するわけではありませんが，議決権の過半数以上を保有することで子会社とするために利用される手続です。

　株式交付においては，①株式交付計画の作成，②事前・事後の備置，③親会社となる会社による株主総会の特別決議，④譲渡申込みをしようとする者に対する通知・割当てが必要となります。なお，債権者異議手続が必要となるのは，例外的な場合に限られています。

1 株式交付計画の作成

　株式交付を行うにあたっては，親会社になることを目指す株式会社（以下，「株式交付親会社」といいます）において，法定事項を記載した株式交付計画を作成することが必要です（会774の2）。株式交付は，対象とする会社（以下，「対象会社」といいます）を子会社化することを目指す手続であることから，議決権数の過半数を超えるような数の対象会社の株式を譲り受けることを下限とした計画にする必要があります（会774の3）。

　なお，対象会社の株主に対して交付する対価について，一部は株式交付親会社の株式とする必要がありますが，残部を金銭等の財産とすることは可能です。

2　法定書面の備置・閲覧

　株式交付親会社は，株式交付計画の内容等を記載した書面等を効力発生日から6か月を経過する日まで本店に備え置き，株主や債権者による閲覧に供することが必要になります。

3　申し込もうとする者への通知・割当て

　株式交付親会社は，対象会社の株式を譲り渡す旨の申込みをしようとする株主に対し，株式交付計画の内容等を通知します。譲渡しの申込みをする対象会社の株主は，株式交付計画の定められた期日までに譲り渡そうとする株式の数等を記載した書面を株式交付親会社に交付します（会774の4）。

　通知を受けた株式交付親会社は，申込みをした者の中から譲り受ける者を定め，かつ，その者に割り当てる対象会社の株式の数を定め，効力発生日までに通知します（会774の5）。この際に，割り当てる株式の総数が株式交付計画に定めた下限を下回らない範囲であれば，各申込者に対して，申し込まれた数よりも少ない範囲で割当てを行うことも可能です。

4　株主総会による承認

　株式交付親会社は，効力発生日の前日までに，株主総会の特別決議によって，株式交付計画の承認を受けなければなりません（会816の3，309⑫十二）。ただし，交付する対価の合計額の親会社純資産額に対する割合が5分の1を超えない場合には，簡易株式交付として，株主総会決議は不要です（会816の4）。

5　株主・債権者の保護

　株式交付親会社は，効力発生日の20日前までに反対株主に対する通知を行い，株式買取請求に関する手続が必要とされています（会816の6）。また，株式交付が法令または定款に違反する場合で，株式交付親会社の株主が不利益を受けるおそれがあるときは，当該株主は，株式交付親会社に対し，株式交付をやめ

ることを請求することもできます（会816の5）。

　なお，債権者保護手続については，対価として株式交付親会社の株式のみを交付する場合は不要ですが，対象会社の株主に株式交付親会社の株式以外に金銭等の対価を交付する場合には，株式交付親会社株式以外の対価が株式交付親会社の株式を含む対価の総額の20分の1（5％）未満であるとき以外には，債権者異議手続が必要となります（会816の8）。債権者異議手続が必要となった場合の内容は，合併のときと同様です。

6　留意事項

　株式交付は，子会社化という観点からは株式交換や株式移転と目的は類似していますが，株主総会の承認決議によって完結する手続ではないという点が異なります。対象会社の株主からの譲渡しの申込みに対して，申込みに応じる数を定めて割当てを行うといった点は，むしろ新株の発行に類するような手続も用意されており，承認決議をもって手続が完結するわけではないという点には留意する必要があります。

　また，対象会社の株式について，定款で譲渡制限が定められているような場合には，子会社の株式に関する譲渡承認を得なければならず，対象会社の株式に付された制限について，株式交付手続とは別に遵守する必要もあります。

　また，株式交付の通知をしたにもかかわらず，対象会社株主からの譲渡しの申込みが集まらず，結果として，取得すべき対象会社株式の下限を下回ってしまったときには，手続全体が無効になることにも留意が必要となります（会774の10，774の11⑤三）。

会社法改正による株式交付制度創設にあたって，税務では令和3年度税制改正により，一定要件を満たす株式交付における，株式交付子会社株式の譲渡について課税の繰延べができるようになっています。スキームとしては株式交換に似ていますが，税務上の考え方は異なる点が多くなっています。

株式交付の場合の登場人物は株式交付子会社・株式交付親会社・株式交付子会社の株主となります。それぞれの課税関係について，課税の繰延べができる場合とできない場合に区別して説明していきます。なお，他の組織再編税制と異なり，税法上，課税の繰延べができることを「適格」とは表現していない点について先に述べておきます。

1　課税の繰延要件

次の2点を満たす場合には課税の繰延べが可能となります。

- 株式交付により交付を受けた株式交付親会社の株式の価額が当該株式交付により交付を受けた金銭の額および金銭以外の資産の価額の合計額のうちに占める割合が80％以上であること
- 株式交付直後の株式交付親会社が同族会社（非同族の同族会社を除く）に該当しないこと

つまり，20％未満であれば交付対価として株式交付親会社株式以外の金銭などの他の資産を交付しても適用要件を満たすことになります。また，資産管理会社などの同族会社に株式を無税で移転することを防止するような要件内容となっています。

2　課税の繰延要件を満たす場合

①　株式交付子会社

株式交付子会社においては株主の異動があるだけで，自社の財務状況に影響はないため課税上の影響はありません。また，株式交換の場合と異なり，時価評価課税といった制度もありません。

②　株式交付親会社

株式交付親会社が株式交付により株式交付子会社株式を取得した場合のその株式の取得価額は次の区分に応じ，それぞれの金額となります。

株式交付により株式交付子会社株式を50人未満の株主から取得した場合	その株主における株式交付直前の帳簿価額
株式交付により株式交付子会社株式を50人以上の株主から取得した場合	株式交付子会社の株式交付を行った事業年度の前事業年度終了時の純資産額（帳簿価額）に相当する金額に株式交付子会社の発行済株式総数のうちに当該取得をした株式交付子会社株式の数の占める割合を乗じた金額

また，株式交付親会社株式の交付に伴って資本金等の額が増加することになります。増加する金額は上記の株式交付子会社株式の取得価額から株式交付親会社株式以外の資産を交付した場合の当該資産の価額の合計額を減算した金額とされています。

③　株式交付子会社の株主

株式交付子会社の株主は株式交付子会社株式の譲渡と株式交付親会社株式その他資産の取得という取引が発生します。

株式交付子会社株式の譲渡については課税の繰延べができますが，株式交換の場合のように全額について繰延べができるわけではありません。すなわち，株式交付親会社株式を対価とする部分（交付対価のうちに株式交付親会社株式

の価額が占める割合で計算）についてのみ課税の繰延べが可能となり，その他の部分については時価譲渡をしたものとして譲渡損益について課税が行われます。

　また，株式交付親会社株式の取得価額は，その株式交付直前の株式交付子会社株式の帳簿価額に交付対価のうちに株式交付親会社株式の価額が占める割合を乗じて計算されます。

3　課税の繰延要件を満たさない場合

①　株式交付子会社

　上記の課税要件を満たす場合と同様に特に税務上の影響はありません。

②　株式交付親会社

　株式交付親会社が株式交付により株式交付子会社株式を取得した場合のその株式の取得価額はその時の時価により計上することになります。この金額は原則として株式交付親会社株式を含む交付対価の額の合計額と同額となります。

　また，増加する資本金等の額は，上記の株式交付子会社株式の取得価額から株式交付親会社株式以外の交付対価の額を減算した金額となります。

③　株式交付子会社の株主

　株式交付子会社株式の譲渡については課税の繰延べが受けられないため原則どおり時価で譲渡したものとして譲渡損益について課税が行われます。

　また，株式交付親会社株式その他の資産の取得価額についても時価により計上されます。

第7章

法的・私的整理を利用して
会社を再建する手続

❖

実務においても頻繁に出てくる会社の整理に
ついて，本章では法的整理と私的整理の両方
を見ていきます。整理についてはさまざまな
やり方がありますが，その類型とそれぞれの
特徴を解説し，さらに，その手続の具体的な
やり方から，労務・税務上の留意点について
も説明します。

01 再建型私的整理とは

　再建型私的整理とは，民事再生や会社更生といった裁判所を介した再建型の法的整理ではなく，債権者との間で合意に基づき債務を整理することをいいます。再建型の私的整理の対象は通常，金融機関に限られますが，再建型の法的整理と同じく営業利益を確保できる状態であることが重要です。

1　法的整理との相違点

①　公表されるか否か

　再建型私的整理とは，民事再生や会社更生といった裁判所を介した再建型の法的整理ではなく，再建を目指して債権者と話し合い，合意に基づいて債務整理を行うことをいいます。

　民事再生や会社更生といった法的整理が，金融機関だけではなく取引先も含めすべての債権者を対象とするのに対して，再建型の私的整理は，実務では通常，会社に対して貸付けを行っている金融機関に対してのみ行います。

　また，民事再生や会社更生といった手続は，官報公告されるだけでなく，多数の債権者を対象にすることから事実上公表されることになるのに対して，私的整理は，上場会社でない限り公表は不要で，通常は金融機関のみを対象とするため，水面下で会社再建を進めることができます。

　すなわち，民事再生や会社更生では，その事実が取引先や顧客を含めて知れ渡ることになることから，再建を目指しているにもかかわらず「倒産」といった風評被害を招くことになり，会社の事業価値が毀損されるリスクを抱えているのに対して，再建型の私的整理では取引先を含むことなく，金融機関のみを対象に行うことができるため，水面下でその再建を図ることができ，事業価値

が不必要に毀損されることを回避できます。

②　営業利益の確保

　①のような違いがありますが，会社再建の実質面では，私的整理も法的整理と同様に，営業利益を確保できる状態である必要があります。

　たとえ営業利益が赤字であったとしても，雇用調整や不採算部門の閉鎖によって営業利益を黒字として確保できる見込みが必要になるのです。

　すなわち，私的整理も法的整理と同様，本業では利益が確保できるものの，これまでの金融機関からの貸付けといった債務が過大になってしまっているため，資金繰りが悪化している状況下において，検討可能な再建手法だということです。

　雇用調整や不採算部門の閉鎖によっても営業利益の確保すら難しい場合は，そのような状況でも支援を表明するスポンサーが現れない限り，私的整理にせよ法的整理にせよ，再建型の整理手続を進めることは困難でしょう。

　再建型の整理では，雇用調整や不採算部門の閉鎖等によって営業利益の確保を目指しても営業利益の確保が難しそうな場合であれば，再建を支援するスポンサーを見つけることができるかがポイントとなります。

2　会社自身による再建型私的整理

　営業利益を確保できる状況で，債務超過のため資金繰りが悪化し始めた際に，最初に検討される方法が再建型の私的整理です。

　再建型の私的整理の場合，一般の取引先に対する弁済は通常どおり続ける一方で，金融機関に対し経営改善計画を説明するなどして，まずは，返済期限の猶予を打診することになります。

　現実的な経営改善計画を提案して，営業利益を確保できる状況であれば，金融機関も返済期限の猶予を検討してくれる可能性があります。

3　準則のある再建型私的整理

　とはいえ，多数の金融機関との間で，個別に返済期限の猶予を交渉しても，話がまとまらないケースも多いと思われます。

　また，返済期限の猶予を求めるだけでは足りず，債務の減額や免除を求めざるをえない場合，会社が個別に金融機関と交渉しても，困難な場合が多いでしょう。

　このような場合，第三者機関が関与し，準則が定められている再建型の私的整理を検討することになります。

　具体的には，中小企業再生支援協議会や事業再生ADR[注17]，地域経済活性化支援機構等の利用が考えられます。

①　中小企業再生支援協議会

　中小企業再生支援協議会は，商工会議所等の認定支援機関に設置された組織で，行政型ADRといえます。

　対象は中小企業のみですが，費用も低廉なことが特徴です。債務者が主体的に進める手続ですが，支援協議会の手続支援も手厚いといわれています。

　第三者機関が関与する準則のある再建型の私的整理としては，この支援協議会での再建が大部分を占めています。

　ただし，支援協議会での再建は，債務の減免までを含めた抜本的な再建よりも，金融機関との間で返済期限を猶予するといったリスケのケースが多くを占めているようです。

②　事業再生ADR

　事業再生ADRは，事業再生実務家協会といった中立的な手続実施者が関与して整理手続を進めていくもので，民間型ADRといえます。費用がやや高いため，中堅企業から大企業が主な対象となるでしょう。

　従来の私的整理は，会社がメインバンクの同意を得て私的整理ガイドライン

に基づき他の金融機関を含めた債務整理を行うことが多かったようです。

　しかし，この方法では，メインバンクが他の金融機関よりも債権放棄する比率が大きくなる等，メインバンクの負担が他の銀行に比して重くなる「メイン寄せ」の弊害が指摘されていました。

　そこで，このようなメイン寄せの弊害を除去すべく，現在は，事業再生実務家協会といった中立的な第三者が手続を主宰し，債務整理を進める手続として，私的整理ガイドラインを発展させた事業再生ADRが利用されています。

③　地域経済活性化支援機構

　地域経済活性化支援機構は，株式会社地域経済活性化支援機構法に基づいて設立された組織です。

　支援機構の対象は，有用な経営資源を有しながら過大な債務を負っている中小企業とされ，その対象が限定されています。

　一定の条件を満たし，事業再生計画の実施を通じた事業の再生が見込まれるものでない限り，再生支援決定を行うことはできないとされています。

　また，再生支援の申込みは，会社とメインバンク等が連名で行う必要があるため，メインバンク等の協力が必要不可欠となります。

　メリットとしては，支援機構が金融機関との調整を主体的に行ってくれるため，債務整理に関する金融機関の同意を得られやすい点や，支援機構が債権買取りをすることができ，支援機構自体に融資や出資機能がある点を挙げることができます。

（注17）ADR：Alternative Dispute Resolution，裁判外紛争解決。

02 再建型私的整理のメリットと デメリット

> 再建型私的整理のメリットは，金融機関のみを対象に水面下で再建を図れるため，事業活動が阻害されるリスクを回避できる点にあります。ただ，デメリットとして，すべての金融機関の合意が必要となるため，1社でも反対した場合，私的整理での解決が困難となる点があります。

1 メリット

　再建型私的整理の最大のメリットは，金融機関のみを対象にすることができるということです。

　そして，上場会社でない限り，整理していることについての公表も不要なため，水面下で債務整理を進めることができる点もメリットとして考えられます。

　本章 **01** で解説したように，金融機関以外の事業上の取引先を巻き込まないで済むので，取引を停止されるリスクを回避できますし，水面下で金融機関と交渉することができるため，「倒産」といった風評被害も避けることができます。そのため，通常の事業活動が阻害されるリスクを避けることができます。

　民事再生や会社更生といった法的整理の場合，債権者を金融機関だけに絞ることはできず，取引先を含めてすべての債権者を対象にしなければなりません。

　また，官報で公告されますし，すべての債権者が手続に取り込まれることになるため，法的整理を始めたことは事実上知れ渡ることになります。そのため，民事再生や会社更生では，事業活動が阻害され，事業価値が毀損されるリスクがあります。

　そもそも，営業利益を確保できる状況でなければ，会社再建は難しい面があるため，会社再建を図るためには，事業価値が毀損されるリスクを回避できる再建型の私的整理をまずは検討したほうがよいでしょう。

2　デメリット

　再建型私的整理のデメリットは，当事者間の合意に基づいて債務整理を進めることになるため，対象となる金融機関すべての同意が必要となります。

　そのため，金融機関が1社でも反対した場合，再建型私的整理での再建を行うことは困難となりますので事前の調整が重要になってきます。

　金融機関が1社でも反対するような場合，多数決原理に基づいて再建を図ることができる民事再生や会社更生といった法的整理を検討することになります。

　このように対象となるすべての金融機関の同意が必要であることから，再建型私的整理ではメインバンクの協力も必要不可欠といえます。そのため，再建型私的整理では，まずはメインバンクに相談を行い，その協力を得ることから始めることになります。

図表7－1　私的整理と民事再生の違い

	私的整理	民事再生
対象債権者	原則として金融機関のみを対象	すべての債権者を対象（一部例外あり）
秘密性	金融機関以外に知られる可能性は低い	金融機関だけでなく取引先にも知れ渡る可能性が高い
事業への影響	公に知られる可能性が低いため，事業への影響は生じにくい（事業価値の毀損を防ぐことができる）	信用不安，風評によって顧客離れ，取引条件の見直し等求められる場合がある（事業価値の毀損リスクがある）
計画成立要件	全行同意が必要	多数決（債権者の頭数の過半数と，議決権総額の2分の1以上の賛成を得ること）で成立可能

03 清算型私的整理とは

清算型私的整理とは，清算を目的として行われる債務整理で特別清算や破産といった裁判所が関与する清算型の法的整理ではなく，債権者との合意に基づき，行われるものをいいます。清算型私的整理は債権者すべてが債権放棄に応じてくれなければ，選択困難であるため，実務上はあまり見られません。

清算型私的整理とは，特別清算や破産といった裁判所が関与する清算型の法的整理ではなく，債権者との合意に基づき，清算を目的として行われる債務整理のことをいいます。

実務上は，債務超過の会社を清算する場合，そのほとんどで破産といった法的整理がとられるため，清算型での私的整理は少ないと思われます。執筆者自身も担当したことはありません。

あえて想定するとすれば，債権者が少ないなかで，すべての債権者が債権放棄に同意してくれるようなケースでしょう。

確かに，会社法上は，会社を解散して清算することで，その法人格を消滅する手続が定められています。しかし，会社に債務超過の疑いがあるときは，清算人には，特別清算の開始を申し立てる義務が課されています（会511②）。

そのため，債務超過の会社を解散して清算しようとしても，結局のところ，裁判所が関与する特別清算を選択せざるをえなくなります。

ただし，特別清算になると，残債権の全部について弁済または放棄がされなければ，清算手続を結了することはできません。

また，債権者に対して債務の減免を求める場合には，通常，その旨の協定を債権者集会に申し出て，債権者の多数決による同意と裁判所の認可を得ること

になります。

　そのため，債権者の協力を得ることができない場合には，特別清算といった法的整理でも清算することができず，結果として，破産手続を選択せざるをえなくなります。

　このように債務超過に陥っている会社は，債権者による債権放棄等の協力を得て債務超過を解消しなければ，特別清算や破産といった法的整理を選択せざるをえないということになります。

　とはいえ，会社の個別交渉によってすべての債権者が債権放棄に応じてくれるケースも少ないため，実務上は，清算型の私的整理があまり見られないということになります。

　仮に清算型の私的整理を選択したとしても，あくまで当事者間の話合いで債務整理を進めていくため，手続が不透明となり，残余財産の分配も債権者間の平等を害することになりかねません。

　とりわけ，現在では，法人破産も低廉な費用で簡易迅速に行うことができるようになったため，会社が破綻した場合，多くの事案で破産といった法的整理が利用されています。

　しかし，低廉になったとはいえ法人破産するには，それなりの費用がかかるため，その費用すら捻出できない会社が，破綻後に破産といった法的整理すら行わず，そのまま放置されているケースも散見されます。

　この場合，その会社は休眠状態に入ることになり，法的な状態としては中途半端なものになります。また，休眠状態においては，登記申請も行われなくなることが多く，登記の懈怠には100万円の過料が定められているほか（会976一），株式会社の場合は12年間経過したときには，みなし解散の対象となります（会472①）。

　会社の法的な整理が完了していない状況になると，その会社の取引先についても悪影響が及びます。

　法的手続や私的手続など第三者による整理がなされた場合，債権の処理はそ

れら合意に基づいて行われるため，その処理はスムーズですが，放置されたま
まだと取引先が償却などの処理を行うことも難しくなるのです。

　実務上，清算型私的整理を行うケースはほとんど見られませんが，法的手続
を含め整理を行わず放置すると，取引先にも多大な負担を強いることになるの
です。

　以上のことからも法的・私的のいかんを問わず，整理をすることが取引先へ
の悪影響を最小限にするための方法だといえるでしょう。

04 特定調停とは

特定調停とは，支払不能に陥るおそれのある債務者の経済的再生のために，裁判所に申し立てることによって，債権者との利害関係を調整する手続です。当事者間で合意ができなければ調停は成立しませんが，裁判所が解決に必要な範囲で一定の決定を行うことができます。

1　特定調停とは

　特定調停は，個人・法人を問わず，支払不能に陥るおそれのある債務者の経済的再生のために，債務に関する利害関係を調整する手続で，民事調停の特例として認められた債務整理に関する調整手続です。

　特定調停は，債務者が金融機関等を相手方として，裁判所に特定調停を申し立てることによって始まります。

　法人の場合，支払不能に陥るおそれのある会社等が，金融機関を相手方として，弁済期限の猶予や債務の減額・免除を求めるケースでも利用されています。

　特定調停は，債権者全員を相手方として申立てしなければならないというものではありません。そのため，民事再生や会社更生のように債権者全員を手続に取り込む必要がないため，水面下で行うことができ，事業価値の毀損を回避することができます。

　また，再建型私的整理を進めている中で，ほとんどの金融機関が合意する予定であるものの，一部の金融機関が合意しないような場合，特定調停を申し立てる方法もあります。

　この場合，すべての金融機関を相手方として特定調停を申し立てる方法のほか，反対する一部の金融機関のみを相手方として特定調停を申し立て，裁判所における調整を経て反対していた金融機関との間で調停を成立させたうえ，成

立した調停内容をもって，もともと同意していた金融機関との間で合意すると
いった方法もあります。

2　資金繰りの確保

　特定調停は，民事再生や会社更生で設けられている相殺制限の制度がありま
せん。

　そのため，会社が資金繰りとして利用する金融機関の口座に預けている預金
や入金される売掛金については，貸付金との相殺を行わないように金融機関の
了解をとっておく必要があります。

　とはいえ，相殺制限に応じてくれない金融機関もあるでしょう。そのような
場合，民事調停法12条に基づく調停前の措置として，特定調停の申立てと同時
に，会社については弁済禁止の命令の申立てを，金融機関に対しては申立日時
点の債権残高を維持することを要請する命令の申立てを行うことも検討します。

3　強制執行等の停止

　特定調停においては，特定調停の成立を不能にし，または著しく困難にする
おそれがあるときだけではなく，特定調停の円滑な進行を妨げるおそれがある
場合，強制執行や抵当権等の担保権の実行を停止することができます（特調7
①）。

　ただし，強制執行等の停止は特定調停が終了するまでの間，一時的に停止で
きるにすぎません。すでになされた強制執行手続を取り消す効力まではないこ
とに注意が必要です。

4　17条決定

　特定調停を進めた結果，当事者間で合意が成立すれば，その合意内容で調停
が成立することになります。

　一方，一部の金融機関が反対し合意に至らなかった場合，調停は不成立とな
ります。この場合，裁判所は職権で，当事者双方の申立ての趣旨に反しない程

度で，事件の解決のために必要な決定をすることができます（特調20，民事調停法17）。実務上はこれを17条決定と呼んでいます。

　このように当事者間で合意が成立しなかった場合でも，裁判所は職権で一定の決定を行うことができます。

　決定から2週間以内に異議がなければ17条決定は確定しますが，異議の申立てがあると，その効力を失うことになります。

法的・私的整理で債権放棄を受けた場合の税務

> 債権放棄を受けた場合，債務免除益が計上されます。通常，青色欠損金を超える部分の金額については税負担が生じますが，一定の要件のもと資産の評価損益の計上，期限経過欠損金の損金計上が認められています。

　法人税法においては，益金の額として法人税の課税所得となるべき金額を次のように定めています。

　「別段の定めがある場合を除き，資産の販売，有償又は無償による資産の譲渡又は役務の提供，無償による資産の譲受けその他の取引で資本等取引以外のものに係る当該事業年度の収益の額とする。」（法法22②）

　これは，法人税の課税所得となるべき金額は，有償・無償を問わず，法人が受ける経済的利益に着目して課税するということです。

　企業再生を行う場合において，その会社が持っている多額の負債のうち一部または全部をカットして回復を図るといういわゆる債権放棄の方策が採られることがあります。

　債権放棄は合理性や客観性があればその行為自体に問題はありませんが，法人税の税負担という問題が出てきます。

　すなわち，再生などを目指す会社が債権者等から債務の免除を受けると，多額の債務免除益が計上され，その金額は原則として法人税の課税所得として取り扱われ税負担を生じさせることになるのです。

　しかし，現実的にはそういった状態の会社であれば，その会社が保有する青色欠損金により発生した免除益を相殺することができるはずで，債権放棄によって生じる債務免除益と相殺が可能となります。

　なお，青色欠損金については平成30年4月1日以後開始した事業年度におい

て発生した金額について10年（平成30年4月1日前に開始した事業年度におい
て発生した金額については9年）の繰越しが認められています。

　債務免除益がその会社の持っている青色欠損金の金額を超える場合は，その
超えた金額については，法人税の課税対象として取り扱われることになります。

　これまで述べてきたように，再生の手法は法的・私的なものを含めてさまざ
まなものがありますが，債権放棄を受け再生する方法としては，次の4つの方
法が考えられます。

---

① 　会社更生法の適用による再生

② 　民事再生法の適用による再生

③ 　法的整理に準ずる私的整理

④ 　任意整理

　再生を目指す会社が，受けた債務免除益により課税を受け，税負担を強いら
れることは，再生という目的を達成する阻害要因となりかねません。

　そこで，税法では，再生を目指す会社が，合理的な再建計画に基づくもので
あり，その債権放棄等を受けたことについて相当な理由があると認められると
きは，課税上の特別な取扱いを認めています。

　具体的には，その債務免除を受けた金額につき，青色欠損金以外の一定の損
金算入を認めることにより税負担の軽減を行うような措置が設けられています。

　また，債権者側においては，債権放棄等により供与する経済的な利益の額は，
寄附金の額に該当しないとされています。

　この場合，合理的な再建計画かどうかについては，支援額の合理性，支援者
による再建管理の有無，支援者の範囲の相当性および支援割合の合理性等につ
いて，個々の事例に応じ，総合的に判断するものとされています。

　例えば，利害の対立する複数の支援者の合意により策定されたものと認めら
れる再建計画は，原則として，合理的なものと取り扱うこととされています。

また，その税務処理のタイミングについては，再生計画等の決定された時点とされています。

上記④の任意整理とは，そうした税制上の措置を受けられない，整理であるため債権放棄を受けた場合，青色欠損金の繰越控除しか認められないことになります。

それに対して，①～③の法的整理と法的整理に準ずる私的整理（私的整理ガイドラインなどによる整理）については，大きく分けて２つの税制上の特例が認められています。それが，資産の評価損益の損金・益金算入と期限経過欠損金との相殺です。

1　資産の評価損益の損金益金算入

通常，資産の評価損益については，法人税法上，損金または益金の金額への算入は認められていません。

しかし，棚卸資産，有価証券，固定資産，繰延資産につき以下の事実がある場合，貸借対照表計上額を時価へ評価換えするための評価損の損金算入は認められています。

- 会社更生法による更生計画認可の決定等による評価換え（法法33③）
- 民事再生法による再生計画認可の決定等による資産評定（法法33④）
- 上記法的整理に準ずる私的整理による資産評定（法法33④，法令68の２）

法的整理や私的整理ガイドラインに基づく再生のための整理が行われたときには，評価損益の計上が認められています。法人税の負担を軽減することを目的とする場合には，これら資産の評価損を計上することになります。

また，評価換えを行った資産が減価償却資産である場合，減価償却費の計算は，まず評価換えを行ってから減価償却費の計算をすることになります。

ただし，完全支配関係がある会社間での整理については，その株式または出資については評価換え等を適用しないこととされています。

2　期限経過欠損金との相殺

　再建計画に基づき債務免除が行われた場合，まずは青色欠損金の損金算入制度を利用して発生した所得金額の圧縮を行います。しかし，債務免除を受けた場合，その債務免除益により発生した所得金額が繰り越してきた青色欠損金の金額を超えることも考えられます。

　そのようなケースについては，青色欠損金のほかに生じている期限切れの欠損金についても債務免除益との相殺が認められることとなっています。

　なお，期限経過欠損金の相殺ができるのは，資産の評価損益と同じく，会社更生法の適用・民事再生法の適用・私的ガイドラインに基づく再生に限られています。

　これら特例と青色欠損金の損金算入について，どの特例を使うかについては一定の順序があります。

　原則として，資産の評価損益の計上を行い，次に期限切れ欠損金の相殺を行い，さらにそれでも課税所得が生じるときは，青色欠損金を使います。

　これは，再生を行ううえで最初に青色欠損金を使ってしまうと，債務免除を受けた年度は税負担が少なくても，次年度以降に課税所得が生じる可能性があるためです。

　次年度以降について青色欠損金が残るようにしておくことで，将来の税負担の軽減ができ，しいてはスムーズな企業の再生を実現することができます。

　一方で，資産の評価損益の計上を行わない場合もあり，その場合には先に青色欠損金を使い，その後に期限切れ欠損金を使うという順序となり，資産の評価損益の計上を行う場合と順序が逆になる点は注意が必要です。

06 民事再生法による再建

民事再生も，その他の再建手続と同じく，営業利益の確保や当面の資金
繰りの維持がポイントです。特徴は，現経営陣のまま迅速に再建手続を進
められる点にありますが，取引先との信頼関係の維持や担保権者との交渉
といった実務上の対応が重要となります。

1　会社の再建が可能か否か

　民事再生によって会社の再建が可能か否かの判断要素は多岐にわたりますが，
その中の重要な要素は，営業利益が確保できているか否かです。

　不採算部門の閉鎖や雇用調整によっても営業利益を確保できない場合，会社
の本業そのものに問題があるため，民事再生や会社更生，再建型私的整理も含
めて，その再建が困難な場合は多いです。

　営業赤字になっていても，不採算部門の閉鎖や雇用調整によって再建を図る
ことは可能ですが，それに伴う費用も必要となるため，資金繰りが耐えられる
か否かも重要なポイントとなります。

　次に，民事再生を申し立てたとしても，現実的に資金繰りを維持することが
できない場合は破綻してしまうため，当面の資金繰りを確保することができる
か否かも重要な判断要素です。

　その他，従業員の給料についても遅滞が生じている場合，資金繰りを維持で
きていないことが多く，民事再生その他の再建型手続によって再建を図ること
は困難な場合が多いです。従業員の給料に関しては，独立行政法人労働者健康
安全機構が行う未払賃金の立替払事業を活用することを検討する必要がある場
合もあります。

　ただし，このように営業利益が赤字であったり，資金繰りに問題があったり

しても，スポンサー候補がいる場合，スポンサーの協力を得て，再建が可能となる場合もあります。

2　民事再生の特徴

①　現経営者による迅速手続

会社更生では，原則として会社の経営者は残らず，その管理は管財人に移ることになりますが，民事再生の場合は原則として会社の経営者に変更がありません（DIP型：Debtor in Possession）。

また，民事再生は，東京地裁の標準スケジュールによると，約5か月で計画案認可のスケジュールが予定されているため，会社再建を迅速に進めることができることも特徴です。

このように，民事再生は，会社の既存の経営者が迅速に再建手続を進めることができることに特徴があります。

②　取引先との関係

民事再生の手続に取り込む債権者は，金融機関に限られておらず，すべての債権者が対象となります。

この点は会社更生も同じですが，重要な仕入先の債権も民事再生に取り込まれ，大部分が免除対象となりかねません。そのため，仕入先から取引を停止されることもあります。

また，民事再生は官報で公告されますし，多数の債権者を対象とするため，事実上公表されることになります。そのため，得意先が信用毀損等を理由に取引を停止することもありますし，再建を目指しているにもかかわらず「倒産」といった風評被害も発生するおそれがあります。

このように民事再生は既存の得意先や顧客を維持することができなくなって，事業を継続することが困難となるリスクがあることに注意が必要です。

そのため，取引先や顧客との信頼関係を維持することができるか否かも重要なポイントとなります。

一方，再建型私的整理は，貸付けをしている金融機関のみを原則として対象としていますし，上場会社等でない限り，その公表は必要ありません。そのため，既存の取引先との関係を含めて考えると，事業価値が毀損されるリスクは再建型私的整理のほうが，民事再生より低いといえます。

③　担保権の行使

民事再生においては，抵当権といった担保権の行使は民事再生の手続に拘束されません。

そのため，製造業における工場の機械等のように重要な資産に担保権が設定されていると，担保権の実行を否定できないため，再建が困難となる場合があります。

そこで，実務上は，担保権者に対して担保物の評価額を分割弁済すること等を提案し，その解除を行ってもらうよう交渉することが多いです。

④　租税公課

租税公課の延滞額が多額に及んでいる場合，民事再生による再建が困難となります。

租税公課の滞納処分は民事再生手続によって拘束できないだけでなく，減免の対象にもならず，支払時期も変更されないためです。

3　民事再生か会社更生か

会社更生においても，平成14年の改正によって，既存の経営者が管財人になることが認められました（DIP型）。そのため，既存の経営者によって会社再建を図るケースであっても，民事再生ではなく会社更生を検討される例も増えてきています。

ただし，会社更生において，DIP型が認められるためには，現経営陣に不正行為等の違法な経営責任の問題がないことや，主要債権者が現経営陣の経営関与に反対していないこと等の要件が実務上必要とされています。

　その他，会社更生では担保権を手続に取り込むことができるため，債権者は担保権を行使することが原則としてできなくなります。そのため，大企業においては，民事再生ではなく会社更生を検討するメリットがあるといえます。

　しかし，会社更生は計画案の認可決定に1年程度を要しますし，手続も多く，予納金が高いといった事情等から，大企業以外の中小企業はまずは民事再生を検討したほうがよいでしょう。

07 民事再生法の手続①

民事再生の手続開始の申立てから，再生手続の開始決定がなされるまでの期間の対応は重要です。会社財産を保全するとともに，申立日に従業員説明会を行い，再生手続の開始決定がなされるまでの間に債権者説明会を行うことになります。

　民事再生は，その申立てから始まりますが，そもそも，民事再生の手続を開始することができるか否かがまず判断されます。再生手続の開始が決定された後は，再生計画案の認可決定に向けて動いていきます。

　本項目では，民事再生の申立てから再生手続の開始決定がなされるまでの間でポイントとなる点を見ていきます。

1　申立て前の検討

　経営者が会社債務を連帯保証している場合，その連帯保証債務についても別途，民事再生や破産などを検討する必要があります。これは会社の民事再生における再生計画は，経営者個人の連帯保証に影響しないためです。

　また，申立て後は，現金で取引することが多くなるため，運転資金としての現金を確保しておく必要があります。そのため，借入れをしている銀行の預金口座にある現金については，銀行からの相殺を避けるため，借入れをしていない銀行の預金口座に移すことも検討します。

2　申立て

　裁判所に民事再生の手続開始決定の申立てをすることになります。管轄裁判所は，原則として会社の主たる営業所が所在する土地を管轄する地方裁判所となります。

　裁判所には予納金を収める必要があります。東京地裁の場合，例えば，負債総額5,000万円未満は200万円，5,000万円〜1億円未満は300万円，1億円〜5億円未満は400万円，5億円〜10億円未満は500万円等が基準額とされています（民事再生事件の手続費用一覧）。

　大まかに手続の流れを説明すると，次のようになります（東京地裁の標準スケジュール参照）。

　民事再生の手続開始決定の申立てを行います。民事再生の手続開始決定の要件を充足していれば，申立日から1週間程度で民事再生の手続開始決定がなされます。この申立てから開始決定の間に，従業員や債権者への説明会を行います。

　その後，債権者に債権の届出を行ってもらい，その債権の認否書を提出するとともに再生計画案を作成することになります。

　申立日から約5か月程度で債権者集会を開催する等して，可決要件を満たせば，その認可決定がなされます。

3　保全措置

　民事再生の手続開始決定の申立ての際，弁済禁止の保全処分の申立てを行うことが一般的です。

　これにより，債務の弁済が原則として禁止されることになります。

　ただし，租税，従業員の給料，事務所の賃料，事務所の備品のリース料や少額債権といった一定の債務の弁済は，会社経営を維持するために可能です。

　裁判所から弁済禁止の保全処分を発令してもらうことによって，会社は弁済禁止の拘束を受けることになるため，弁済を怠ったことを理由とした契約解除を相手方はできなくなります。

　再生手続の申立てを行ってから，再生手続の開始決定がなされるまでの間の財産の保全が重要となります。

　再生手続の開始決定がなされると，債権者による個別の権利行使が禁止されることになりますが，再生手続を申し立てただけでは，このような個別の権利行使が禁止される効果を得ることはできません。

そこで，再生手続の申立てから再生手続開始決定までのいわば空白期間においても個別の権利行使を禁止する効果を得るべく，弁済禁止の保全処分の申立てを行うことになります。

保全処分の発令とともに監督委員が選任されます。なお，東京地裁では原則として全件について監督委員を選任しています。

その他，強制執行が開始されている場合は，中止命令の申立ての要否を検討します（民再26）。強制執行等が多数あって，すべての強制執行を中止する必要がある場合，包括的禁止命令の申立ても検討します（民再27）。

また，競売手続が開始されている場合，その手続を一時的にストップさせるべく，担保権実行手続の中止命令の申立ての要否を検討することになります（民再26①二）。

4　債権者への通知

申立て後，金融機関に対してはFAX，その他の債権者に対しては郵送で，民事再生を申し立てたこと，債権者説明会の案内，弁済禁止の保全処分の内容等を通知します。

金融機関の口座に入金があった場合，相殺されないようにするために，金融機関に対しては申立て後，すぐにFAXで通知を行う必要があります（民再93①四）。

5　従業員説明会

民事再生の申立日当日に従業員への説明会を開催します。民事再生手続の概要，債権者への対応，支払決済の運用方法に加え，従業員の給与や退職金の取扱い等についても説明を行います。

6　債権者説明会

民事再生の申立て後，速やかに債権者説明会を行います。債権者説明会では，マスコミといった債権者以外の入場を断るのが一般的です。

　債権者説明会では，代表者から謝罪を行い，代理人弁護士等から会社の概要，民事再生の申立てに至った経緯，清算貸借対照表の概要，民事再生手続の内容およびスケジュール，今後の取引の内容や支払方法等について説明を行います。

　その後，質疑応答を受け付けることになります。議事については議事録を作成して，裁判所に提出することになります（民再規61）。

7　共益債権化の手続

　民事再生の手続に取り込まれた債権は，再生債権として再生計画に従って弁済されることになるため，減免されることになります。

　そのため，民事再生手続の申立前の債権は，公租公課や労働債権等の一般優先債権を除き，再生債権となって減免の対象となります。

　一方，民事再生手続の開始決定後の取引によって生じた債権は，再生手続に取り込まれません。すなわち，開始決定後の債権は，再生債権とはならず，共益債権として再生計画による減免の対象から外され，随時弁済されることになります（民再121）。

　それでは，民事再生手続の申立て後，開始決定前の債権はどのような取扱いになるのでしょうか。原則からすると，この申立て後，開始決定前の債権は，再生債権として減免の対象となってしまいます。

　しかし，これでは，申立日から開始決定日までの間に債権を発生させるような取引を行うことが事実上困難となってしまうため，例外的に共益債権化する手続が認められています（民再120）。

　そこで，取引継続を確保するといった観点から，申立日から開始決定日までの間の取引によって生じる債権については，裁判所の許可または監督委員の承認を得て，共益債権にしておく必要があります。これにより，申立日から開始決定日までの間に仕入れをしたとしても，その弁済を通常どおり行うことができるため，取引活動を継続することができます。

　なお，民事再生の申立て前に発生した債権については，共益債権にすることはできません。

8　再生開始決定

　裁判所は，民事再生の申立書の内容，債権者説明会における債権者の意見や監督委員による主要債権者への意見聴取の内容等を考慮して，民事再生の手続開始を決定します。裁判所では破産手続開始の原因となる事実の生ずるおそれがあるとき，または債務者が事業の継続に著しい支障を来すことなく，弁済期にある債務を弁済することができないときといった手続開始原因があるか否かが判断されることになります（民再21）。

　ただし，次のいずれかに該当する場合，裁判所は，再生手続開始の申立てを棄却することになります（民再25）。

（1）再生手続の費用の予納がないとき
（2）裁判所に破産手続または特別清算手続が係属し，その手続によることが債権者の一般の利益に適合するとき
（3）再生計画案の作成もしくは可決の見込み又は再生計画の認可の見込みがないことが明らかであるとき
（4）不当な目的で再生手続開始の申立てがされたとき，その他申立てが誠実にされたものでないとき

　申立てが棄却され確定すると，一般的には破産手続に移行することになります。

9　再生開始決定の効果

　弁済禁止の保全処分は，開始決定によって効力を失うことになりますが，開始決定がなされることによって，再生計画の定めによらなければ，弁済を受けることができなくなります（民再85①）。すなわち，個別の債権行使は原則として禁止されることになります。

　強制執行の中止命令や包括的禁止命令も，開始決定によって効力を失うことになりますが，開始決定がなされることによって，強制執行手続は中止されることになります（民再39）。

08 民事再生法の手続②

　再生計画案が可決されるためには，頭数として投票者の過半数の賛成，議決権額として総議決権額の2分の1以上の賛成が要求されます。実現性がある事業計画を作成し，債権者の賛成を取り付ける必要があります。

　本章 **07** では，民事再生の申立てから再生手続の開始決定までの間のポイントを見てきました。

　本項目では，民事再生手続の開始決定がなされた後，再生計画案の認可決定，民事再生手続の終了に至るまでのポイントを見ていきます。

1　財産評定

　民事再生を申し立てた会社は，再生手続開始後，遅滞なく，会社の一切の財産について再生手続開始のときにおける価額を評定しなければなりません（民再124①）。

　この財産の評定は，例外的に継続価値で評価する場合もあるようですが，原則として処分価値をもって行います。会社の規模にもよりますが，公認会計士の協力を得て作成することが多いようです。

　不動産については，（簡易）鑑定評価を取得することが多く，その評定額については，正常価格の7割程度となる特定価格（早期売却価格）とします。

　財産の評定を完了させた後は，再生手続開始のときにおける財産目録および貸借対照表を作成して，裁判所に提出することになります（民再124②）。

2　債権届出・確定

　民事再生の手続に参加する債権者は，債権届出期間内に，債権届出を行う必要があります（民再94）。債権届出をしない場合，原則として失権します（民再

178）。

　届出債権額について，会社が把握している額と違いがないかを確認することになります。そのうえで，会社は届出債権について認否書を作成し，裁判所に提出します（民再101）。

　債権者から届出があった債権について，会社や他の債権者に異議があり，届出債権者が争う場合，債権の査定手続が行われることになります（民再105）。

　このような手続を経て，再生債権が確定すると，再生債権者表に記載されることになります（民再104①）。再生債権者表の記載は確定判決と同一の効力を有します（民再104③）。

3　担保権（別除権）への対応

　会社の資産に抵当権等の担保権が設定されている場合，その担保権は別除権として民事再生手続に拘束されません。民事再生の手続中でも，これらの担保権は別除権として行使することができます（民再53②）。

　そのため，会社の重要な資産に別除権が設定されている場合，その行使を防ぐ対応が必要となります。

　基本的な対応としては，別除権が設定されている資産の評価額を算定し，その評価額を分割弁済することを条件に，別除権として設定されている担保権を解除することを内容とする別除権協定を締結する対応が挙げられます。

　なお，民事再生手続中なので，監督委員の同意を取ったうえで締結することになります。

　このような交渉を別除権者と行う時間的猶予を確保すべく，担保権実行手続の中止命令を申し立てるといった方法もあります（民再31）。

　その他，担保権消滅許可の申立ての手続もあります（民再148）。これは別除権が設定されている財産の価額相当の金銭を納付することによって，担保権を消滅させることができる制度です。

　ただし，会社は担保権を消滅させることができる程度の金銭を準備できない場合がほとんどなので，この制度を利用できる場合は，その金銭を用意できる

スポンサーがいる場合に限定されることになります。

4 再生計画案の作成・決議

① 再生計画案の作成

　会社は，再生計画案を裁判所に提出することになります。再生計画案が債権者によって可決され，認可決定が確定すると，再生計画に従って債権者の債権は減免や期限の猶予といった変更を受けることになり，そのような債権の減免のなか，会社は再建を進めていくことになります。

　再生計画案において注意すべきポイントは次のようなものになります。

ア）再生債権の権利変更の内容

　再生計画案では，債権者の債権について減免や期限の猶予その他権利の変更に関する一般的基準を定めなければなりません。

　この権利の変更の内容は，清算価値保証原則（その弁済が破産を想定した場合の配当率を下回ってはならないとする原則を意味します）を充足し，債権者間では平等の対応をしなければなりません。

　なお，事業計画からすると，清算配当率より相当高い弁済率での弁済ができる場合に，合理的な理由もなく，その弁済率からかけ離れた内容で債権の減免を要求することは，債権者の一般の利益に反すると判断される可能性があるので，注意が必要です。

　弁済期間は原則として再生計画の認可決定確定時から10年以内とされています。なお，民事再生の開始決定後の利息や遅延損害金については免除を受けることが一般的です。

イ）事業計画

　事業計画は民事再生における弁済の根拠となるものなので，債権者やスポンサーが受け入れられるよう実現性のある内容で計画を立てる必要があります。

　事業を再建していく大筋を決定したうえで，将来数年間にわたる事業計画を作成することになります。

ウ）減資・増資

　会社が債務超過に陥っている場合，裁判所の許可があれば，再生計画案に定めることによって，発行済株式の無償取得や資本金の減少に加え（民再161③），スポンサーを割当先とする募集株式の発行を株主総会の特別決議なくして行うことができます（民再162，166の2）。

エ）事業譲渡・会社分割

　事業譲渡については，再生計画案に基づき行う場合のほか，再生計画案によらず，再生計画外で裁判所の代替許可を得て行う場合があります。

　最近は，再生計画外で裁判所の代替許可を得て行うことが多いようです。なお，裁判所の代替許可を得て行う場合，株主総会決議は不要となります（民再43①）。

　一方，会社分割については，裁判所の代替許可を得ることで株主総会決議が不要となる手続は用意されていません。

　そのため，民事再生において会社分割を行う場合，株主総会決議も含め会社法上の手続が必要となります。

②　再生計画案の決議

　再生計画は，認可決定が確定するまでは効力を生じません。再生計画案の債権者による可決要件は，頭数として投票者の過半数の賛成が必要となり，議決権額として総議決権額の2分の1以上の賛成が必要となります（民再172の3）。

　なお，棄権者は頭数の分母には算入されませんが，議決権額の分母には算入されることになります。

　そのため，議決権額については，棄権者は反対したことと同じ効果を有することになります。そこで，再生計画案への賛成を得るため，債権者説明会を開催して，再生計画案の内容を説明し，賛成を依頼することが多いです。

　また，金融機関へは個別訪問を行って，再生計画案の内容を説明し，賛成を依頼することも多いです。

　再生計画の認可決定が確定すると，再生計画に定めのある債権については，

再生計画の定めのとおり減免，権利変更の効果が生じることになり（民再179），再生計画に定めのない債権については，原則として失権することになります（民再178）。

再生手続開始によって中止されていた強制執行等は，その効力を失うことになります（民再184）。

一方，再生計画案が否決された場合，裁判所は職権で再生手続を廃止することになります（民再191）。

廃止が確定すると，裁判所は職権で破産手続開始を決定することができますので，通常は破産手続に移行することになります（民再252）。

5　民事再生手続の終了

監督委員が選任されている場合，再生計画の認可決定確定後3年を経過したときに民事再生手続は終結します（民再188）。再生計画記載の弁済が完了していなくても終結することになります。

なお，例えばスポンサーがいる場合等で再生計画をすべて履行したときは，3年を待たずとも終結することになります。

09 会社更生法による再建

会社更生も，営業利益の確保や当面の資金繰りの維持がポイントとなります。特徴は，既存の経営陣が残らない管理型が原則です。担保権や租税公課を手続に取り込めるメリットはあるものの，スピードは民事再生のほうが早く，予納金も高額なため，大企業向けの再建手続といえます。

1　会社の再建が可能か否か

会社更生も民事再生と同じく，営業利益が確保できるか否かが重要なポイントとなります。

不採算部門の閉鎖や雇用調整を行ったとしても営業利益を確保することが難しい場合，民事再生と同様にその再建が困難な場合が多いようです。

加えて，当面の資金繰りを維持することができるか否かも重要です。会社更生を申し立てても，その後の資金繰りを維持できなければ，民事再生と同じく再建は困難となります。

ただし，このように営業利益が赤字になっていたり，資金繰りの維持に問題があったりしても，スポンサー候補がいる場合，その協力を得ることで再建が可能となる場合もあります。

2　会社更生の特徴

①　管理型

会社更生を申し立てた場合，原則として会社の管理処分権は管財人に変更されます（会更72①）。すなわち，既存の経営者は残らないことが原則となります。

この点が，会社の経営者に変更がないDIP型といわれる民事再生との大きな違いとなります。

　ただし，会社更生においても，平成14年の改正によって，既存の経営者が管財人に選任されることが認められ，DIP型が導入されました（会更67）。

　とはいえ，会社更生において，DIP型が認められるためには，既存の経営陣に不正行為等の違法な経営責任の問題がないことや，主要債権者が既存の経営陣の経営関与に反対していないこと等の要件が実務上必要とされています（会更67③）。

　会社更生は，通常1年程度を必要とします。民事再生が5か月程度で予定されていることと比べると，やはり民事再生のほうが迅速性があるといえるでしょう。

　なお，民事再生は株式会社以外の他の法人も対象となりますが，会社更生は株式会社のみを対象としています。

②　担保権

　担保権は，民事再生では手続に取り込むことができず，その実行を拘束することはできませんでした。

　一方，会社更生では，担保権も手続に取り込まれることになります（会更50①）。そのため，会社にとって重要な資産に担保権が設定され，その実行がなされる可能性がある場合，会社更生を検討することになります。

③　租税公課

　民事再生では，租税公課についても，その滞納処分を拘束することはできません。

　一方，会社更生では，租税公課も手続に取り込まれることになるため，滞納処分は中止されます（会更50②）。そのため，租税公課の滞納が多額に及んでいる場合，会社更生を検討する必要があります。

④　組織再編等

　民事再生では，減資や増資，事業譲渡も裁判所の許可を得ることで株主総会

決議なくして行うことができます。会社更生でも，更生計画に基づき減資や増資，事業譲渡を株主総会決議なくして行うことが可能です（会更167②，174，175）。

それに加え，会社更生では，会社分割も更生計画に基づき株主総会決議なくして行うことができます（会更174）。

⑤ 予納金

東京地裁における民事再生では，その予納金は，負債総額5,000万円未満では200万円，負債総額5,000万円～1億円未満では300万円，負債総額1億円～5億円未満では400万円，負債総額5億円～10億円未満では500万円とされ，その後，負債総額に応じて上がっていき，負債総額1,000億円以上でも1,300万円とされています。

一方，会社更生の予納金は，債権者・株主申立ての場合，1,200万円から4,500万円程度が予定され，自己申立ての場合，800万円から3,000万円程度が予定されています。

民事再生は原則としてDIP型であって，既存の経営者が主導して会社再建が進められ，監督委員の活動範囲も会社更生に比べれば限定的です。

一方，会社更生は原則として管理型であって，管財人が会社に常駐し意思決定を行う等，管財人が主導して会社再建が進められるため，その活動範囲も広く，その負担も大きくなります。監督委員に比して管財人の活動費や報酬が高く設定されることになるため，会社更生は民事再生に比して，予納金も高額になります。

このように予納金という観点から見ても，会社更生は大企業の再建が予定されているといえます。大企業の再建であれば会社更生も検討し，それ以外の中小企業の再建であれば，まずは民事再生による再建を検討したほうがよいでしょう。

10 会社更生法の手続

> 会社更生の申立てから認可決定に至るまでは約1年を要します。また，その手続は既存の経営陣ではなく，保全管理人や管財人が主導して進められます。

　会社更生も民事再生と同じく，申立てから始まります。申立てから会社更生手続の開始決定まで約1か月を必要とします。この開始決定までの間に従業員説明会や関係人説明会等を行うことになります。

　その後は，更生計画案の認可決定に向けて動いていくことになります。申立てから認可決定がなされるまで約1年を必要とします。

　この更生計画案の認可決定までの間に債権の届出や認否が行われ，更生計画案を作成して債権者を含めた関係人による可決を目指すことになります。

1　申立てから開始決定まで

①　保全措置

　会社更生の申立ての際，管理型では，民事再生とは異なって保全管理命令の申立てを行います（会更30）。

　保全管理命令が発せられると，保全管理人が選任され，会社の事業の経営ならびに財産の管理および処分をする権利は，保全管理人に専属することになります（会更32①）。

　これによって，更生手続の申立てから更生手続開始決定までの間の財産の保全がなされることになります。

　強制執行，仮差押え，仮処分，担保権の実行，留置権による競売等を中止，取消しする場合は，中止命令や取消命令の申立てを，国税滞納処分がある場合は，その中止命令の上申書提出や取消命令の申立てを検討することになります

（会更24）。

　また，強制執行等が多数あって，そのすべてを中止または取消しをする必要
がある場合は，包括的禁止命令や取消命令の申立てを検討します（会更25）。

②　従業員説明会

　会社更生の申立日当日に従業員への説明会を開催します。会社更生手続の概
要，債権者への対応，支払決済の運用方法に加え，従業員の給与や退職金の取
扱い等についても説明を行います。

③　債権者への通知

　申立て後，金融機関に対してはFAX，その他の債権者に対しては郵送で，
会社更生を申し立てたこと，関係人説明会の案内，保全管理命令の内容等を通
知します。

　金融機関の口座に入金があった場合，相殺されないようにするために，金融
機関に対しては申立て後，すぐにFAXで通知を行う必要があります（会更49①
四）。

④　関係人説明会

　会社更生法では株主も手続に参加することが予定されているため，債権者説
明会ではなく関係人説明会を行います。これは会社更生手続の申立て後，おお
むね１週間後を予定して行います（会更規16）。

　なお，会社が債務超過の場合，株主に議決権は与えられないため（会更166
②），株主を説明会に案内する必要はないと考えられます。

⑤　更生開始決定

　裁判所は，会社更生の申立書の内容，関係人説明会における債権者の意見や
保全管理人の報告等を考慮して，会社更生の手続開始を決定します。

　破産手続開始の原因となる事実が生ずるおそれがある場合，または弁済期に

ある債務を弁済することとすれば，その事業の継続に著しい支障を来すおそれがある場合といった手続開始原因があるか否かが判断されることになります（会更17，41）。

　ただし，次のいずれかに該当する場合，裁判所は，更生手続開始の申立てを棄却することになります。

（1）更生手続の費用の予納がないとき。
（2）裁判所に破産手続，再生手続または特別清算手続が係属し，その手続によることが債権者の一般の利益に適合するとき。
（3）事業の継続を内容とする更生計画案の作成もしくは可決の見込みまたは事業の継続を内容とする更生計画の認可の見込みがないことが明らかであるとき。
（4）不当な目的で更生手続開始の申立てがされたとき，その他申立てが誠実にされたものでないとき。

　申立てが棄却され確定すると，一般的には破産手続に移行することになります（会更234，252）。

⑥　更生開始決定の効果

　更生開始決定がなされることによって，会社の事業の経営ならびに財産の管理および処分をする権利は管財人に専属することになります（会更72）。

　債権者は，更生計画の定めによることなく，弁済を受けることができなくなります（会更47）。すなわち，原則として，債権者は担保権の行使も含めて個別に権利行使することが禁止されます。

　また，更生開始決定がなされることによって，強制執行手続や国税滞納処分，担保権の実行は中止されることになります（会更50）。

　なお，国税滞納処分は開始決定の日から原則として1年間のみ中止されることになります（会更50②）。

2　開始決定から認可決定，手続の終了まで

①　管財人による運営

　更生開始決定がなされることによって，管財人が選任されると，会社の事業の経営ならびに財産の管理および処分をする権利は管財人に専属することになります（会更72）。そのため，取締役や監査役のみならず取締役会や株主総会もその役割を果たす場面がなくなります。

　決まった方法があるわけではありませんが，実務上は，管財人や管財人代理が会社に管財人室を設け，会社に常駐するとともに，管財人団会議を定期的に開催し，その意思決定を行っていくことが多いです。

②　債権届出・確定

　会社更生の手続に参加する債権者は，債権届出期間内に，債権届出を行う必要があります（会更138）。

　債権届出を行わないと，原則として失権します（会更204）。債権の認否については，管財人が認否書を作成して裁判所に提出します（会更146）。

　債権調査を経て確定すると，更生債権者表および更生担保債権者表の記載は確定判決と同一の効力を有することになります（会更150③）。

③　担保権

　担保権は民事再生とは異なり，会社更生の手続に取り込まれることになります。そのため，担保権者は会社更生の手続外で担保権を行使することはできません（会更50）。

④　更生計画案の作成

　管財人は，更生計画案を裁判所に提出することになります（会更184）。

　更生計画案が認可決定されると，届出をした更生債権者等の権利は減免される等の変更を受けることになります（会更205①）。

ア）更生債権の権利変更の内容

　更生計画には，更生債権者等の権利の減免等の変更を定める必要があります
が，同一種類の債権については原則として平等の取扱いをしなければなりませ
ん（会更168）。

　なお，明文の定めはありませんが，清算価値保証原則（その弁済が破産を想
定した場合の配当率を下回ってはならないとする原則を意味します）を満たす
必要があると考えられています。

　弁済期間は，更生債権等は原則として15年以内，更生担保権は原則として15
年または担保物の耐用期間のいずれか短い期間（会更168⑤），租税債権等は原
則として3年以内とされています（会更169）。

イ）事業計画

　事業計画は民事再生と同様，実現性のある内容で作成する必要があります。

　なお，民事再生は「再生計画が遂行される見込みがないとき」が不認可事由
となっていますが，会社更生では「更生計画が遂行可能であること」が認可事
由とされています（会更199②三）。

　そのため，会社更生のほうが民事再生に比して，事業計画の遂行可能性が厳
格に求められるといえるでしょう。

ウ）減資・増資

　更生計画に定めを設けることによって，発行済株式の無償取得や減資，スポ
ンサー等を割当先とする募集株式の発行を，株主総会決議なく行うことが可能
です（会更210，212，215）。

エ）組織再編

　合併，会社分割，新会社設立や事業譲渡，株式交換，株式移転，株式交付と
いった組織再編等に関する事項についても更生計画に定めを設けることによっ
て，株主総会決議なく行うことができます（会更210～225）。

⑤　更生計画案の決議

　会社更生では，権利ごとに分けて決議が行われます（会更196①⑤）。更生債

権者については総議決権額の過半数の賛成が必要となります。

更生担保権者については，①期限の猶予をする場合，総議決権額の３分の２以上の賛成が必要となります。②減免等の定めをする場合，総議決権額の４分の３以上の賛成が必要となります。③清算型計画案の場合，総議決権額の10分の９以上の賛成が必要となります。

株主については，総議決権の過半数の賛成が必要となりますが，債務超過の場合，株主に議決権は与えられません。

なお，棄権者も分母に算入されることになるため，棄権者の議決権額は反対したのと実質的に同じ効果があります。

更生計画の認可決定がなされると，更生債権や更生担保権の権利は更生計画の定めに従って変更されます（会更205）。

一方，このように更生計画に定められた権利や会社更生法によって認められた権利を除き，原則としてその他の債権や担保権について会社は義務を免れることになります（会更204）。

また，更生手続開始によって中止されていた強制執行等は，その効力を失うことになります（会更208）。

そのほか，会社の従前の取締役等は退任し，更生計画の定めに従って新しい取締役等が就任することになります（会更211）。

⑥　会社更生手続の終了

次のような終結の要件を充足する場合，管財人の申立てまたは職権によって，更生手続終結の決定がなされることになります（会更239）。

ア）更生計画が遂行された場合

イ）更生計画の定めによって認められた金銭債権の総額の３分の２以上の額の弁済がされたときにおいて，当該更生計画に不履行が生じていない場合

ウ）更生計画が遂行されることが確実であると認められる場合

11 再建にかかる税務処理の内容

> 再建に係る税務処理で特別な取扱いを要する，DESの課税関係，子会社整理の際の貸倒処理，有価証券の時価については，実務上その取扱いに迷うところです。それぞれポイントとなるのは，「時価」と「妥当性」です。

　再建にかかる税務処理として，メインの部分となるのは，本章 05 で解説した，債務免除を受けた場合の期限経過欠損金の取扱いについてですが，本節では，そのほかの再建にかかる税務処理の特徴的な部分について説明していきます。

1　DESを利用した場合の課税の問題

　DESは，"Debt Equity Swap" の略で，Debt（債務）とEquity（株式）をSwap（交換）することをいいます。

　業績が悪化してきた会社に対し，債権を保有している取引先や金融機関が相手の会社を救済・再生させるために利用する方法で，「債務の株式化」のことをいいます。

　これによって，貸借対照表での債務超過状態を解消させたり，利払いや元本返済が必要な有利子負債を削減させ，資金繰りの状況を改善させることができます。

　債務者にとってDESは，株主から金銭以外の資産（債権）の給付を受けて（現物出資を受けて）株式を発行する行為ですから，DESにより増加する資本金等の額は，法人税法施行令8条1項1号により被現物出資法人が給付を受けた金銭以外の資産の価額となります。

　したがって，回収不能と見込まれる部分についてはDESの対価である株式の交付の対象とはできず，回収可能額に相当する部分についてのみこの株式の交付の対象とされるということになります。

回収可能額が債務の額面額を下回るようなケースでは，債務免除益が生じます。債務免除益については，すでに解説したように益金の額に算入されることとなりますので，DESを採用しても課税が生じる可能性はあります。

2　子会社を整理・再建する場合の貸倒損失の取扱い

　子会社を整理・再建する場合の税務処理は，親会社側からも注意が必要です。

　貸付金等が貸倒損失として法人税法上の損金に算入されるための要件は，「回収不能」と判定されることとされており，税法上かなり厳格に取り扱われています。

　回収可能性が限りなくゼロになった時点で初めて損金算入ができるような処理がなされるのです。

　しかし，親子会社の場合について，別々の法人としてこのような厳しい原則が適用されるならば，子会社の経営危機のために，支出したものが損金に算入されずに税負担が生じる結果となり，親会社自体が経営危機に陥るというような事態も十分に考えられます。

　そこで，子会社の解散，経営権の譲渡等に伴い，親会社がその子会社のために債務の引受け，債権放棄その他の損失の負担をした場合においても，それが今後より大きな損失の生じることを回避するためにやむをえず行われたものであり，かつ，そのことが社会通念上も妥当なものとして是認されるような事情にあるときは，税務上もこれを寄附金として取り扱わないことになっています。

　なお，子会社等を整理または再建する場合の損失負担等が経済合理性を有しているか否かは，次のような点について，総合的に検討することになります。

（1）損失負担等を受ける者は，「子会社等」に該当するか。

（2）子会社等は経営危機に陥っているか（倒産の危機にあるか）。

（3）損失負担等を行うことは相当か（支援者にとって相当な理由はあるか）。

（4）損失負担等の額（支援額）は合理的であるか（過剰支援になっていないか）。

（5）整理・再建管理はなされているか（その後の子会社等の立ち直り状況に応じて支援額を見直すこととされているか）。

（6）損失負担等をする支援者の範囲は相当であるか（特定の債権者等が意図的に加わっていないなど恣意性がないか）。

（7）損失負担等の額の割合は合理的であるか（特定の債権者だけ不当に負担を重くしまたは免れていないか）。

　どの点も第三者からみて，妥当と認められる状況であることがポイントとなります。後々のために書面等による，それら状況の記録の作成保管が必要となるでしょう。

3　評価損益の時価

　法的・私的整理が合理的な再建計画に基づいて実施された場合，資産の評価換えができることは，本章 **05** でも見てきたとおりです。

　資産の評価損益については，通常法人税法では認められていませんが一定の法的・私的整理の場合については，これを認めることとされています。この場合，資産を時価で評価することになります。

　もし，帳簿価額より保有している資産の時価が低ければ「評価損」を損金に計上できますが，反対に時価が帳簿価額を超える場合には「評価益」を益金に計上しなければなりません。

　評価換えを行う際には，「評価損」だけを計上するというのは認められておらず，評価換えを行うのであれば，「評価損」だけではなく，「評価益」も計上しなければなりません。

　ところで，資産を評価するときの時価というのは，実務上は難しい問題があります。特に有価証券の場合，上場されている株式であれば市場での価格があるため，これをもとに評価することになりますが，未公開の株式の時価の算定は難しいです。この場合の時価は次のようになります。

① **売買実例のあるもの**

期末以前6か月間において売買の行われたもののうち適正と認められる価額

② **公開途上にある株式で，その上場などに際して公募等が行われるもの**

入札後の公募価額等を斟酌して通常取引されると認められる価額

③ **売買実例のないもので事業内容などが類似する法人の株式等の価額がわかるもの**

その価額に比準した価額

④ **これらに該当しないもの**

純資産価額等を参酌して通常取引されると認められる価額

このように法人税法においては，未公開株式の時価について具体的に定めているわけではありません。

しかし，大切なのは課税上弊害を生じない程度であるということで，第三者間での取引として成り立つような価額であれば，時価となります。

この他，資産の評価で問題となるのが不動産です。不動産の場合については，基本的に時価をもとに算定することになります。

不動産の時価は，近隣の売買事例に基づく評価額や再調達した場合の時価，さらにはその不動産から生じる収益から計算する収益還元法などが考えられます。いずれの方法を採用するにしても，課税上の弊害を生じなければ問題ないでしょう。

12 再建にかかる労務関係の整理

> 会社を再建する場合には，基本的に従前の労務関係を維持することになります。従業員の労務関係は労働契約法などによる強い保護を受けます。

　会社が再建をするには労働者による協力が不可欠です。そのため，再建の場合でも基本的には従前の労務関係をそのまま維持することになります。ただし，余剰人員が生じている場合等には，労務関係を整理する必要があります。

　会社を再建する場合の具体的な労務関係については，法的整理が基本となることから，まず法的整理における労務関係を説明し，その次に任意整理における労務関係を説明します。

1　民事再生の場合

　民事再生手続を行っている会社の労働者については，会社が，労働契約を解除するか，そのまま雇用契約を履行するのかを選択することができます（民再49①）。

①　解除の場合

　労働契約が解除された場合には，労働法の規律に従うことになります。

　具体的には，客観的に合理的な理由を欠き（詳細は，367ページ第 8 章 **07** 参照），社会通念上相当であると認められない場合には解雇は無効とされることから（労働契約法16），この要件を満たすことが必要となります。

　また，解雇する際の手続要件として，30日間の予告期間を置くか（労基法20），30日分以上の平均賃金を共益債権（民再119二）として他の債権に優先して支払うことが必要になります。ただし，労働協約がある場合には，労働協約の規定に従う必要があります。

給料債権については，再生手続開始前の労働の対価に相当する部分は一般優先債権となり（民再122），再生手続開始後から解除までの期間の労働の対価に相当する部分は，共益債権として優先して取り扱われることになります（民再119二）。

② 継続する場合

労働契約が継続する場合には，未払給料債権のうち，再生手続開始前の労働の対価に相当する部分は一般優先債権として取り扱われます（民再122）。

他方，再生手続開始後の労働の対価に相当する部分は共益債権として取り扱われることになります（民再119二）。

2 会社更生の場合

会社更生の場合の取扱いも，基本的に民事再生法の場合と同様です。ただ，会社更生の場合には，通常，管財人が選任されて会社運営にあたりますので，管財人が解除か履行かを選択することになります。

3 任意整理の場合

任意整理の場合でも再建のために労働者の労務提供が必要なことは変わりません。そのため，基本的には，会社の事業を継続するために従来の労務関係を継続することになります。

そして，任意整理は基本的に法的整理の場合を参考にしつつ手続を行うことが実務上多いことから，基本的に法的整理と類似の取扱いとなります。

例えば，従業員の給料については，おおむね法的整理におけるのと同様に優先的に取り扱われるのが通常の実務です。

また，任意整理の特徴として，特に法律に規定されているわけではありませんが，従業員や労働組合に対して説明を行うのが通常の実務です。

説明の時期ですが，説明に伴う混乱を防ぐために任意整理の申し出の直前または直後に行うことが実務上は多いようです。

4　特定調停の場合

　特定調停も任意整理の一種として，基本的には，法的整理と同様の取扱いをすることになります。

　特定調停における条文上の定めとして，労働債権の保護の観点から，民事執行の停止の対象から労働債権は除外されています（特調7①ただし書）。

　そのため，特定調停が行われている場合においても，従来どおり給料債権の支払いを続けることになります。

第 8 章

会社の解散・清算

会社の解散・清算は実務でも数多く出てきます。本章では具体的な解散・清算の手続の流れに触れるとともに労務・税務上の留意点についても見ていきます。さらに税務上の取扱いで誤りが多い100％子会社の解散・清算についても解説していきます。

01 特別清算とは

特別清算は，債務超過の疑いがある場合等に使われる清算手続です。実務ではあまり使われていませんが，破産に比べて柔軟に運用できるという特徴があります。

1 特別清算の意義

　会社を廃業したり，会社の一部をM&A等で譲渡した後で残った事業を廃業したりする際に，解散・清算の制度が活用されます。

　清算は，会社の財産を債権者や（余剰があれば）株主に分配する手続ですので，債権者の保護や株主間の公平の観点から必ず法定の手続による必要があります（法定清算）。

　この法定清算には，清算の遂行に著しい支障があるかまたは債務超過の疑いがあるときに裁判所の監督の下で行われなければならない特別清算（会510以下）と，それ以外の通常の場合に行われる通常清算があります。

　通常清算では，債務を弁済し，残余財産を株主に分配して会社財産を清算することになります。通常清算の具体的な手続は，本章 **04** 以下で解説します。

2 特別清算手続の特徴

　特別清算は裁判所の監督の下で財産の分配が行われて会社が解散するに至るという点では破産手続に類似しています。

　ただし，破産手続においては破産管財人という裁判所が選任する第三者が手続を遂行するのに対し，特別清算手続では解散の際に会社の清算人に就任した旧取締役がそのまま手続を遂行する点が異なります。

　また，特別清算は，債権者との個別和解に基づく弁済（個別和解）や，債権

者の多数決と裁判所の認可により成立する協定に基づく弁済（協定型）といった債権者との合意に基づく支払いが行われるところが，破産手続と異なる特徴になります。

　この点，清算手続は，破産法の定めに従った重厚な手続を経る破産よりも簡易で柔軟な処理が可能であるということができます。

3　特別清算のメリット

　破産と比較した場合の特別清算手続のメリットは以下のようなものがあります。

　まず，特別清算手続においては，会社外の第三者である破産管財人が関与しないことから，簡易，迅速に手続を遂行することができます。

　また，債権者に対する支払いが，債権者集会の決議および裁判所の認可を経た協定によって行われることから，破産法のような厳格な手続によらない柔軟な分配が可能となります。このような手続の柔軟性も特別清算手続のメリットといえます。

4　特別清算手続の実務

　以上のような特徴を有する特別清算ですが，実務では以下の3つの場合によく使われています。

　第1は，破産申立てが可能なものの，あえて破産手続を使わずに特別清算手続を使う場合です。

　その目的は，破産管財人という会社外の第三者ではなく，会社の取締役が手続をそのまま遂行できるという特別清算の特徴を利用することにあります。

　第2は，親子会社関係がある場合に，子会社を特別清算させることで税務メリットを生じさせる場合です。

　具体的には，債務超過状態にある子会社を特別清算させるとともに，親会社が子会社に対する他の債権者の債権全額を買い取り，最終的に親会社のみが債

権者となるようにし，その債権について，協定において子会社の資産があれば代物弁済として引き取り，残債権は切り捨てるという手法です。

第3は，事業再生の手法として用いられる場合があります。

具体的には，会社のうち，優良な部分は会社分割や事業譲渡で分離し，残存した不採算部門について特別清算を行う手法です。

破産手続を経ないことから，倒産したというイメージを回避できるというメリットがあります。

実務的には，上記の3つの手法で特別清算が用いられており，件数としても毎年それなりの数の申立てがされているようです。

ただ，破産と比べると件数がまだまだ少ないのが実情です。

02 特別清算の手続の流れ

> 特別清算の主な手続は，債務免除等を定めた協定案の作成と，協定債権者による協定案の決議と裁判所による認可，協定案の履行です。

特別清算手続は，協定型の場合を例にとると，①特別清算手続の開始，②協定案の作成・提出，③協定債権者による協定案の決議，④裁判所による協定案の認可，⑤協定案の遂行，⑥特別清算の終了という流れで実施されます。

以下，具体的に説明します。

1　特別清算手続の開始

特別清算手続は，申立てにより開始します。申立事由は，清算の遂行に著しい障害がある場合（例えば，通常清算では長期間を要する場合）および債務超過の疑いがある場合です（会510）。

申立てをすることができるのは，債権者，清算人，監査役または株主です（会511①）。

申立てを受けた裁判所は，不当な目的でなされた等の例外的な場合を除き，特別清算開始の命令を出します（会514）。

2　協定案の作成・提出

特別清算が開始されると，協定案が作成されることになります。

協定案というのは，民事再生手続における再生計画，会社更生手続における更生計画に相当するもので，債権者と会社との間の債務処理に関する合意です。

具体的な内容としては，債務の免除や期限の猶予などの弁済方法の定めを置くことになります（会564）。

このような内容を持つ協定案は，会社（清算人）が作成して，債権者集会に

提出することができるとされており（会563），実務的には，会社（清算人）が作成するのが通常です。

3　債権者集会による協定案の決議

協定案は債権者集会で可決されることが必要です。

協定案は債権者の権利を変更することから，協定案可決の要件は加重されており，出席した議決権者（協定の対象となる債権者）の過半数の同意と，議決権者の議決権の総額の３分の２以上の議決権を有する者の同意が必要となります（会567①）。

4　裁判所による協定案の認可

協定案が可決されると，会社は遅滞なく裁判所に対して協定の認可の申立てをしなければなりません（会568）。

5　協定案の遂行

協定案が債権者集会により可決され，裁判所の認可を経て確定すると，その趣旨に沿って清算人が債務を弁済することになります。

その際，必要があれば，協定案の内容を変更することができます（会572）。

6　特別清算の終了

協定案の遂行が完了すると，清算人，監査役，債権者，株主または調査委員の申立てにより，裁判所は特別清算終結の決定をします（会573）。

これにより特別清算手続が完了します。

03 具体的な解散手続の流れ

会社の解散は通常，株主総会の解散決議で行われます。解散にあたっての主な手続は，解散と清算人の選任を決議する株主総会決議と登記申請です。

1　解散事由

会社が解散する原因となる解散事由には，①定款で定めた存続期間の満了，②定款で定めた解散事由の発生，③株主総会の決議，④合併，⑤破産手続開始決定，⑥会社法824条1項または833条1項の規定よる解散を命ずる裁判，⑦会社法472条の規定により当該株式会社に関する登記があった日から12年経過した会社で登記官により職権で解散の登記がされた株式会社，の7つがあります。

ただし，実務上は③〜⑤の解散事由以外はほとんど使われていません。また，④合併は合併手続で検討しており（第5章 05），⑤破産手続開始決定は389ページ本章 13 で検討します。

そのため，本節では，④，⑤以外で実務上通常採られている③株主総会決議による解散について検討します。

2　株主総会決議による解散で必要となる手続

会社の解散・清算手続は，大きく分けて解散手続と清算手続の2段階に分かれます。まず，会社は解散手続を行います。

その結果，会社は，通常の営業活動を行うことができなくなります。しかし，会社が解散決議をしても，会社には依然として多くの資産，負債，資本が残されています。

会社が法的に消滅するには，それらの資産，負債，資本が0となった状態で

清算報告の承認決議がされて清算が結了することが必要になります。

そのため，解散決議をした会社は，清算手続に入り，解散時点で残っていた資産を換価し，負債を弁済し，すべての負債を弁済してもなお残余財産が生じる場合には，その残余財産を株主に分配することが必要となります。

これらの清算手続が完了（「清算手続の結了」）した時点で，会社の解散・清算手続が完了することになります。このように，会社が解散をしてもただちに会社が消滅するわけではなく，清算手続を経ることが必要になります。

そのため，解散決議をした会社も，清算業務が終了するまで存続することになります。

また，清算には時間がかかることから，解散・清算の一連の手続が完了するのは最速でも2～3か月，通常では半年から1年を要します（長い場合には1年以上要する場合もあります）。

3 具体的な解散手続

解散手続の概要は，以下の3段階に分かれます。

① 取締役会設置会社では取締役会（取締役会を設置していない会社では取締役の過半数）による会社解散を決議する株主総会の招集
② 株主総会での解散決議（その際，株主総会で清算人が選任されることが通常です）
③ 清算人による会社解散および清算人選任の登記申請

まず，会社の解散については株主総会の特別決議が必要とされています（会309）。

そのため，取締役会設置会社では取締役会（取締役会を設置していない会社では取締役の過半数）により解散を決議する株主総会の招集が必要となります。

次に，株主総会で会社の解散を決議することになります。

解散の決議には，議決権を行使することができる株主の議決権の過半数を有する株主が出席し（3分の1以上の割合を定款で定めた場合にあってはその割

合以上），出席した株主の議決権の3分の2以上（これを上回る割合を定款で
定めた場合にはその割合）の賛成が必要になります（会309②十一）。

　実務上は，この決議の際に清算人も選任するのが通常です（厳密には清算人
の選任は清算の手続に分類されますが，実務上は清算人の選任決議を解散の決
議と同時に行うことが多いため，まとめて説明します）。

　解散前の会社は，監査役が設定されている場合，取締役と監査役で運営され
ていますが，解散後は清算人と監査役で運営されることになります。

　清算人は，①取締役（会478①一），②定款で定める者（会478①二），③株主
総会の決議によって選任された者（会478①三）が就任することになります。た
だし，実務上は，②定款で清算人を定めていることは極めて稀で，①取締役が
自動的に就任することもほとんどありません。

　そのため，③解散決議と同一の株主総会で清算人の選任も決議するのが実務
上は通常です。

　以上の手続が終わると，清算人が会社の解散および清算人選任の登記申請を
行います（会926，928）。

　登記申請には，株主総会議事録と定款が必要です。定款を提出するのは，定
款によっては清算人会を置くように定めている場合があり，定款の内容を確認
する必要があるためです。

　定款を紛失してしまっている場合には，株主総会決議の際に定款変更決議を
行うことで新しい定款を作成しておくことが必要となります。

　また，実務上は登記の際に，代表清算人の印鑑届出書を登記所に提出するこ
とが必要です。

04 具体的な清算手続の流れ

会社の清算の主な手続は，会社資産の回収と負債の返済，残余財産の分配と，株主総会決議および登記申請です。

1　登記申請

まず，清算人の第1の仕事は，解散の日から2週間以内に，解散および清算人選任の登記申請をすることです（会926，928）。ただし，実務上は，解散の手続と清算人の選任が同時になされることが多いため，解散の手続のところでまとめて解説しています（355ページ本章 **03**）。

2　財産目録および清算貸借対照表の作成

次に，清算人が，財産目録および清算開始時の貸借対照表を作成します（会492）。これらの書類を作成するのは，会社の解散により会社の営業活動が終了し，解散日で事業年度が終了することから，その時点の貸借対照表を作成する必要があるためです。

財産目録は貸借対照表の資産・負債の内訳を示した明細書です。

財産目録に記載する資産および負債については，処分価格を付すことになります（会規144②）。処分価格は，資産を売却した際の見積額から，売却にかかるコストの見積額を控除したものです。

清算開始時の貸借対照表は，財産目録をもとに作成します（会規145②）。基本的に，財産目録と同様に処分価格をもとに作成しますので（同条④），引当金や繰延資産等は計上しないことになります。

また，資産はすべて換価し，負債はすべて返済することから，流動・固定に区分する必要はありません。さらに，清算会社は配当をしないことから，純資

産の部を詳細に表示する必要がなくなるため，純資産という1つの勘定科目で表示すれば足りることになります。

3　株主総会承認決議

その後，清算人が清算開始時の貸借対照表について定時株主総会で承認を受けます（会497）。この承認決議により，清算開始時の会社の資産，負債および純資産が確定します。

その後，清算人は，会社の業務を終了させ（「現務の結了」といいます），会社の資産をすべて回収して現金化し，負債をすべて弁済し，残余財産が生じた場合には株主に残余財産を分配する手続を進めることになります（会481）。

4　公告・催告

3の株主総会承認決議がなされると，清算人が，債権者を確定するために，会社が解散したことと，公告の日から2か月以内に債権の申し出をしなかった債権者は除斥される旨を公告し，また，会社で把握している債権者については個別に催告書を送付します（会499）。

この公告・催告期間が満了する前に弁済をすることは禁止されており（会500①），一部の債権者だけを優遇して弁済してしまった後，破産手続に移行したときには，いわゆる「偏頗弁済」として弁済の効力が否認される場合があります（破産法160）ので注意が必要です。

ただし，少額の債務や，他の債権者を害するおそれがない場合には，例外的に裁判所の許可を得て弁済をすることが可能です（会500②）。

5　資産の回収と負債の弁済

会社は債権をいつでも取り立てることが可能です。そのため，会社が解散した後には，速やかに債権を回収して現金化していくことになります。

他方，債務については，4の公告・催告期間が満了し，債権者が確定した後に債権者に弁済することになります。

6　残余財産の分配

　会社財産を債権者に弁済した後になお残余財産がある場合には，株主に対して残余財産を分配することになります。

　普通株式しか発行していない会社では，残余財産を「発行済株式総数－自己株式数」で割って1株当たりの分配額を算出した後に，持株数を乗じた金額を分配します。

7　清算結了の株主総会決議

　5と6の手続により債権者への弁済や，株主への残余財産の分配が終了すると，清算人は，貸借対照表上の資産，負債および純資産が0になった旨の決算報告の承認（清算結了）を受けるため株主総会を招集し，承認決議を得ます。

　この承認決議により会社は法人格を失い，法的に消滅します。このとき，会社の資産，負債および純資産はすべてが0円になっている必要があります。1円でも残っている場合には清算結了ができなくなりますので，注意が必要です。

8　登記申請

　その後，清算人が会社の清算結了の登記申請を行います。なお，清算結了の登記申請の登録免許税は2,000円です。

9　留意点

　清算手続は以上で終了します。ただ，清算人は，会社に関する帳簿資料を10年間保存することが必要です（会508①）。

　また，特殊な業法の許認可を得ている場合には，その許認可に関する手続も必要となります。

　手続先は業法により異なります。社会保険の終結手続については，本章 **07**（367ページ）で解説します。

05 会社の解散・清算人の登記

解散と清算人に関する登記は，実務上，同時に申請することが一般的です。添付書面には，株主総会議事録だけでなく，定款も必要となることに注意が必要です。本節では会社が株主総会の決議により解散し，清算人を選任した場合を前提としています。

1　概　要

会社が株主総会の決議により解散する場合，合わせて清算人の選任を決議し，それらの登記申請を同時に行う形が一般的です。

解散後の会社は設置できる機関が限られており（会477），取締役や取締役会を置くことはできず，解散の登記後，それらの登記は抹消されることになります（商業登記規則72）。このため，解散前に取締役会設置会社で，株式の譲渡制限に関する規定上の承認機関を取締役会と登記していた場合，その承認機関を変更する必要があり，当該変更内容を合わせて登記する必要があります。

なお，解散前に監査役設置会社であった場合，従前の監査役は解散後，清算手続中も監査役となります。監査役の任期の上限に関する規定は適用されません（会480②）。

2　解散・清算人の登記手続

解散の日から2週間以内に，解散および清算人の登記を申請する必要があり（会926，928），次の内容で登記申請を行います。なお，登記申請人は解散後の会社の代表清算人になります。

① **登記すべき事項**

解散の年月日，株主総会の決議により解散した旨

清算人の氏名，代表清算人の氏名・住所

清算人会設置会社である場合，その旨

② **添付書面**

- 定款
- 株主総会議事録
- 株主リスト
- 清算人の就任承諾書
- 清算人会設置会社の場合，清算人会議事録および代表清算人の就任承諾書

＊印鑑届書

添付書面ではありませんが，実務上，登記申請と同時に，代表清算人による印鑑届書および印鑑証明書を提出します。

③ **登録免許税**

解散登記：3万円（登録免許税法別表一・二十四(1)レ）

清算人選任登記：9,000円（登録免許税法別表一・二十四(4)イ）

その他，解散に伴い登記を行う場合（株式の譲渡制限に関する規定の変更登記等），当該登録免許税額が加算されます。

図表8−1　解散・清算人選任の登記申請書例

株式会社解散及び清算人選任登記申請書

会社法人等番号	○○○○
商号	○○株式会社
本店	○県○市○
登記の事由	解散
	○年○月○日清算人及び代表清算人の選任
登記すべき事項	○年○月○日株主総会の決議により解散
	清算人 ○○
	○県○市○
	代表清算人 ○○
登録免許税額	金○円
添付書類	定款　　　　　　1通
	株主総会議事録　1通
	株主リスト　　　1通
	就任承諾書　　　1通

上記のとおり登記を申請する。
令和○年○月○日

申請人	○県○市○
	○○株式会社
	○県○市○
	代表清算人　○○

○○法務局　御中

06 会社継続の登記

会社が解散しても，一定の場合においては，株主総会の決議により，会社を継続することができます。

1　会社継続とは

一定の事由により解散した会社は，清算手続が終了する前であれば，株主総会の決議によって，会社を継続することができます（会473）。

ただし，会社を継続することができるのは，次の事由で解散した場合に限られます。

- 定款で定めた存続期間の満了
- 定款で定めた解散の事由の発生
- 株主総会の決議
- 休眠会社のみなし解散（解散後3年以内に限る）

会社継続は，過去に遡って解散がなかったものとするものではなく，あくまで将来に向かって会社を解散前の状態に復帰させるものであり，解散前の取締役が当然に復帰することにはなりません。したがって，会社継続を株主総会において決議する際に，別途，取締役を選任する必要があります。

監査役設置会社である場合は，解散後の監査役は任期の上限に関する規定が適用されませんが（会480②），会社継続後は適用されることになります。会社継続後の監査役の任期は，その就任日から計算することになるため，任期が満了していないか注意を要します。

2　会社継続の登記手続

会社を継続した場合，継続の日から2週間以内に，会社継続の登記を申請す

る必要があり（会927），次の内容で登記申請を行います。なお，登記申請人は
会社継続後の代表取締役になります。

①　登記すべき事項

　会社継続の年月日，会社継続の旨

　取締役の氏名，代表取締役の氏名・住所

②　添付書面

- 株主総会議事録
- 株主リスト
- 取締役・代表取締役の就任承諾書
- 取締役の印鑑証明書等

＊印鑑届書

　添付書面ではありませんが，実務上，登記申請と同時に，代表取締役によ
る印鑑届および印鑑証明書を提出します。

③　登録免許税

　会社継続登記：3万円（登録免許税法別表一・二十四(1)ソ）

　取締役就任登記：3万円（資本金の額が1億円以下の場合，1万円）（登録免許
　　税法別表一・二十四(1)カ）

　その他，会社継続に伴い登記を行う場合（取締役会設置登記等），当該登録
免許税額が加算されます。

図表8－2 会社継続の登記申請書例

株式会社継続登記申請書

会社法人等番号	○○○○
商号	○○株式会社
本店	○県○市○
登記の事由	会社継続
登記すべき事項	取締役及び代表取締役の就任
	○年○月○日会社継続
	取締役 ○○
	○県○市○
	代表取締役 ○○
登録免許税額	金○円
添付書類	株主総会議事録　1通
	株主リスト　　　1通
	就任承諾書　　　1通
	印鑑証明書　　　1通

上記のとおり登記を申請する。

令和○年○月○日

申請人	○県○市○
	○○株式会社
	○県○市○
	代表取締役　　○○

○○法務局　御中

07 **会社の解散にかかる労務関係手続**

　解散の労務関係手続は，①従業員の退職や解雇に伴う労働法の手続，②社会保険関係の手続，③労働保険関係の手続が必要になります。

1　労働法上の手続

　会社が，解散をすることになると最終的には従業員が退職するか，従業員を解雇することになります。

　従業員が退職する際には，従業員から退職願を受理するとともに，従業員から請求があった場合には退職理由証明書を交付します。

　他方，従業員を解雇する場合には，少なくとも30日前に予告をすることが必要で（労基法20），具体的には解雇予告通知書を交付します。

　解雇の際の注意点は，解雇は会社の判断で自由に行うことはできず，解雇について客観的に合理的な理由を欠き，社会通念上相当でない場合には，解雇権の濫用として無効とされることです（労働契約法16）。

　この客観的に合理的な理由として，次の整理解雇の4要素を満たす必要があります。

①　人員削減の必要性（人員削減を行う経営上の必要性があるか否か）

②　解雇回避の努力（希望退職，配置転換など経営上の努力を行ったか否か）

③　人選の合理性（解雇対象者を選定する過程の合理性）

④　解雇手続の妥当性（労働組合や従業員と十分な協議・説明を行ったか否か）

実務上は，解雇するにあたってはこれらの整理解雇の要件を満たしたかを慎重に判断したうえで解雇を行うことが必要になります。

2 社会保険の手続

次に，従業員の離職に関する社会保険関係の手続が必要になります。

まず，従業員に関する手続として，解散（清算）の日の翌日から起算して5日以内に，全従業員について健康保険・厚生年金保険被保険者資格喪失届を提出します。

提出先は会社所在地を所轄する日本年金機構の事務センターや健康保険組合となります。

この届出の際には，健康保険被保険者証と被扶養者全員の被保険者証が必要となるので，従業員から事前に被保険者証を回収しておくことが必要になります。

健康保険証を従業員から回収できない場合には，健康保険被保険者証回収不能・滅失届を提出します。

次に，会社に関する手続として，解散（清算）の日の翌日から起算して5日以内に，健康保険・厚生年金保険適用事業所全喪届を提出します。

提出先は，会社を管轄する日本年金機構の事務センターや健康保険組合です。

この際，添付書類として，①雇用保険適用事業所廃止届（事業主控え）の写しや，②解散登記の記載のある法人登記事項証明書の写しを添付します。

これらの提出が困難な場合には，給与支払事務所等の廃止届の写しを添付します。

3 労働保険の手続

最後に，労働保険関係の手続が必要になります。まず，従業員に関する手続として，解散（清算）の日の翌日から起算して10日以内に，雇用保険被保険者資格喪失届を提出する必要があります。

提出先は，会社の所在地を管轄する公共職業安定所です。

　この届出の際に，「雇用保険被保険者離職証明書」（様式第5号）と，出勤簿や賃金台帳を持参します。

　「雇用保険被保険者離職証明書」の離職理由として「1(2)　事業所の廃止又は事業活動停止後事業再開の見込みがないため離職」にチェックをして，解散決議の議事録を添付します。離職票が発行されたら，速やかに各従業員に届けることが重要です。

　これにより，従業員は特定受給資格者となり，失業等給付（基本手当）の受給要件や給付日数の優遇措置が適用されることになります。

　次に，会社に関する手続として，雇用保険事業所の廃止手続と労働保険料の清算手続を行います。

　まず，雇用保険の手続として，解散または事業所を廃止した日の翌日から10日以内に，会社所在地を管轄する公共職業安定所へ雇用保険適用事業廃止届を提出します。また，事業開始時に交付されていた「雇用保険適用事業所台帳」を返却します。

　次に，労働保険料に関する手続として，労働保険料の清算が必要になります。具体的には，労働保険確定保険料申告書を提出します。提出期限は解散または事業を廃止した日から50日以内です。

　労災保険については雇用保険のような廃止届はなく，確定保険料申告書の提出で足ります。申告・納付済みの概算保険料が確定保険料よりも多かった場合は，労働保険料還付請求書も併せて提出します。

08 解散にかかる税務処理

会社が解散した場合は，事業年度開始の日から解散の日までをみなし事業年度として税務申告を行わなければなりません。計算方法は通常の事業年度と同様ですが，一部取扱いが異なる事項があり注意が必要です。

平成22年度税制改正により，会社を清算したときの所得計算については，従来の財産法から通常年度と同じ計算方法である損益法に変わりました。

そのため，平成22年9月30日までの解散は従来の方法により計算し，平成22年10月1日以後については損益法により計算されることになりました。本書では，現行方法である損益法についてのみ解説していきます。

会社が解散，清算をした場合の税務処理は次の手続で進んでいきます。

（1）解散事業年度の確定申告（解散確定申告）
（2）清算中の各事業年度の確定申告
（3）残余財産確定の確定申告

通常の事業年度であれば，原則として，事業年度終了の日から2月以内に本店所在地の所轄税務署長に対し確定した決算から作成した法人税確定申告書を提出しなければなりません。

また，納税額が発生している場合には，その納税を確定申告書の提出期限までに納付しなければなりません。

しかし，法人が解散した場合，従来の事業活動は解散の日で終了することになります。

そのため，本来の会社の決算日で申告を行うのではなく，事業年度開始の日から解散の日までを一事業年度とみなして申告を行うことになります。これを「みなし事業年度」といいます。その際には，解散の日^(注18)から2月以内に

その期間に係る「解散確定申告書」を提出し，申告した税額を納付しなければなりません。

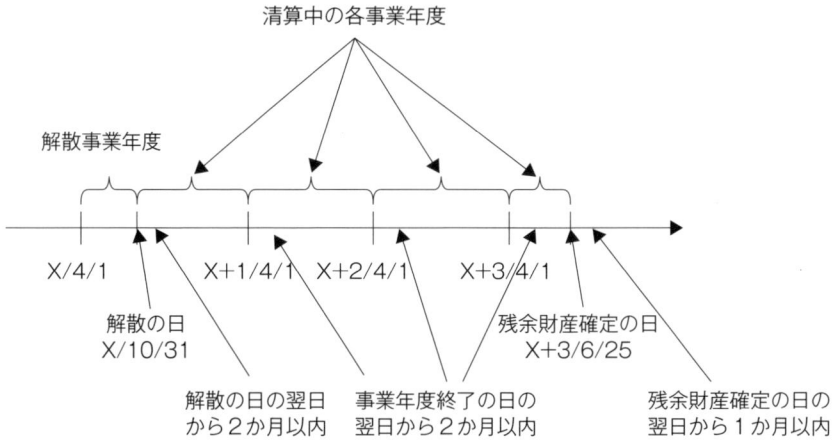

図表8－3　解散・清算事業年度と申告期限

このみなし事業年度の申告は，本来の事業にかかる所得金額を計算することになるので，基本的には通常の事業年度と同じ計算をしますが，解散事業年度については，次のような特別の取扱いをする項目があります。

（1）減価償却費は，1年未満の事業年度となる関係上償却率の調整が必要

（2）繰延資産の償却は，1年未満の事業年度となるのでその事業年度の月数が異なる

（3）交際費の定額控除額は，1年未満の事業年度となるのでその事業年度の月数が異なる

（4）寄附金の損金不算入の計算は，1年未満の事業年度となるのでその事業年度の月数が異なる

（5）租税特別措置法上の特別償却のうち一部は認められない(注19)

（6）租税特別措置法上の諸準備金の設定は認められない

（7）圧縮記帳の圧縮特別勘定の計上は原則認められない

（8）中小法人の軽減税率適用の上限800万円の月数按分が必要

（9）税額控除のうち一定のものは適用できない [注20]

また，解散事業年度であっても，通常の事業年度と同様に適用ができる主な制度としては，次のとおりです。

（1）貸倒引当金，返品調整引当金（経過措置）の計上

（2）所得税の控除（法法68），外国税額の控除（法法69），仮装経理に基づく過大申告の場合の更正に伴う法人税額の控除（法法70）

（3）特定同族会社の留保金課税（法法67）

（4）欠損金の繰越控除および繰戻し還付

貸倒引当金，返品調整引当金（経過措置）については，通常の事業年度と同様に適用することができます。

また，税額控除のうち所得税額控除，外国税額控除，仮装経理による更正に伴う法人税額控除についても同様です。

さらに，特定同族会社の留保金課税についても同様の取扱いとなります。ただし，留保金課税については，清算中の事業年度については適用がありません。

欠損金の繰越控除と繰戻し還付についても通常の事業年度とほぼ同様の取扱いをしますが，繰戻し還付については，通常の事業年度では中小法人のみ認められています。しかし，解散事業年度においては資本金の大小に関係なく適用が認められていることは注意が必要です（法法80④）。

解散事業年度については，法人税・地方法人税の申告と同時に消費税，法人住民税・事業税等の申告も行うことになります。

また，解散の際には，所轄税務署長に対して速やかに会社解散届出をしなければなりません。

具体的には，「異動届書」を提出することになり，都道府県，市町村にも同

様の届出の提出をします。

（注18）　解散の日とは，通常株主総会の解散決議のあった日をいいます。ただし，特定の
　　　日としている場合には，その日となります。

（注19）　適用ができない特別償却制度のうち主なものは，中小企業者が機械等を取得した
　　　場合の特別償却（措法42の６），中小企業者等が特定経営力向上設備等を取得した場合
　　　の特別償却（措法42の12の４）など。

（注20）　適用ができない税額控除制度のうち主なものは，中小企業者が機械等を取得した
　　　場合の特別控除（措法42の６），中小企業者等が特定経営力向上設備等を取得した場合
　　　の特別控除（措法42の12の４），給与等の支給額が増加した場合の特別控除（措法42の
　　　12の５）など。

09 清算にかかる税務処理

清算事業年度の税務については，基本的には通常の事業年度と同じ取扱いをしますが，最後事業年度については，次の事業年度が存在しないことから，いくつか特別の取扱いをする項目があります。

先述のとおり，平成22年9月30日以前に解散した法人については，清算所得の計算が財産法によって行われていましたが，税制改正により，平成22年10月1日より，損益法による計算に変更されたため，清算事業年度の計算は通常の事業年度の計算とほぼ同じになり，計算がわかりやすくなりました。

また，従前あった，清算予納申告などの申告様式がなくなったことにより，取扱いは簡素化されたといえます。

解散が行われた後，法人は清算事務に入ることになります。この清算作業は，法人が所有している資産・債務をすべて何らかの形で分配・整理する作業をいいます。

清算中の事業年度については，前節の**図表8-3**（371ページ）のとおりです。

会社法上，法人の解散の日の翌日から1年ごとに清算中の事業年度が終了することになり，法人税の申告については，清算事業年度終了の日から2か月以内に行わなければなりません。

ただし，持分会社（合名，合資，合同会社），協同組合および特例有限会社については，解散の日の翌日から当該事業年度終了の日（定款等に定められた日）までが事業年度とされているため，株式会社とは取扱いが異なる点に注意が必要です。

すべての残余財産が確定したときは，残余財産確定の日から1月以内に所轄

税務署長に対し確定申告書を提出し，納税を行わなければなりません。

　さらに，その際には遅滞なく清算結了届出の提出もしなければなりません。清算事業年度の計算は，通常の事業年度と同様の損益法によって計算されることとなりましたが，一部，通常の事業年度と取扱いが異なる点は，以下のとおりです。

> （1）租税特別措置法上の特別償却のうち一部は認められない ^(注21)
> （2）租税特別措置法上の諸準備金の設定は認められない
> （3）収用換地等の場合の所得の特別控除（措法65の2）は認められない
> （4）特定同族会社の留保金課税（法法67）は適用がない

　所得金額に乗じる税率については，通常の事業年度と同様，平成30年4月1日以後に開始する事業年度については23.2%で，中小法人等の年800万円以下の場合の軽減税率15%の適用についても同様の取扱いとなっています。

　税額控除のうち解散事業年度などにおいても適用ができないものについては，清算中の事業年度においても適用ができません（373ページの（注20）参照）。

1　繰越控除と欠損金の繰戻し還付

　解散事業年度と同様に欠損金の繰越控除と欠損金の繰戻し還付については，その適用が認められます。

　欠損金の繰戻し還付については，解散事業年度同様，通常の事業年度では中小法人のみ認められていますが，清算中の事業年度においては資本金の大小に関係なく適用が認められていることには注意が必要です（法法80④）。

2　期限経過欠損金の取扱い

　通常の事業年度と清算中の事業年度の税務処理について，最も違いがあるところは，期限経過欠損金の取扱いについてです。

　通常の事業年度であれば，青色欠損金については平成30年4月1日以後開始した事業年度において発生した金額について10年，平成20年4月1日以後に開

始した事業年度から平成30年4月1日より前に終了した事業年度において発生した金額については9年の繰越しが認められていますが，この繰越期間を過ぎると，税務上の欠損金は切り捨てられることになり，使用するタイミングを失ってしまいます。

　清算中の事業年度においては，損益法が採用されているため，例えば多額の債務免除が発生し，青色欠損金などの欠損金の損金算入が使用できないような場合，債務免除益に課税される可能性もあります。

　しかし，会社の清算にあたり債務免除を受けているのですから，そこに課税が生じるということは，不合理だとも考えられます。

　そこで欠損金の繰越控除については，最後事業年度において「残余財産がないと認められる」ことを要件に期限経過欠損金の損金算入が認められています。

　具体的には，青色欠損金の控除後の所得金額を限度として，期限経過欠損金を損金の額に算入できるのです。

　法令上の「残余財産がないと認められる」とは，純資産がマイナスである状態のことをいい，債務免除を受け，資産，負債ともにゼロとなるようなケースについても，期限経過欠損金を使用することはできると考えられます。

3　最後事業年度の取扱い

　清算中の事業年度の所得の計算は，上記に出てくる特別な取扱いのほかは，基本的には通常の事業年度の取扱いと同様の方法で所得を計算することになります。

　ただし，清算中の事業年度の中でも，残余財産が確定する最後事業年度については，翌事業年度が存在しないという事情から，特別な取扱いをする項目がいくつかあります。

①　事業税の損金算入について

　事業税と特別法人事業税については，債務が確定する事業年度において損金算入することとされています。

具体的には，翌事業年度において損金算入されます。

しかし，清算中の最後事業年度においては，翌事業年度が存在しないため，その事業年度において損金算入しなければ，結果的に切り捨てられることになります。

そこで，清算日時点で債務が確定しているわけではありませんが，最後事業年度に限って別表にて減算処理が認められています。

②　引当金の計上について

最後事業年度における引当金の計上については，原則的には認められていません。理由はその戻入れをする機会がないためです。

③　一括償却資産の損金算入について

一括償却とは，取得価額が20万円未満の固定資産をいい，すべて３年間で均等に償却できるというものです。

取得価額$\times \frac{1}{3}$の金額を１年間の償却額とするものですが，最終事業年度に限っては，原則としてすべて損金算入となります。

④　繰延消費税等の損金算入について

消費税等の計算において，仕入税額控除の対象とならない控除対象外消費税等のうち，課税売上割合が80％未満であり，棚卸資産に係るものでなく，一の資産に係る控除対象外消費税額等が20万円以上である場合については，繰延消費税等として60か月にわたって損金算入することになります。

ただし，最終事業年度に限っては，原則としてすべて損金算入となります。

（注21）373ページ（注19）参照。

10 清算事務の終了と清算結了の登記

> 会社が解散した後，債権の取立てや債務の弁済，残余財産の分配といった会社の清算事務を行うことになります。これらがすべて終了し，株主総会で決算報告の承認決議がなされることにより，清算が結了し，法人格も消滅することになります。

1 清算事務

会社が解散すると，会社は事業活動を行うことはできなくなりますが，法人格は存続しており，会社の清算事務を行うことになります。

清算事務は，おおむね，①会社財産を調査し，②現務を結了し，③債権の取立てをし，④債務を弁済した後，⑤残余財産を分配するという手続を経て行われます。

① 会社財産の調査

清算人は，会社の財産の現況を調査し，解散直後の会社の財産目録および貸借対照表を作成し，株主総会でその承認を受けなければなりません（会492）。

② 現務の結了

現務の結了とは，解散当時にまだ結了していない事務を完了させることをいいます（会481一）。

【例】販売のための物品が残存している場合にこれを売却すること，すでに締結していた売買契約の履行のために物品を仕入れること等

③　債権の取立て

　債権の取立てとは，会社の有する債権について，弁済の受領，その他債務者が履行をしないときに訴えを提起して強制履行を求め，和解，換価のための債権譲渡等を行うことをいいます（会481二）。

④　債務の弁済

　会社の負っている債務の弁済をすることになりますが（会481二），以下の点に注意が必要です。

イ）債権者保護手続（官報公告＋催告）

　会社は，清算開始後遅滞なく，債権者に対し，一定の期間内（最低2か月間）にその債権を申し出るべき旨を官報に公告し，かつ，知れている債権者には各別に催告しなければなりません（会499①）。

ロ）弁　済

　会社は，イ）の期間内は，原則として債務の弁済をすることができません（会500①）。例外として，裁判所の許可を得ることにより，当該期間内でも少額の債務等については弁済することができます（会500②）。

⑤　残余財産の分配

　会社の債務を弁済した後に，残余財産を株主に分配することができるようになります（会502）。

　分配にあたっては，残余財産の種類，株主に対する残余財産の割当てに関する事項について，清算人の決定（清算人会設置会社の場合，清算人会の決議）によって定めます（会504①）。

2　清算の結了

　清算事務が終了したときは，遅滞なく，決算報告を作成し，株主総会において承認を受けなければなりません（会507）。

　株主総会での承認がなされると清算が結了し，その時に会社の法人格は消滅

します。

　なお，清算人は，清算結了の登記の時から10年間，帳簿資料（計算書類・各議事録を含みます）を保存しなければなりません（会508①）。

3　清算結了の登記手続

　清算が結了した日（＝株主総会での決算報告の承認日）から2週間以内に，清算結了の登記を申請する必要があり（会929），次の内容で登記申請を行います。

　なお，債権者保護手続との関係上，解散の日から2か月を経過しない日を清算結了の日とする登記申請は受理されません。

①　登記すべき事項

　清算結了の年月日，清算結了の旨

②　添付書面

- 決算報告の承認に関する株主総会議事録
- 株主リスト

③　登録免許税

　2,000円（登録免許税法別表一・二十四(4)ハ）

図表8－4　清算結了の登記申請書例

株式会社清算結了登記申請書

会社法人等番号	○○○○
商号	○○株式会社
本店	○県○市○
登記の事由	清算結了
登記すべき事項	○年○月○日清算結了
登録免許税額	金2,000円
添付書類	株主総会議事録　　1通
	株主リスト　　　　1通

上記のとおり登記を申請する。

令和○年○月○日

申請人	○県○市○
	○○株式会社
	○県○市○
	代表清算人　　○○

○○法務局　御中

11 100%子会社の解散と清算

100%子会社の解散と清算の手続は他のそれらと基本的に変わりはありません。しかし，税務上の取扱いは，子会社の株式消却損，子会社株式評価損と繰越欠損金について特別な取扱いとなっています。

　100％子会社の解散と清算の手続については，基本的にそれ以外の会社と同じ流れとなります。

　しかし，法的手続に関しては変わらないものの，税務手続に関しては，いくつかの留意点があるため，ここではそれらについて見ていきます。

　完全支配関係とは，一の者が法人の発行済株式等の全部を直接もしくは間接に保有する一定の関係または一の者との間にその一定の関係がある法人相互の関係とされています（法法２十二の七の六）。

　法人税法における企業グループの定義としては支配関係，完全支配関係がありますが，第２章で取り上げたグループ法人税制は完全支配関係がある法人間にのみ適用されることになります。

　また，支配関係とは発行済株式等の50％から100％までを保有する関係で，完全支配関係をも含んで定義されています。

　条文の内容の中で注意しなければならないのは，「一定の関係」は，一の者（その者が個人である場合には，その者およびその者と一定の特殊の関係のある個人）が法人の発行済株式等の全部を保有する場合におけるその一の者とその法人との間の関係（以下，「直接完全支配関係」といいます）とされていることです。

　また，その一の者およびこれとの間に直接完全支配関係がある一もしくは二以上の法人またはその一の者との間に直接完全支配関係がある一もしくは二以上の法人が他の法人の発行済株式等の全部を保有するときは，その一の者は当

該他の法人の発行済株式等の全部を保有するものとみなされます。

さらに，この発行済株式等からは，発行済株式（自己株式を除きます）の総数のうちに次に掲げる株式の数を合計した数の占める割合が５％未満の場合のその株式を除くこととされています。

> ①　その法人の使用人が組合員となっている民法667条１項に規定する組合契約（その法人の発行する株式を取得することを主たる目的とするものに限ります）による組合（組合員となる者がその使用人に限られているものに限ります）のその主たる目的に従って取得されたその法人の株式
>
> ②　会社法238条２項の決議によりその法人の役員または使用人（その役員または使用人であった者およびその者の相続人を含みます。以下「役員等」といいます）に付与された新株予約権の行使によって取得されたその法人の株式（その役員等が有するものに限ります）

完全支配関係がある場合は，法人税法においてグループ法人税制が強制適用されるため，通常の事業年度においてはその規定の適用を受けることになります。さらに，解散と清算については以下のような特別な取扱いとなります。

■100%子会社の解散と清算の税務

本章の各節で見てきたように，平成22年10月１日以後の解散については，清算所得の計算で損益法が適用され，解散，清算の税務申告について，従来の取扱いと異なる取扱いとなっています。

同時に100%の完全支配関係がある法人については，税務上，同一として考える適用がなされています。そのため，以下の特別規定が設けられているので注意が必要です。

1　100%子会社の清算についての株式消却

100%子会社の清算に伴い，親会社に発生する株式の消却損については損金

算入が認められないこととされました（法法61②）。

　なお，親会社は出資金額については，損金計上ができない代わりに100％子会社が持っていた一定の未処理欠損金については，親会社が引き継ぐことが可能となっています。

　つまり，100％子会社の残余財産が確定した場合は，子会社の欠損金額は親会社に引き継ぐことができるようになっています。

2　子会社株式の評価損

　子法人が解散をし，残余財産が確定するまでの間については，子法人株式の評価損は損金算入が認められません。

　完全支配関係があるグループ内の他の内国法人が，①清算中，②解散（合併による解散を除きます）をすることが見込まれる場合，③当該内国法人との間に完全支配関係がある他の内国法人との間で適格合併を行うことが見込まれるものである場合，のいずれかに該当する場合には，その他の内国法人の株式について評価損を計上しないこととされました。

　これは1の消却損の損金算入が認められないのと同様の取扱いとするためです。

3　未処理欠損金の引継ぎと利用制限

　完全支配関係がある子会社が残余財産の確定をした場合，子会社が持っていた未処理欠損金額のうち親法人に引き継ぐことができるのは，その残余財産確定の日の翌日から10年以内に開始した事業年度に生じた欠損金額です（平成30年4月1日前に開始する事業年度については9年以内）。

　このとき親法人は，残余財産が確定した日の翌日の属する事業年度以後において，未処理欠損金額の生じた10年以内（平成30年4月1日前に開始する事業年度については9年以内）の事業年度開始の日の属する親法人の各事業年度において生じた欠損金額とみなすことになります。

　また，子法人の最後の事業年度において生じた未処理欠損金額については，

親法人の残余財産確定の日の翌日の属する事業年度の前事業年度に生じたものとして取り扱うことになります。

　ただし，この100％子会社の未処理欠損金については，一定の要件のもとに引継ぎ制限が課されています。

　なお，以下のうち最も遅い日から継続して支配関係（50％超）を有する場合には，みなし共同事業要件を満たしていなくても，原則として引継ぎ制限は課されないとされています。

①　残余財産確定の日の翌日の属する事業年度開始の日の5年前の日
②　親法人の設立の日
③　子法人の成立の日

　この制限は，適格合併における引継ぎ制限と同様の規定となっています。

　つまり，これらの日の最も遅い日において，50％超の支配関係を有していた場合は，子会社の残余財産確定の日までに完全支配関係ができていれば，未処理欠損金について引継ぎができるということになります。

12 破産とは

法人破産とは，法人が支払不能や債務超過に陥った場合，裁判所への破産申立てにより，法人財産を債権者に平等に分配する法的な清算手続です。個人破産のように免責を得て経済活動を再スタートするものではなく，法人を解散し清算することで活動を終了させることになります。

1 法人破産と個人破産の違い

会社における破産とは，会社が支払不能や債務超過に陥った場合，裁判所への破産申立てによって，会社の財産を金銭に換えて，債権者に対して平等に分配する法的な清算手続です。

会社の破産では，財産を換価して債権者へ分配することによって破産手続が終了し，会社も消滅することになります。すなわち，会社の破産では，会社を解散し清算することになり，会社の活動を終了させることになります。

破産手続は，会社だけではなく個人もあります。個人の場合も支払不能に陥った場合，破産申立てができますし，破産手続それ自体は，会社の場合と同様に個人の財産を換価して，債権者に平等に分配することになります。

しかし，会社とは異なり，個人の場合，破産手続が終了しても，その後も生活を続けていく一方で，配当を受けられなかった債権は，債権放棄や消滅時効が完成しない限り，残存することになります。

とはいえ，これでは，個人が破産したとしても経済的な生活を再スタートすることが極めて困難となります。

そこで，個人の破産については，債務を免責する手続が別途認められており，破産申立てと同時に免責許可の申立てがあったものとみなされることになりま

す（破産法248④）。

　免責許可の決定がなされれば，個人の債務者については，破産債権についてその責任を免れることになります。

　すなわち，個人破産では免責が認められることによって，債務から免れた状態で，経済的な生活を再スタートすることができます。

　一方，会社の破産では，このような免責制度はありません。会社の破産は，債権の免責を受けて会社の経済活動を再スタートさせるものではないのです。

　あくまで，会社を解散して財産を換価し債権者に分配することで，会社の活動を終了させることになります。

2　破産管財人

　会社の破産では，通常，多数の利害関係人を巻き込むことになりますし，財産調査も必要となるため，裁判所によって破産管財人が選任されることになります。

　破産手続の開始が決定した後は，破産管財人が破産手続において重要な役割を担うことになります。

　なお，破産手続の開始時点で会社が有する一切の財産は，破産財団となって（破産法34④），債権者に対し平等に分配しなければならない対象となります。また，その管理処分権は破産管財人に専属することになります（破産法78①）。

　破産財団に対する破産債権者の個別の権利行使は，原則として禁止されることになります。このような中で，破産管財人は破産財団の維持，増殖を行い，債権者に対し，より多くの配当を行うことを職務として活動していくことになります。

3　予納金

　破産の申立てにおいても，裁判所への予納金が必要となります。予納金は，破産管財人への報酬や活動費，官報公告費用に充てられます。

　ただし，東京地裁であれば，弁護士が会社の代理人として破産申立てを行う

場合であって，破産処理も複雑ではない案件では，少額の予納金で済む少額管財の手続が用意されています。

　少額管財事件となると，その予納金は最低20万円とされています。

　弁護士が会社の代理人として破産申立てを行うだけでなく，破産処理も複雑でなければ，破産管財人の負担も少なくて済むため，比較的低額な予納金が設定されています。

13 破産手続の流れ

　破産手続が開始されると会社財産はすべて破産財団となり，その管理処分権は破産管財人に専属します。これにより破産債権者の個別の権利行使は禁止され，破産財団に属する財産は換価され，債権者の平等を図った分配が行われることになります。

　破産手続の流れを，大まかにまとめると，次のようになります。

1　破産手続開始の申立て

　破産手続は，取締役会において破産申立てを決議し，会社が破産手続開始の申立てを裁判所に行うことで始まります。

　破産申立てを代理人に委任するケースでは，申立代理人と委任契約書を締結し，代理人宛の委任状を作成することになります。その後，事業を停止して，従業員を解雇することになります。

　申立代理人は，事業を停止し，近日中に自己破産の申立てを行う予定である旨，債権調査票に回答してほしい旨等を記載した受任通知を，債権者に対し送付することになります。

　ただし，公租公課については，破産申立予定であることが知られると，すぐに滞納処分として預金等が差し押さえられる可能性を否定できません。

　そのため，公租公課については，破産手続開始後に対応するものとし，このような受任通知の発送を控える場合が多いです。

　また，法人破産の場合，事業の大きさや債権者数の多さなどから，事業停止に伴った大きな混乱も予想されることから，このような受任通知を破産申立て前には送付せず，破産申立てを行った後に，その旨を債権者に対して通知すべき事案もあります。

いずれにせよ，債権者に対しどの段階で通知すべきかについては，事案ごとに慎重に検討する必要があります。

　従業員については，解雇したうえで，残務処理に必要な限度で元従業員の一部にアルバイト等として協力を依頼することも検討します。

　解雇予告なく即時解雇する場合，30日分の解雇予告手当も必要となります。なお，従業員へ給料を支払うことができない場合，未払賃金立替制度（企業の倒産によって給料が支払われないまま退職した従業員に対し，未払賃金の8割を国（独立行政法人労働者健康安全機構）が立て替える制度）があります。

　退職時の年齢に応じた限度額がありますが，従業員へ給料を支払うことができない場合，この未払賃金立替制度も利用することになります。

2　破産手続開始決定

　裁判所は，破産手続開始原因の事実があると認めるときは，破産手続開始の決定を行います（破産法30）。会社は，破産手続開始決定によって解散し，破産手続によって清算を行うことになります。

　なお，会社は破産手続による清算の目的の範囲内において，破産手続が終了するまで存続することになります（破産法35）。

　破産手続が開始されることで，会社が破産手続開始のときにおいて有していた一切の財産は，破産財団となります（破産法34）。

　さらに，破産財団に属する財産の管理処分権は破産管財人に専属することになります（破産法78①）。これによって，債権者は個別の権利行使を禁止されることになります。

　会社が有していた一切の財産は，破産財団を構成し，破産管財人によって，破産財団に属する財産が換価され，債権者に対して平等に分配されることになります。

　破産に至った以上，すべての債権について完済できる財産が残っているわけではないため，残った財産について，早い者勝ちを禁止し，債権者に対して平等に分配することを目指すことになります。

3　別除権

　破産手続の開始時において破産財団に属する財産につき特別の先取特権，質権または抵当権を有する者は，別除権者として，これらの権利の目的である財産について，破産手続によらないで，別除権を行使することができます（破産法2⑨⑩，65①）。

　すなわち，抵当権等の担保物件を有している債権者は，破産手続において，他の債権者より特別扱いされ，その担保権を実行し，当該担保より回収できる範囲で優先して弁済を受けることができます。

4　否認権

　破産手続開始前に，会社財産を不当に安く売却するような詐害行為があったり，一部の債権者の抜け駆け的な債権回収に応じた弁済を行うといった債権者間の平等を害する偏頗行為があったりした場合，破産管財人は，それらの行為を否認することで，その法的効力を否定し，破産財団から不当に流出した財産の回収を図ることができます（破産法160，161など）。

5　破産債権の届出・調査・確定

　破産債権者が破産手続に参加するためには，債権届出期間内に破産債権の届出をする必要があります（破産法111）。

　届出があった破産債権については，破産管財人の認否，破産債権者の異議，破産者の異議が行われる等して，その調査が行われます（破産法116）。

　このような調査を経て，破産債権は確定されることになります。

6　債権者集会

　破産における債権者集会として，財産状況報告集会が開催されます（破産法135）。

　債権者集会では，破産管財人，破産者および届出破産債権者が呼び出されま

す（破産法136）。

　債権者集会では，会社の代表者が挨拶し，破産管財人による報告の後，質疑応答が行われることになります。

　債権者集会は破産債権者が出席するため，紛糾するケースもありますが，破産債権者が出席せず短時間で終了する場合もあります。

7　配　当

　破産財団の財産は金銭に換えられ，破産管財人によって，破産債権者に配当されることになります（破産法193）。

　なお，破産債権に優先する財団債権については，破産債権よりも先に弁済されることになります。

　財団債権への弁済によって破産財団が尽きてしまった場合，破産債権に対する配当は行われないことになります。

　さらに，破産債権の中でも配当の順位が定められており，①優先的破産債権，②一般の破産債権，③劣後的破産債権の順に配当されることになります（破産法194）。

　財団債権や優先的破産債権の内容は，第9章 **02** で説明します。

8　破産手続の終了

　破産管財人は，このような配当を実施した後，任務終了の計算報告を行います（破産法88）。その後，裁判所によって，破産手続終結の決定がなされ，破産手続は終了することになります。

14 社長個人の破産等

　社長個人が会社の債務について連帯保証等しているケースでは，社長個人についても破産等の法的整理を検討することになります。社長個人の破産手続を選択した場合，免責許可を得ることができるか否かが重要なポイントとなります。

1　個人破産の検討

　社長個人が会社の債務について連帯保証をしていたり，事業資金を社長個人で借入れしたりしているケースで，会社が破産した場合には，社長個人の破産等の法的整理も検討します。

　法人が破産をしたとしても，社長個人の債務まで法的整理が自動的になされるわけではありません。そのため，社長個人の債務についても，会社とは別に破産等の法的整理を検討するのです。

　社長個人の自己破産については，破産手続において免責を得ることができるか否かが重要なポイントとなります。

　個人の場合，破産申立てと同時に免責許可の申立てがあったものとみなされます（破産法248④）。

　免責許可の決定がなされれば，個人の債務者については，破産債権についてその責任を免れることができ，債務から免れた状態で，個人の経済活動を再スタートできることになります。

　なお，近年では，一定の要件を満たす場合には，「経営者保証に関するガイドライン」に則して債務を整理することで，債権者全員の同意を前提として，代表者が所有している華美でない自宅等を残すことができる場合もあり，金融庁ホームページで過去の事例が公表されています。

2　免責手続

　裁判所による免責手続では，①免責不許可事由があるか否かを判断し，②免責不許可事由があった場合でも，裁量免責が相当か否かを判断します。そのため，例えば，浪費等の免責不許可事由があったとしても，裁判所の裁量によって免責が許可される場合があります。

　免責不許可事由は，破産法252条１項各号に定められています。その内容をまとめると次のようになります。

（1）財産の隠匿，損壊，債権者に不利益な処分等
（2）著しく不利益な条件での債務負担等
（3）偏頗弁済（特定の債務者に対してのみ弁済すること等）
（4）浪費，賭博等
（5）詐術による信用取引
（6）帳簿などの隠滅，偽造等
（7）虚偽の債権者名簿の提出
（8）裁判所の調査に対する説明拒否，虚偽説明
（9）破産管財人等の職務妨害
（10）過去７年以内の免責許可等
（11）破産管財人に対する説明義務違反等の破産手続上の義務違反行為

　なお，破産者は，裁判所や破産管財人が行う調査について協力する義務があることにも注意が必要です（破産法250②）。この調査義務に違反することも免責不許可事由に該当します。

3　自由財産

　個人が破産した場合，その個人はその後も生活を続けなければなりません。
　しかし，現金を持つことを一切禁止され，生活に欠くことができない衣類や家具等まで持っていかれたのでは，生活することができなくなってしまいます。

そこで，99万円以下の現金と差し押さえが禁止される衣類や家具等の財産については，本来的な自由財産として破産した個人の手元に残しておくことができます。すなわち，これらの自由財産については，破産財団を構成しないため，債権者に配当されずに破産した個人が所持しておくことが可能です。

その他，破産した個人が破産手続を開始した後に新たに取得した財産や破産管財人が放棄した財産，自由財産の拡張決定がなされた財産も自由財産となります。

なお，「経営者保証に関するガイドライン」に則して債務を整理するにあたっても，破産法が定める自由財産に相当する範囲については，個人が所持しておくことが可能とされています。

4　非免責債権

免責許可の決定を得ることができれば，債務について責任を免れることができます（破産法253）。.

ただし，すべての債権について責任を免れるというものではなく，一定の債権については，非免責債権として責任を免れることができないとされています。

その内容をまとめると次のようになります（破産法253①各号）。

（1）租税等の請求権
（2）悪意で加えた不法行為に基づく損害賠償請求権
（3）故意または重過失による人の生命または身体を害する不法行為に基づく損害賠償請求権
（4）養育費等の養育者，扶養義務者として負担すべき費用の請求権
（5）雇用関係によって生じた使用人の請求権および預り金返還請求権
（6）破産者が知りながら債権者名簿に記載しなかった請求権
（7）罰金等の請求権

これらの債権については，免責許可の決定が出たとしても，責任を免れることはできないため，その支払いを行う必要があります。

第**9**章

会社の倒産

本章では，会社の倒産の実態と破産について
見ていきます。やむをえず倒産，破産などす
るとしても，最低限やっておかなければなら
ないことや注意しなければならないことはあ
ります。会社が倒産するときの具体的な手続
の流れと問題点について解説します。

01 会社の倒産の実態

会社が倒産する原因の第1は，売上減による資金繰りの悪化が挙げられます。特に中小企業では，倒産する際に法的な整理が行われることが少ないため，その後の経営者の再起などに悪影響を及ぼします。

　最近の会社の倒産件数は，**図表9−1**にあるとおり，ここ数年は景気の緩やかな回復傾向もあり減少傾向にあります。

図表9−1　倒産件数の推移

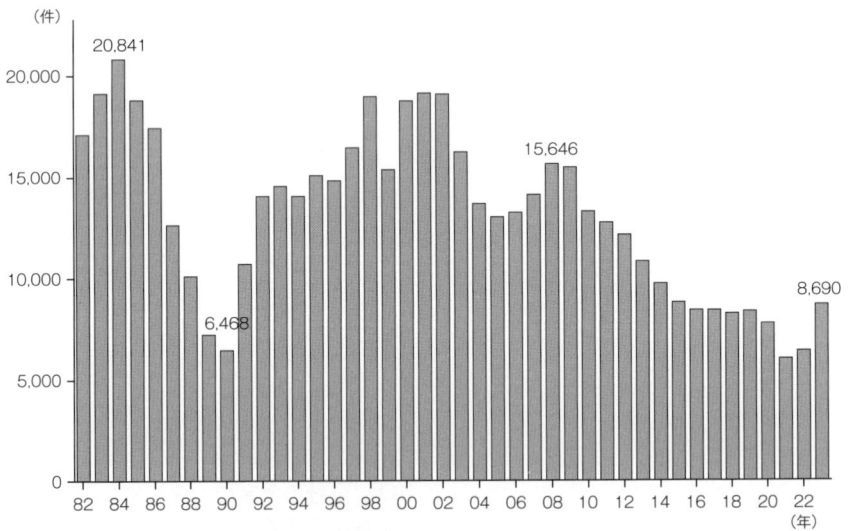

資料：（株）東京商工リサーチ「全国企業倒産状況」
(注)　1．倒産とは，企業が債務の支払不能に陥ったり，経済活動を続けることが困難になった状態となること。また，私的整理（取引停止処分，内整理）も倒産に含まれる。
　　　2．負債総額1,000万円以上の倒産が集計対象。
（出所）中小企業白書2024年版

　業績が悪い状態が続いた結果，債務が膨らみ，資金繰りに行き詰まることは決してめずらしいことではありません。会社経営は，景気などの外部環境や会社内部の内部環境が影響するため，いつも好調とはいかないものです。

　業績が悪化した時点で，経営者が考えなければならないことは，そこからどう立ち直るかということですが，会社が業績不振に陥った場合には対症療法的な経営になりがちです。

　具体的にいうと，資金繰りに行き詰まった結果，その不足した資金をどうにかして調達しようとするのです。

　そもそも，業績が悪化しているため，金融機関からの調達は難しくなっているにもかかわらず，無理な資金調達を重ねてしまう経営者は多いです。

　借入金は最終的に利益で返済するしかないわけで，資金繰りをさらなる借入金で乗り切ろうとしても一時しのぎにすぎません。しかもそのような資金調達の際には，決算書を粉飾するケースも見られます。

　粉飾決算が発覚した場合，再生計画自体の実現可能性が疑われることとなり，最終的には倒産の憂き目を見ることになります。どんなに苦しい状況であっても粉飾決算をしてはいけません。

　ところで会社が経営に行き詰まり倒産するのは，何が原因となっているのでしょうか。

　図表9－2（次ページ）は平成28〜令和5年の倒産の原因別の構成比のグラフです。

　これを見ると，販売不振による売上減に伴う資金繰りの減少が倒産の第1の原因です。次に多いのが既往のしわ寄せ，ということですが，これは過去の業績の悪さが積み重なり，少しずつ会社の財務内容が悪化していく状況を表しています。以下，連鎖倒産，過少資本，放漫経営と続きます。

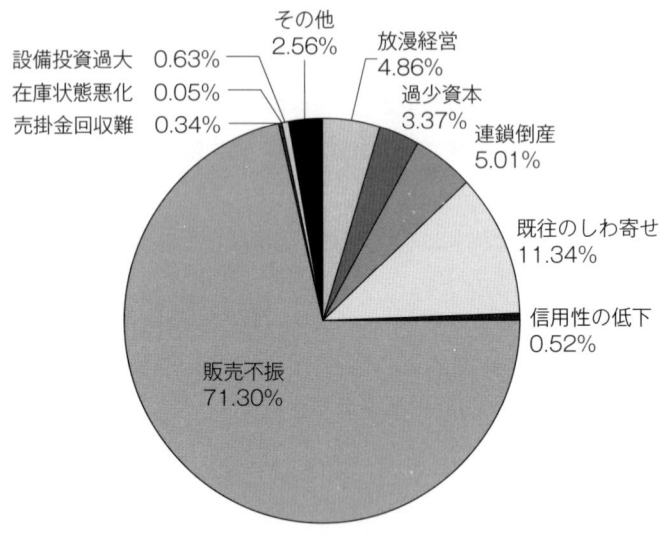

図表9−2　原因別倒産状況

その他 2.56%
放漫経営 4.86%
設備投資過大 0.63%
過少資本 3.37%
在庫状態悪化 0.05%
連鎖倒産 5.01%
売掛金回収難 0.34%
既往のしわ寄せ 11.34%
信用性の低下 0.52%
販売不振 71.30%

（※）平成28年〜令和5年分。
（出所）中小企業庁ホームページよりデータを加工して作成

　会社が倒産をすると，当該法人の債権者として大きな影響を受けるのが金融機関であり，その次に大口の仕入先などが影響を受けることになります。

　金融機関は，倒産の事実がわかった時点で，何らかの保全措置をとりますが，ほとんどの場合，有効な担保はあまりないというのが現状でしょう。

　一方，制度融資を利用しているような場合などは，都道府県の信用保証協会が金融機関に一部弁済をすることになります。

　最近は経営者保証に関するガイドラインにおいて，代表者の個人保証をとらないよう金融庁が指導していることもありますが，いまだに代表者の個人保証が付いているケースは多いのが実態です。

　そのような場合，会社が倒産すると，その債務は社長個人が負うことになってしまいます。この場合，信用保証協会が金融機関に代位弁済した後は，信用保証協会が主債務者や連帯保証人に求償権に基づき，弁済を求めてくることになります。

　この時点で，ほとんど金融機関の口座は凍結され，事実上の倒産ということになるのですが，どの時点で会社が倒産したかはあまりはっきりしません。

　破産申立てのような法的な手続を経て行われるケースとは異なり，「事実上の倒産」という言葉にあるとおり，事実として倒産した状況になるというのが正しいのです。

　法的整理をするには弁護士報酬など，ある程度の費用がかかりますが，中小企業の倒産の場合，その整理するための費用の捻出もままならないケースも多くあります。もちろん社長個人が返済できるということも，そうそうありません。

　その場合，結果的に「夜逃げ」ということになってしまいます。

　会社が背負っていた債務について，何の処理もせずにそのままにして，事業を投げ出してしまうのです。こうなると，その後の再起はほとんど不可能になります。

　中小企業であっても，ある程度法的な整理を行うことを念頭にしたほうがよいと思われます。

　また，民事再生法などの適用により再生手続の開始決定がなされた後に，計画どおり行かず，かといって破産手続への移行もしていないケースも多くあります。

　その場合，結局は夜逃げと同じ状況で法的整理は何もなされていない状態ということになってしまいます。

　いずれのケースでも，中小企業の倒産においては法的整理が，全く未処理になってしまうことが多いといえます。

　未処理のまま放っておくということは，経営者の再起の道を閉ざすことにもなります。中小企業の場合，最善の方法は最悪倒産したとしても何らかの整理する手段（多くの場合は金銭）を確保しておくことなのです。

02 優先的破産債権とは

破産における債権は，財団債権と破産債権に大きく分かれます。財団債権は破産債権に先立って弁済を受けることになります。破産債権の中では，優先的破産債権が他の破産債権より優先します。優先的破産債権の例としては，租税債権や労働債権が挙げられます。

1 財団債権

破産における債権を大きく分けると，財団債権と破産債権に分かれます。

財団債権については，破産手続によることなく，破産財団から弁済を受けることができます。

すなわち，財団債権は，破産債権に先立って弁済されることになるため（破産法151），破産債権より優先する債権ということになります。

財団債権の例としては，破産管財人の報酬や租税債権の一部，労働債権の一部等が挙げられます。

先述のとおり，破産手続を開始する段階では，債権者すべてに弁済できる状況にはありませんので，債務者の財産を債権者に平等に分配していく必要がありますが，破産法によって，債権には一定の優劣が決められているのです。

2 優先的破産債権

破産債権の中でも，弁済の優先順位があります。

その順位は，以下のとおりとなります（破産法194①）。

（1）優先的破産債権
（2）一般の破産債権
（3）劣後的破産債権
（4）約定劣後的破産債権

なお，同じ順位における配当は，それぞれの債権額の割合に応じることになります（同条②）。

優先的破産債権の例としては，租税債権や労働債権が挙げられます。

租税債権や労働債権は，一般の破産債権よりも優先して弁済を受けることになります。

さらに，租税債権や労働債権の一部は，財団債権として優先的破産債権よりも先立って弁済を受けることになります。

劣後的破産債権の例としては，破産手続開始後の利息や遅延損害金等が挙げられます。

約定劣後的破産債権とは，劣後ローンのように劣後的破産債権よりも劣後することについて当事者間で合意された債権を意味します。

03 従業員への配慮と労務手続

> 会社が倒産した場合には，従業員が離職した後で必要となる健康保険や国民年金の手続について従業員に説明をしておく必要があります。

　会社が倒産した場合には，離職後の従業員のために，健康保険や国民年金等について説明をしておく必要があります。

　これらの事項は法的に説明が義務づけられているというわけではありませんが，これらの事項を説明することで従業員の退職が心理的に容易になり，結果として倒産手続を進めやすくなります。

　そのため，以下の事項について従業員に説明をしておくことが必要となります。

1　健康保険

　会社が倒産し社会保険資格を喪失した従業員の，資格喪失後の健康保険は，①任意継続，②国民健康保険，③被保険者である家族の被扶養者，のいずれかになります。

　任意継続は，退職後も従来の健康保険に継続加入することです。手続は従業員自身が行わなければなりません。任意継続被保険者となるには「継続して2か月以上の被保険者期間がある」「資格喪失日から20日以内に申請する」という要件があります。被保険者期間は2年間ですが，保険料は全額自己負担となり，保険料を期日までに納付しないと翌日に資格喪失するなど，注意点があります。

　国民健康保険に加入する場合は，従業員の住所地の市区町村役場で本人が手続を行います。倒産による離職者は「非自発的失業者」として，その年度の国民健康保険料について軽減措置を受けられます。

年の収入の見込みが130万円未満である場合は，被保険者である家族の被扶養者となり，自己負担なく健康保険に入ることができます。ただし，失業等給付（基本手当）の受給期間中は，日額によりますが，たいていの場合は年収見込みが130万円を上回るため，扶養に入ることができません。

次の仕事が見つかれば，新しい会社で健康保険に加入します。

2　国民年金

従業員が20歳以上60歳未満の場合は，国民年金の手続も必要です。

配偶者の扶養に入る場合（被扶養配偶者）は，国民年金の3号被保険者となり，配偶者の勤務先が手続を行います。

新たに厚生年金に加入せず，被扶養配偶者にもならない場合は，国民年金1号被保険者になります。従業員の住所地の市区町村役場で本人が手続を行います。収入がなく年金保険料を支払えない場合には，免除措置があるので市区町村に問い合わせをする必要があります（問い合わせをしない場合には単に未納扱いとなってしまいます）。

次の仕事が見つかれば，新しい勤務先で厚生年金保険に加入し，国民年金2号被保険者になります。

3　労働保険

雇用保険の失業等給付（基本手当）を受けるには，労働者の居住地を管轄するハローワークに出頭し，離職票を提出したうえで求職の申込みをしていることが要件となります。解雇等の場合には，被保険者期間の要件や給付日数の優遇措置があります。

4　その他

倒産時に産休中・産休予定や傷病休職中の従業員がいる場合は，その資格喪失後の給付について確認が必要です。退職日までの被保険者期間が1年未満の場合や，産休の開始が資格喪失後の場合は，資格喪失後の給付は受けられません。

育児休業給付を受けている従業員は，倒産による離職により育児休業給付が終了します。育児による休業のため，離職後に失業等給付（基本手当）を受けることもできません。1年間の受給期間中に引き続き30日以上働くことができない場合には，受給期間延長の申請ができます。この手続について従業員に伝えることが重要です。

04 金融機関との関係

　会社が倒産した場合，担保があればその処分をしていくことになります。また，個人保証をしていた場合には，保証債務の履行を求められますが，一定の条件のもと「経営者保証ガイドライン」による整理も検討すべきです。

　会社が倒産した場合に，最も重要なことは金融機関からの借入金をどうするかということです。

　なぜなら，会社が倒産した場合，最も大きな債権額を持っているのが金融機関であることが多いからです。そして，この金融機関との話合いがうまくできれば倒産処理は比較的スムーズに進むはずです。

　しかし，そもそも約定どおりの返済はできないわけですから，摩擦は避けられないということは肝に銘じておいたほうがよいです。

　ほとんどの場合，金融機関にある程度の損失を与えることになる可能性が高いので，立場的にはお願いするというスタンスになると思います。

　金融機関からの借入金をどのように返済していくか，または返済しないで貸倒処理をするのかなど，何らかの法的手続等を経た処理を含めて進めていくことになるわけですが，法的処理は，弁護士などの管財人などが主体となって進められることになります。

　したがって，前経営者は当事者としては一歩離れたところから処理に関わることになり，法的な処理の場合には，粛々と手続を踏んでいけばよいこととなります。

　ただしこれは，会社側に不正がないということを前提にしています。例えば，倒産前に粉飾決算を繰り返し，現実の会社の状況と明らかに異なるような財務諸表を作成していたら，どうなるでしょうか。

あるいは経営者が私財を増やすことだけに専念し，そのために会社を犠牲にするような行為を繰り返していたとしたらどうなるでしょうか。

当然，法的整理はうまく進みません。

最悪の場合，詐欺などの罪に問われる可能性もあります。倒産処理を円滑に進めるためには，会社に不正がないということは前提条件なのです。

1　担保権が設定されている場合

中小企業向け融資において，金融機関から借入れを行う際，担保を差し入れているケースは多いです。

この場合，担保権者である金融機関は，倒産の事実が明らかになると，その担保権を実行して債権の回収を図ろうとします。

①　金融機関の債権額が処分価額よりも大きい場合

債権額が処分価額よりも大きい場合，金融機関は何らかの方法で担保の対象となる物件を処分し，極力，債権額に近い金額を回収しようとします。

処分価格と債権額の差額は，通常の一般債権に分類され，そのときの法的な手続の方法に従って処理されることになります。

②　処分価額が金融機関の債権額を超える場合

処分価額が債権額を超える場合，金融機関は担保物件の処理を会社などに委ねることになります。

金融機関にしてみれば，担保権の範囲内で債権の回収ができるわけですから，それほど摩擦は生じません。

一般的には，金融機関の債権額は処分価格よりも大きくなる傾向があります。

また処分の仕方ですが，担保権を実行して競売にかけるとすると，一般的に市場での売却価額よりも低い金額で落札される可能性があります。

そうなると，担保者である金融機関が確保できる金額も当然低くなります。

倒産処理に関していえば最終の弁済金額に影響してくることから，担保の取扱いについて早めの対応が必要なのです。

2　信用保証協会の保証付き融資の場合

中小企業の資金調達の方法として，一般的なものは金融機関からの融資です。そして，金融機関から資金を調達する際に担保などがないときに利用するのが信用保証という制度です。

具体的には，各地域の信用保証協会が融資に関して低額の保証料で保証を与え，金融機関が融資実行を容易にするというものです。

ただし，この保証はあくまでも保証協会が金融機関に対して行うものであって，会社に対して行うものではありません。

万が一，保証していた中小企業が倒産した場合，保証協会は金融機関に対して保証額を弁済しますが，会社としては保証債務が残ることになります。

つまり，倒産後これら債権に対して話し合うべき相手は，信用保証協会になるのです。したがって，保証債務についても倒産処理に影響を与えますので，必ず念頭に置いておくとよいでしょう。

また，法的処理が進んだ場合，会社自体の債務がなくなったとしても経営者個人が個人保証をしていた場合には，個人に対する保証債務が残ることになります。

つまり，会社倒産後も，保証協会と経営者個人がその後の弁済について話し合うことになります。

3　経営者保証に関するガイドライン

個人保証をしていた場合に，利用したい制度に平成26年2月1日から適用が開始され，その後改訂を重ねた「経営者保証に関するガイドライン」というものがあります。

この制度は，法律のような強制力を有するものではありませんが，行政当局の関与の下，日本商工会議所と全国銀行協会が共同で設置した「経営者保証に

関するガイドライン研究会」（経営者保証ガイドライン）により策定されたもので，金融機関が自主的に尊重し，遵守することが期待されています。

その内容は，以下の3点に集約されます。

（1）法人と個人が明確に分離されている場合などに，経営者の個人保証を求めないこと
（2）多額の個人保証を行っていても，早期に事業再生や廃業を決断した際に一定の生活費等（従来の自由財産99万円に加え，年齢等に応じて100万円～360万円）を残すことや，「華美でない」自宅に住み続けられることなどを検討すること
（3）保証債務の履行時に返済しきれない債務残額は原則として免除すること

この制度は，経営者である保証人による早期の事業再生等の着手によって，会社の事業再生の実効性の向上等を期待するものです。

また，債権者にも一定の経済合理性が認められる場合には，債権者の回収見込額の増加額を上限として，一定期間の生計費に相当する額や自宅などを経営者である保証人の残存資産に含めることができるという趣旨によるものでもあります。

なお，本制度の利用には一定の要件が設けられており，保証債務の弁済計画案について金融機関の了解を得ることが必要となります。

保証債務以外の債務は別途弁済することと，自宅に担保権が設定されていればこれも別途処理する必要もあります。

これら一定の制約はあるものの，倒産による保証債務の実行を求められた場合には，経営者保証ガイドラインによる保証債務の整理も検討するべきです。

05　倒産時の税務処理の留意点

「倒産」という言葉は，本書で解説している「解散」「清算」や「破産」などの法的行為を指すわけではありません。倒産について明確な定義はあるわけではないのです。「倒産」とは，個人や法人が経済的に破綻して債務の弁済ができなくなり，その事業活動の継続ができなくなった状態を指す言葉です。倒産というのは，破産や民事再生，清算など法的なものを含んだ，広い概念を示しているものです。

　倒産時の税務処理についてですが，それぞれ本書でも紹介した法的な整理の方法により異なります。例えば，清算の場合であれば前章で解説した清算についての税務処理を行っていくことになりますし，そもそも法的処理を行わない場合は税務処理も行われないまま会社の事業活動が停止することもあります。

●　破産の場合の税理処理

　倒産の典型例である破産ですが，その税務処理はどうなるのかを解説している書籍はあまりありません。その理由は，破産した時に申告する人はその会社の経営者ではないからだと考えられます。会社が破産手続に入ると，破産管財人がその残余財産等の処分を行うことになりますが，同時に税務申告も破産管財人が行うことになるのです。

　破産管財人が税務申告をするのは，破産開始前の最後の事業年度開始の日から，破産手続により破産法人の財産が確定された日までの期間，ということになります。最後の事業年度というのは，解散事業年度となり，破産した法人の事業年度開始の日から破産手続開始決定日までの年度です。

　その後，残余財産が確定した日までを清算事業年度として申告をするのは，通常の清算事業年度の申告と同様に行っていくことになります。これらは消費

税についても同様に扱われています。

　ここで実務上問題となるのが，解散事業年度の前の事業年度の税務申告についてです。破産管財人が申告の義務があるのは破産開始からの解散事業年度についてですが，その前の事業年度については，従来どおり会社の経営者の責任のもと行われることになるのです。

　破産する直前期の法人は，その多くが資金繰りに奔走し経営者は申告まで手が回らないということが往々にしてあります。法人の場合，破産によって法人格が消滅するため租税債務もなくなることになりますが，無申告の事業年度があるとそもそも租税債務の確定ができないため，破産開始後に過去の事業年度の申告から処理していかなければならないことになります。つまり，言い換えるときちんと破産処理をするためには，過去の税務申告は必要だということです。

　破産という現実が近くなると，会計帳簿の整理などもおろそかになりがちですが，後処理を考えるとそれら会計帳簿の整備もしっかり行っておくことがスムーズな破産処理には必要だといえるのです。

　「倒産」はできれば避けたい事象ではありますが，それが避けられない場合でも会計帳簿の整備と税務申告はしっかりと行わなければなりません。

おわりに

　本書の目的は，会社の整理・清算・再生・承継という大きな枠組みで解説し，しかも，制度の説明だけではなく実務で使えるような本を書くということでした。

　会社の整理等をする場面においては，実にさまざまな知識が必要です。法律的な知識，会計的な知識，税務的な知識，労務的な知識，登記の知識，さらには経営的な知識が必要であり，これらを網羅することは非常に困難です。

　通常，私たちがこのような整理等の場面に遭遇したときには，チームを組んで対応することが多いです。専門家はあくまで，それぞれの分野の専門家であり総合的にすべてをできる人はほとんどいません。

　なお，そのチームがうまく機能する条件には，それぞれの専門家が孤立して業務を進めるのではなく，情報や知識の共有化を通しての協働がうまくいっているかどうかという点があります。例えば，法律的にその処理方法が正しくても，税金が多くかかる方法であるようなケースはいくらでもありますが，そういう部分最適ではなく全体最適を目指すことが実務を行ううえではとても大切だと考えています。最適解は，その案件に対する総合的なアプローチの中にあるはずなのです。

　少子高齢化が進む日本社会においては，中小企業の跡継ぎ問題が相変わらず大きな課題として残っています。本書でも解説した「特例事業承継税制」も話題性はあったものの，実務の現場で積極的に利用されているとまではいかないのが現状です。事業の承継がうまくいかなかったときに，最終的な手続としては廃業という道を選択することになります。廃業は後ろ向きな手段であるものの，その中でもよりよく廃業することは知識の裏付けがあってはじめて可能なのです。

本書は実務にこだわって執筆しています。合併や清算についても実務での経験を踏まえて，より具体的なケースに当てはめができることを意識しています。そのため，いわゆる条文の解釈など，専門書によく見られる部分の解説は最小限にするよう心がけ，一般の方にもわかりやすい表現を意識して書いています。

　ただ，総合的に一般の方でも理解できるように書けば書くほど，専門的な部分での解説が疎かになるというジレンマもあったことは事実です。紙面が限られるなか，しかも専門家ではない人にも理解してもらえるように，「わかりやすく，しかも，専門性も保ちつつ」を心がけましたが，それらを意識するあまり文章の流れが悪いところ，表現が条文とやや異なるところもあるとは思います。それらにつきましては，本書の趣旨をご理解いただきご容赦願いたいと思います。

　今回改訂版の発行に際しましても，中央経済社様の全面的なバックアップがありました。特に担当の牲川健志氏には，本書の初版から関わっていただき，第2版のご提案を受け，さらに編集作業についても関わっていただいています。本書の執筆陣は弁護士法人，税理士法人，社会保険労務士法人，司法書士法人から有志を募り改訂作業を行いました。

　本書を完成させるまで関わっていただいたすべての方に感謝いたします。本当にありがとうございました。

2024年10月

出口 秀樹

【参考文献】

太田達也（2017）『「解散・清算の実務」完全解説（第3版）』税務研究会出版局

山田＆パートナーズ（2016）『Q&A 企業組織再編の会計と税務〔第6版〕』税務経理協会

中野百々造（2012）『合併・分割の税務—その法務と税務〔七訂版〕』税務経理協会

出口秀樹編著（2011）『最新よくわかる会社整理・清算・再建の実務手続き』日本実業出版社

中島孝一・飯塚美幸・市川康明著，平川忠雄編集（2018）『平成30年度 よくわかる税制改正と実務の徹底対策』日本法令

小山浩・間所光洋・髙橋悠・飯島隆博・末永祐・山岡孝太（2023）『非上場株式取引の法務・税務〔相続・事業承継編〕』税務経理協会

小城麻友子・女ケ沢亘・金川歩・矢内直人・嶋田利広（2023）『〔事業承継 見える化〕コンサルティング事例集』マネジメント社

太田達也（2022）『同族会社のための「合併・分割」完全解説（改訂版）』税務研究会出版局

櫻井光照（2017）『スピンオフの税務と法務（平成29年版）』大蔵財務協会

宇野総一郎（編集代表）（2023）『株式交換・株式移転・株式交付ハンドブック』商事法務

横田寛（2017）『新版 弁護士・事務職員のための破産管財の税務と手続』日本加除出版

貝沼 彩・北山雅一・清水博崇・齊藤修一（2023）『第3版 目的別 組織再編の最適スキーム〔法務・会計・税務〕』清文社

田中亘（2023）『会社法（第4版）』東京大学出版会

杉山直（編集代表）／岡本知子・内藤敦之・夏苅一・山本真也（2024）『実務対応 株式会社の清算手続における疑問点—解散・通常清算を円滑に進めるために—』新日本法規

東京八丁堀法律事務所（共著）／橋本副孝・吾妻望・菊池祐司・笠浩久・中山雄太郎・高橋均（2023）『会社法実務スケジュール（第3版）』新日本法規

弥永真生（2015）『コンメンタール会社法施行規則・電子公告規則（第2版）』商事法務

竹林俊憲編著（2020）『一問一答令和元年改正会社法』商事法務

森本滋編（2010）『会社法コンメンタール17　組織変更，合併，会社分割，株行交換等⑴』（商事法務）

家田崇・川本真哉（2022）「キャッシュ・アウト法制の変遷」旬刊商事法務№2305

家田崇・川本真哉（2022）「キャッシュ・アウトのスキームを選択する買収主体とタイムライン」旬刊商事法務№2307

税理士法人山田＆パートナーズ（2024）「2024年度（令和6年度）税制改正のポイントと解説」

経済産業省（2023）「企業買収における行動指針―企業価値の向上と株主利益の確保に向けて―」（https://www.meti.go.jp/press/2023/08/20230831003/20230831003.html）

経済産業省（2024）「「スピンオフ」の活用に関する手引」（https://www.meti.go.jp/policy/economy/keiei_innovation/keizaihousei/pdf/20240510_spinoff.pdf）

中小企業庁金融課（2024）「中小企業活性化協議会の活動状況について～2023年度活動状況分析～」（https://www.chusho.meti.go.jp/keiei/saisei/kyougikai/download/202304-01.pdf）

デロイトトーマツ「M＆A 会計 実践編 第2回　2段階による組織再編」（https://www2.deloitte.com/content/dam/Deloitte/jp/Documents/mergers-and-acquisitions/jp-ma-accounting-practice-02.pdf）

Euro「スクイーズアウト制度による株式取得の会計処理」（https://accountants-opinion.com/%E3%82%B9%E3%82%AF%E3%82%A4%E3%83%BC%E3%82%BA%E3%82%A2%E3%82%A6%E3%83%88%E5%88%B6%E5%BA%A6%E3%81%AB%E3%82%88%E3%82%8B%E6%A0%AA%E5%BC%8F%E5%8F%96%E5%BE%97%E3%81%AE%E4%BC%9A%E8%A8%88%E5%87%A6%E7%90%86/）

マネーフォワード「スクイーズアウトとは？」（https://biz.moneyforward.com/ipo/basic/8913/）

AGS media「スクイーズアウトとは？」（https://www.agsc.co.jp/ags-media/squeeze-out/）

M&A Succeed「スクイーズアウトとは」（https://ma-succeed.jp/content/knowledge/post-9332）

企業会計基準委員会「企業結合会計基準及び事業分離等会計基準に関する適用指針」

KPMG「分離元企業における現物配当の会計処理等」(https://kpmg.com/jp/ja/home/insights/2024/01/jk-accounting-keirijouhou-2023-12-20.html)

EY「スピンオフに係る会計と税務」(https://www.ey.com/ja_jp/corporate-accounting/ota-tatsuya-point-of-view/ota-tatsuya-point-of-view-2017-03-01)

【編者紹介】

BDO税理士法人東京事務所
東京都新宿区西新宿 1 丁目24番 1 号エステック情報ビル10F
TEL 03-3348-9170

BDO税理士法人札幌事務所
北海道札幌市豊平区平岸 3 条14丁目 1 番25号CRUISEビル 2 F
TEL 011-817-1806

弁護士法人ALG&Associates
東京都新宿区西新宿 6 丁目22番 1 号新宿スクエアタワー28F
TEL 03-4577-0757

BDO社会保険労務士法人
東京都新宿区西新宿 1 丁目24番 1 号エステック情報ビル10F
TEL 03-3348-9177

BDO司法書士法人
東京都新宿区西新宿 1 丁目24番 1 号エステック情報ビル10F
TEL 03-3348-9180

【執筆者紹介】

長峰　伸之 （ながみね　のぶゆき）
公認会計士・税理士
BDO税理士法人　統括代表社員

出口　秀樹 （でぐち　ひでき）
税理士，米国税理士
BDO税理士法人　代表社員

片山　雅也 （かたやま　まさや）
弁護士
弁護士法人ALG&Associates　代表執行役員

家永　勲 （いえなが　いさお）
弁護士
弁護士法人ALG&Associates

岸　賢一郎（きし　けんいちろう）
公認会計士，税理士
BDO税理士法人　社員

笠井　麻友（かさい　まゆ）
公認会計士
BDO税理士法人　パートナー

髙橋　慧（たかはし　さとし）
税理士
BDO税理士法人　パートナー

中田　太郎（なかだ　たろう）
BDO税理士法人　マネージャー

出原　健一（いずはら　けんいち）
BDO税理士法人　マネージャー

仲田　理華（なかた　りか）
特定社会保険労務士
BDO社会保険労務士法人　パートナー

福山　千恵子（ふくやま　ちえこ）
特定社会保険労務士
BDO社会保険労務士法人　パートナー

石田　雅之（いしだ　まさゆき）
司法書士
BDO司法書士法人　パートナー

会社の整理・清算・再生手続のすべて（第2版）

2019年4月1日　第1版第1刷発行	
2025年2月20日　第2版第1刷発行	

編　者　　BDO 税 理 士 法 人
　　　　　弁護士法人 ALG&Associates
　　　　　BDO 社会保険労務士法人
　　　　　BDO 司 法 書 士 法 人
発行者　　山　　本　　　　　継
発行所　　㈱ 中 央 経 済 社
発売元　　㈱中央経済グループ
　　　　　パ ブ リ ッ シ ン グ

〒101-0051　東京都千代田区神田神保町1-35
電話　03（3293）3371（編集代表）
　　　03（3293）3381（営業代表）
https://www.chuokeizai.co.jp
印刷／東光整版印刷㈱
製本／誠　製　本　㈱

© 2025
Printed in Japan

＊頁の「欠落」や「順序違い」などがありましたらお取り替えいた
しますので発売元までご送付ください。（送料小社負担）
ISBN978-4-502-52751-7　C3034